学ぶ人は、
変えて
ゆく人だ。

目の前にある問題はもちろん、
人生の問いや、
社会の課題を自ら見つけ、
挑み続けるために、人は学ぶ。
「学び」で、
少しずつ世界は変えてゆける。
いつでも、どこでも、誰でも、
学ぶことができる世の中へ。

旺文社

古文単語コア350

河合塾講師
山下幸穂　著

旺文社

はじめに

古語の意味を覚えることは古文学習の第一歩である。古語の知識があれば、基本的な設問に答えられるし、長文を読み進めることもできる。けれども、古語を覚えることは簡単ではない。

例えば形容詞「かしこし」。「❶恐れ多い・恐ろしい　❷すぐれている　❸好都合だ　❹非常に」といった意味があるが、関連性の見えない四つの意味を丸暗記するのはとてもつらい。「恐れ多い」という現代語も耳慣れない。

「かしこし」の核「恐れ多い」は、神仏や貴人といった強大な霊力や威力をもつものに対する恐怖と尊敬の入り混じった感情である。これがもっと一般的な場面で使われれば❷「すぐれている」、ある人にとってすぐれている状態を言えば❸「好都合だ」、❶はとても強い感情なので、強める言葉として使えば❹「非常に」の意となる。現代の日本では、恐れ多いという感情を抱くことは稀《まれ》になったので、現代語の「かしこい」は単に「利口だ」の意になっている。

言葉の意味が核から次々に広がっていくのは、古語だけではないし、日本語だけでもない。言葉の本来的な性質である。

本書では、言葉の核と、そこからの意味の広がり、つながりを可能な限り示すようにした。解説を読み、例文を見て（時には音読し）、その上で古語の意味を覚えてほしい。丸暗記よりもずっと、覚えやすく、忘れにくく、応用しやすいはずである。

入試科目としての古文は不思議なものだ。合格という実利的なことを目指して学ぶのに、損得に関わらない美意識である「風情《ふぜい》」や、あらゆることへの執着を戒める「仏教」などに関する素材を多く扱う。古文には、現代では見えにくくなっているが、とても重要な生きる手がかりも含まれているのだ。

古語を覚えることで、一歩でも志望校に近づいてほしい。入試が終わったら、現代語訳したものからでもいい、まとまった一つの作品を読んでみてほしいと思う。

山下幸穂

※本書では、語義を説明する際に、文法用語をできるだけ使わないようにした。また、語源説が複数ある場合には、どれが古語を覚えるのに役立つものかを基準に選んだ。古語を少しでも無理なく覚えてほしいからである。

目次

連語・慣用表現①〜㊿……273

付録

本書の特長と使い方

❶

❷

❸

❹

❺

□□□ 1

おどろく ［驚く］

動 カ行四段

❶**驚く・びっくりする**
❷はっと気付く
❸目を覚ます・**眠りから覚める**

関 **おどろかす** 動 ①驚かせる ②はっと気付かせる ③目を覚まさせる

関 **おどろおどろし** 形 ①大げさだ ②気味が悪い

コア はっとする

予期していない事態に、**はっとして「驚く」**意❶は現代語と共通。**はっとして何かに「気付く」**意❷や、寝ている時に**はっとして「目を覚ます」**意❸も表す。

「関おどろかす」は「おどろく」に使役の意味(〜させる)が加わった語。

入試 ❷は気付く対象がある時の訳。

❶ 相人《さうにん》**おどろき**てあまたたび傾《かたぶ》きあやしぶ。 〈源氏・桐壺〉

訳 人相見《にんさうみ》は**驚い**て何度も首をかしげて不思議がる。

❷ 秋立つ日詠める

秋来《き》ぬと目にはさやかに見えねども風の音にぞおどろかれぬる 〈古今・秋上・藤原敏行〉

訳 立秋の日に詠んだ(歌)

秋がやって来たと、目にははっきり見えないけれど、風の音で(秋の到来に)自然と**はっと気付い**てしまった。

❸ **少し大殿籠《おほとのご》もり入《い》りにけるに、蜩《ひぐらし》のはなやかに鳴くにおどろき給《たま》ひて、** 〈源氏・若菜下〉

訳 (光源氏は)少しお眠りになったが、蜩がにぎやかに鳴くのに**目を覚まし**なさって、

34

本書は、大学入試対策のため、主要な350語と連語・慣用表現50語、およびその類義語・対義語・関連語300語を精選した古文単語集である。その語の意味の核であるコアを示し、意味の広がり方を解説することで、単語の意味の理解を促し、複数ある訳語を覚えやすいよう工夫した。

1 見出し語

◆大学入試での重要度や出題頻度等が高いものから、A50語・B100語・C100語・D75語の4つのランクに分けて収録した。

◆配列は、各ランク内で、品詞ごとに分け、動詞・形容詞・形容動詞・名詞・代名詞・副詞・感動詞等の順で掲載した。

◆敬語は、主要な敬語動詞25組を、おもな用法別に、尊敬・謙譲・丁寧の順で掲載した。

◆Aランク・Bランク・敬語・Cランク・Dランクの順で、1～350の見出し番号を付けた。

◆この他、大学入試で頻出の重要な「連語・慣用表現」50組を収録し、①～㊿の見出し番号を付けた。

◆仮名遣いが現代仮名遣いと異なる文字について、見出し語の右側に片仮名で現代仮名遣いを示した。二通りの読み方のある場合には、（　）に入れて示した。(例)とぶら《(ロ)》ふ《ウ》

◆漢字表記は、見出し語の理解に役立つものを［　］に入れて示した。

◆品詞は略称で示した。用言には、活用の種類を付けた。
動詞＝動　形容詞＝形　形容動詞＝形動　名詞＝名　代名詞＝代　副詞＝副　感動詞＝感　接続詞＝接　連体詞＝連体　終助詞＝終助

2 コア・解説

◆コアで、見出し語の中心的な意味を端的に示した。まずコアで、見出し語のおおまかなイメージをつかもう。

◆解説では、コアからの意味の広がり方や、意味の理解の助けとなる語源等について説明している。単語の意味について理解を深め、訳語をまとめて覚えるのに役立てよう。

◆入試では、大学入試に役立つポイントを示した。

3 訳語

◆見出し語のおもな訳語を、1～の番号で分類して示した。

◆特に覚えておきたい重要な訳語は、赤色で示している。

4 類・対・関

◆見出し語の類義語・対義語・関連語を、類・対・関のマークを付けて示した。

◆350の見出し語には**1**～**350**の見出し番号と品詞を示し、連語・慣用表現の見出し語には①～㊿の見出し番号とおもな訳語を示した。見出し語でないものには、品詞とおもな訳語を付けた。

5 例文と現代語訳

◆例文には、対応する訳語と同じ❶～の番号を付けた。

◆例文内の見出し語該当部分は、傍線を付け、太字で示した。

◆例文の出典を〈 〉に入れて示した。出典の略称は、左の一覧のとおり。

◆現代語訳には、訳のマークを付けた。例文との対応がわかりやすいよう配慮して訳し、見出し語該当部分は、傍線を付け、赤字で示した。

◆必要なものには、▽を付けて、補足説明を示した。

出典一覧

※略称のものは、（ ）に正式名称を示す。

十六夜（十六夜《いざよい》日記）
和泉式部《いずみしきぶ》日記
伊勢（伊勢《いせ》物語）
今鏡《いまかがみ》
宇治（宇治拾遺《うじしゅうい》物語）
うつほ（うつほ物語）
栄花（栄花《えいが》物語）
大鏡《おおかがみ》
落窪（落窪《おちくぼ》物語）
蜻蛉（蜻蛉《かげろう》日記）
源氏（源氏《げんじ》物語）
古今（古今《こきん》和歌集）

著聞（古今著聞集《ここんちょもんじゅう》）
後拾遺（後拾遺《ごしゅうい》和歌集）
後撰（後撰《ごせん》和歌集）
古本説話集《こほんせつわしゅう》
今昔（今昔《こんじゃく》物語集）
狭衣（狭衣《さごろも》物語）
讃岐典侍《さぬきのすけ》日記
更級（更級《さらしな》日記）
詞花（詞花《しか》和歌集）
十訓（十訓抄《じっきんしょう》）
拾遺（拾遺《しゅうい》和歌集）
新古今（新古今《しんこきん》和歌集）
住吉（住吉《すみよし》物語）
竹取（竹取《たけとり》物語）
堤中納言（堤中納言《つつみちゅうなごん》物語）

徒然（徒然草《つれづれぐさ》）
土佐（土佐《とさ》日記）
とりかへばや（とりかへばや物語）
平家（平家《へいけ》物語）
平治（平治《へいじ》物語）
平中（平中《へいちゅう》物語）
方丈記《ほうじょうき》
発心集《ほっしんしゅう》
枕（枕草子《まくらのそうし》）
増鏡《ますかがみ》
無名抄《むみょうしょう》
紫式部日記《むらさきしきぶにっき》
大和（大和《やまと》物語）
夜の寝覚《よるのねざめ》

索引

▼A・B・敬語・C・Dの見出し語350語、連語・慣用表現50語、関連語等300語、合計700語のすべてを、50音順に配列した。
▼見出し語には**1**〜**350**、連語・慣用表現の見出し語には①〜㊿の見出し番号を、上に付け、太字で示した。
▼各語の下に、掲載ページ数を示した。
▼各語の左側に、赤字で、おもな訳語を付けた。
▼見分けのつきにくい語には、おもな漢字表記を［　］に入れて示した。

あ

い

さ

し

す

せ

と

な

Aランク50語

おどろく［驚く］

動 カ行四段

1 驚く・びっくりする
2 はっと気付く
3 目を覚ます・眠りから覚める

関 **おどろかす** 動 ①驚かせる ②はっと気付かせる ③目を覚まさせる

関 **おどろおどろし** 形 ①大げさだ ②気味が悪い

コア はっとする

予期していない事態に、**はっとして「驚く」**意1は現代語と共通。**はっとして何かに「気付く」**意2や、寝ている時に**はっとして「目を覚ます」**意3も表す。

「関おどろかす」は「おどろく」に使役の意味（～させる）が加わった語。

入試 2は気付く対象がある時の訳。

1 相人《さうにん》**おどろき**てあまたたび傾《かたぶ》きあやしぶ。〈源氏・桐壺〉

訳 人相《にんそう》見《み》は**驚い**て何度も首をかしげて不思議がる。

2 秋立つ日詠める

秋来《き》ぬと目にはさやかに見えねども風の音にぞ**おどろか**れぬる〈古今・秋上・藤原敏行〉

訳 立秋の日に詠んだ（歌）

秋がやって来たと、目にははっきり見えないけれど、風の音で（秋の到来に）自然と**はっと気付い**てしまった。

3 少し大殿籠《おほとのご》もり入《い》りにけるに、蜩《ひぐらし》のはなやかに鳴くに**おどろき**給《たま》ひて、〈源氏・若菜下〉

訳 （光源氏は）少しお眠りになったが、蜩がにぎやかに鳴くのに**目を覚まし**なさって、

□□□ 2

ながむ ［眺む］

動 マ行下二段

1 物思いにふける・物思いに沈んでぼんやり見る

関 **詠《なが》む** 動 詩歌《しいか》を口ずさむ

コア **憂鬱《ゆううつ》でぼんやり**

「長し」と同語源で、**憂鬱な思いに沈んで長く視線を動かさない**こと、**物思いにふける**ことをいう。見ることに重点はない。（現代語の「眺める」は見ることに重点が移った。）入試 詩歌が話題かどうかで「関詠む」と区別できる。名詞形「眺め」は和歌では「長雨《ながめ》」と掛詞《かけことば》になることも多い。↓p.325付録（和歌）③掛詞

1 心とけたる寝《い》だに寝《ね》られずなむ、昼は**ながめ**、夜は寝覚《ねざ》めがちなれば、〈源氏・空蝉〉

訳 安らかに眠ることさえできなくて、昼は**物思いにふけり**、夜は寝覚めがちなので、

□□□ 3

まもる

動 ラ行四段

1 見つめる・見守る・見張る

関 **守《も》る** 動 見張る・守る

関 **目見《まみ》** 名 目元

関 **目引《まび》き** 名 目配せ

コア **視線を注ぐ**

「まぶた・まつげ」などの語があるように「ま」は「目」。「子守歌・渡し守」などの語があるように「もる」は「守る」。「まもる」は、**じっと視線を注いで様子を見る**ことをいう。警戒する場面なら「見張る」などと訳す。（のちには、単に保護する意や、規則などに従う意が中心になる。「まぼる」も同じ意味。）

1 限りなう心を尽くしきこゆる人にいとよう似奉れるが**まもら**るるなりけり。〈源氏・若紫〉

訳 限りなく思いを寄せ申し上げる人（＝藤壺《ふじつぼ》）にとてもよく似申し上げていることが思わず**見つめ**てしまう理由であったのだ。

□□□ 4

おこな《ノ》ふ《ウ》

［行ふ］

動 ハ行四段

❶**仏道修行する・勤行《ごんぎょう》する**

❷**とり行う・する**

類 **つとむ** 動 ①努力して行う ②仏道修行する

コア 仏道修行する

現代語では、物事を手順や決まりの通りにきちんとやる意を表す。古文でも同じ意味❷だが、祈りや儀式を手順通りにやることから、**仏道修行する**意❶も表し、これが中心的な意味となった。入試 ❶は「勤行する」と訳されることも多い。勤行は仏前で読経《どきょう》などをすること。

❶**梅壺女御殿《うめつぼのにょうごどの》は、尼にならせ給《たま》ひて、いと尊く**おこなは**せ給ふ。**〈栄花・根あはせ〉

訳 梅壺の女御殿は、尼におなりになって、とても尊く**仏道修行し**なさる。

❷**みだり心地いたく悪《あ》しくさぶらへば、このほどの政《まつりごと》は内大臣**おこなふ**べき宣旨《せんじ》下《くだ》させ給へ。**〈栄花・みはてぬゆめ〉

訳 病気がひどく悪うございますので、今の政務は内大臣が**とり行う**のがよいという宣旨をお下しください。

□□□ 5

たのむ

［頼む］

動 マ行四段／マ行下二段

❶〔マ四〕**頼る・あてにする**

❷〔マ下二〕**頼らせる・あてにさせる**

コア 頼る／頼らせる

現代語の「頼む」は、具体的な何かを依頼する意が基本だが、古文では**仕える主人・夫・神仏などを、頼り、あてにする**こと❶をいう(四段活用)。下二段活用は、使役の意が加わって、**相手に頼らせる**意❷を表す。入試 ❷下二段活用は男が女に愛情を誓う場面で使われることも多い。

❶**住吉の神を**たのみ**はじめ奉りて、この十八年になり侍《はべ》りぬ。**〈源氏・明石〉

訳 (私が)住吉明神をお**頼り**はじめ申し上げて、これで十八年になりました。

関 **たのもし** 形 頼りに思われる

2 この世のみならぬ契りなどまで**たのめ**給《たま》ふに、うち解くる心ばへなど、あやしくやう変はりて、〈源氏・夕顔〉

訳 （光源氏が）この世だけでない（来世までもの）契りなどまで**あてにさせ**なさると、（夕顔《ゆうがお》が）親しんでくる心持ちなどは、不思議なくらい普通でなくて、

□□□ 6

あ《(オ)》ふ《ウ》 ［合ふ・会ふ・逢ふ］ 動 八行四段

1 **ぴったり合う・調和する**

2 **出会う・対面する**

3 **結婚する・（男女が）契りを結ぶ**

類 54 **みる** 動

類 55 **みゆ** 動

関 **あはす** 動 ①合わせる ②結婚させる

コア ぴったり合う

二つのものが調和してぴったり合うこと**1**をいう。相手と出会う意**2**、男女が出会うことから、**契りを結ぶ、結婚する**意**3**にもなった。入試 **1** **2** は現代語の「あう」と同じ。**3**が重要。

1 箏《さう》の琴、琵琶《びは》など、折に**あひ**たる声に調べなどして、〈蜻蛉・下〉

訳 箏の琴、琵琶などを、折に**調和し**た音に奏でなどして、

2 ある荒夷《あらえびす》の恐ろしげなるが、かたへに**あひ**て、「御子《おこ》はおはすや」と問ひしに、〈徒然・一四二〉

訳 ある東国武士で恐ろしい感じの者が、そばの人に**対面し**て、「お子様はいらっしゃるか」と尋ねたが、

3 ゆめ異男《ことをとこ》し給《たま》ふな。我に**あひ**給へ。〈大和・一六九〉

訳 けっして他の男を夫になさるな。私と**結婚し**てください。

ゐ《イ》る ［居る］ 動 ワ行上一段

1 座る・腰を下ろす

2 地位につく

対 **立つ** 動 立つ

「ゐる」の関連表現

ついゐる	膝をついて座る
ゐざる	座ったまま移動する
ゐ直る	きちんと座り直す
並みゐる	並んで座る
立ちゐる	立ったり座ったりする

コア 座る

座る意**1**が基本。地位、位に関していえば「地位につく」**2**と訳す。関連表現は「座る」をもとに訳せばよい。入試 **1**は「座る」と訳して、あてはまらなければ「いる」と訳す。

1 喜びながら加持《かぢ》せさするに、この頃物《もの》の怪《け》にあづかりて困《こう》じにけるにや、**ゐる**ままにすなはちねぶり声なる、いとにくし。〈枕・にくきもの〉

訳 喜びながら祈禱《きとう》をさせると、最近物の怪に関わって疲れていたのだろうか、**座る**とすぐに眠そうな声であるのは、とても憎らしい。

2 大姫君は、一条院の十一にて御元服《げんぶく》せしめ給《たま》ひしに、十五にてや参らせ給ひけむ。やがてその年六月一日、后《きさき》に**ゐ**させ給ふ。〈大鏡・道隆〉

訳 一番上の姫君（＝定子《ていし》）は、一条院が十一歳で御元服なさった時に、十五歳で入内《じゅだい》なさっただろうか。すぐにその年の六月一日、后の**地位につき**なさる。

8

ゐ《イ》る［率る］

動 ワ行上一段

1 引き連れる・伴う

類 率《ひき》ゐる 動 引き連れる
類 58 ぐす 動

コア **引き連れる**

人などを引き連れる、伴う意を表す。物なら「持って行く・持って来る」と訳す。入試「率《ゐ》る」と似た意味の語に「類率《ひき》ゐる」があるが、「率《ゐ》る」が多く使われる。

1 京なる医師《くすし》のがり、**ゐ**て行きける道すがら、人のあやしみ見ること限りなし。〈徒然・五三〉

訳 都にいる医者の所へ、**伴っ**て行った道中、人があやしんで見ることははなはだしい。

9

ののしる

動 ラ行四段

1 大騒ぎする

コア **大騒ぎする**

大きな声や音を立てて騒ぐことを幅広くいう。声を上げて騒ぐ、大勢で読経《どきょう》をする、やかましくうわさする、儀式などを盛大に行う、などさまざまな場面で使う。入試 現代語のように、相手を声高《こわだか》に非難する意の例は少ない。

1 別れがたく思ひて、日しきりにとかくしつつ**ののしる**うちに夜《よ》更けぬ。〈土佐〉

訳 別れがたく思って、一日中あれこれしては**大騒ぎする**うちに夜が更けてしまった。

おぼゆ ［覚ゆ］

動 ヤ行下二段

❶（自然と）思われる・感じる
❷思い浮かぶ・思い出される
❸似る
❹（他者から）思われる
❺考えることができる・わかる

関 おぼえ 名 評判・人望・寵愛《ちょうあい》
関連⑩ **ものもおぼえず**…どうしたらよいかわからない

コア 思われる・感じる

「思ふ」に「ゆ」がついた「おもはゆ」がもと。「ゆ」は助動詞「る」に通じて、**自発・受身・可能**の意を表す。自発なら、**自然と思われる**❶、思い浮かぶ❷、あるものから他のものが思い浮かぶことから、**似る**❸、受身なら、他者から思われる❹、可能なら、考えることができる❺意となる。入試「思う」とは訳さない。現代語の「覚える」のもとだが「暗記する」と訳す例は少ない。

❶紫のゆかりを見て、続きの見まほしく**おぼゆれ**ど、〈更級・家居の記〉
訳「源氏物語」の紫《むらさき》の上《うえ》に関わる部分を読んで、続きが読みたく**思われる**が、

❷はづかしき人の、歌の本末《もとすゑ》問ひたるに、ふと**おぼえ**たる、我ながらうれし。〈枕・うれしきもの〉
訳こちらが恥ずかしくなるくらい立派な人が、和歌の上の句や下の句を尋ねた時に、さっと**思い浮かん**だのは、我ながらうれしい。

❸尼君の見上げたるに、少し**おぼえ**たるところあれば、子なめりと見給《たま》ふ。〈源氏・若紫〉
訳尼君が見上げた顔に、少し**似**たところがあるので、（この子は尼君の）子供であるようだと（光源氏は）ご覧になる。

❹さびしう事うちあはぬみやび好める人の果て果ては、もの清くもなく、人にも人とも**おぼえ**たらぬを見れば、〈源氏・東屋〉
訳貧しく生活が立ちゆかない風流を好む人の最後は、みすぼらしく、人にも人と**思われ**ていないさまを見ると、

❺ものは少し**おぼゆれ**ど腰なむ動かれぬ。〈竹取・燕の子安貝〉
訳ものは少し**わかる**が腰は動くことができない。

きこゆ ［聞こゆ］

動 ヤ行下二段

1 **(自然と)聞こえる**
2 **有名だ・評判になる**
3 **申し上げる(「言ふ」の謙譲語)**
4 **(お)～申し上げる・お～する**
(謙譲の補助動詞)

関 **きこえ** 名 評判・うわさ
関 **きこゆる** 連体 評判の
関 164 **きこゆ・きこえさす** 動〔敬語〕

コア 自然と耳に入る

「聞く」に自発の意の「ゆ」が付いた語で、**自然と聞こえる**意1がもと。そこから、**自然と耳に入るくらい有名だ**の意2にもなる。身分の高い人には直接声をかけることができなかったので、自然と耳に入るように言ったことから、**「言ふ」の謙譲語**3にもなった。**謙譲の補助動詞**4としても用いる。入試「聞く」とは訳さない。「聞く」の謙譲語ではない。

1 鶴は、いとこちたきさまなれど、鳴く声雲居《くもゐ》まで**聞こゆる**、いとめでたし。〈枕・鳥は〉

訳 鶴は、非常に仰々《ぎょうぎょう》しい様子であるが、鳴く声が天まで**聞こえる**のが、とてもすばらしい。

2 興福寺《こうぶくじ》の西金堂衆《さいこんだうのしゆ》、観音房《くわんおんばう》、勢至房《せいしばう》とて**聞こえ**たる大悪僧《だいあくそう》二人《にん》ありけり。〈平家・一・額打論〉

訳 興福寺《こうふくじ》の西金堂衆で、観音房、勢至房といって**評判になっ**ている非常に乱暴な僧が二人いた。

3 →164 **きこゆ・きこえさす**〔敬語〕

4 →164 **きこゆ・きこえさす**〔敬語〕

しのぶ

動 バ行上二段／バ行四段

❶ 我慢する・こらえる
❷ 包み隠す・秘密にする
❸ 思い慕う・懐かしむ

類72 たふ 動

コア 気持ちを抑える

我慢する意❶、**人目を避ける**意❷の「しのぶ」と、（ひそかに）**思い慕う**意❸の「しのぶ」は、活用の仕方が異なる別の語であったが、**気持ちを抑える**意が重なるので、混同されるようになった。入試「**耐えしのぶ**」「**人目をしのぶ**」「**思いしのぶ**」と覚えて、訳す時に整えるとよい。

❶ **しのぶれ**ど涙こぼれそめぬれば、折々ごとにえ念じえず、〈源氏・帚木〉

訳 **我慢する**が涙がこぼれはじめてしまうと、折々ごとに我慢しきれず、

❷ **しのぶれ**ど色に出《い》でにけり我が恋は物や思ふと人の問ふまで〈百人一首〉〈拾遺・恋一・平兼盛〉

訳 **包み隠し**ているけれど顔色に表れてしまったなあ、私の恋は。「物思いをしているのか」と人が尋ねるほどまで。

❸ **しのば**るべき形見をとどめて、深き山里、世離《よばな》れたる海面《うみづら》などに這《は》ひ隠れぬる居り。〈源氏・帚木〉

訳 **思い慕わ**れるに違いない形見を残して、深い山里や、世間から離れた海辺などに身を隠してしまう女がいる。

あり ［有り・在り］

動 ラ行変格

1 いる・ある
2 生きている・生き長らえる
3 (時が)経《た》つ・経過する
4 〜(で)ある・〜(て)いる

関連35 **ありとある**…(そこに存在する)すべての
関連38 **ありし**…昔の
関連36 **世にあり**…①生きている ②世間で評判が高い
関連34 **とばかりありて**…しばらく経って

コア 存在

人間、その他の生き物や、物事が存在すること1を表す。何がどう存在しているかで、訳し分ける。特に、生存していることをいうなら、**生きている**意2、時間が存在することなら、**経過する**意3である。入試 存在を表さない補助動詞の用法4は、断定の助動詞「なり」の連用形「に」に付く形が重要である。

1 今は昔、竹取の翁《おきな》といふ者**あり**けり。〈竹取・かぐや姫の生い立ち〉
訳 今となっては昔のことだが、竹取の翁という者が**い**た。

2 **あり**けむさまをだにおぼえねば、ただ親おはせましかばとばかりの悲しさを嘆きわたり給《たま》へるに、〈源氏・玉鬘〉
訳 (親が)**生きてい**たという様子さえも覚えていないので、ただ親が生きていらっしゃったらというだけの悲しさを嘆き続けていらっしゃると、

3 いま一二年《ひととせふたとせ》**あら**ば衰へまさりなむ。〈源氏・総角〉
訳 もう一、二年**経っ**たらますます衰えてしまうだろう。

4 かくあさましきそらごとにて**あり**ければ、はや返し給へ。〈竹取・蓬萊の玉の枝〉
訳 このようにあきれた嘘《うそ》で**あっ**たので、早くお返しください。

□□□ 14

うす

［失す］ 動 サ行下二段

1 なくなる・消え去る

2 死ぬ・亡くなる

関 **うしなふ** 動（物や人を）なくす・殺す

コア 消え失《う》せる

現代語の「失せる」と同じで、**消えてなくなる**こと1をいう。死はこの世から消えてなくなることなので、**「死ぬ」の婉曲《えんきょく》表現**2にもなった。↓p.306「死ぬ」の婉曲表現

1 翁《おきな》を、いとほし、かなしと思《おぼ》しつることも**失せ**ぬ。〈竹取・かぐや姫の昇天〉

訳 翁を、気の毒だ、いとしいとお思いになったことも**消え去っ**てしまった。

2 矢に当たりて**失せ**給《たま》ひにけり。〈徒然・一四六〉

訳 矢に当たってお**亡くなり**になった。

□□□ 15

おくる

［遅る・後る］ 動 ラ行下二段

1 遅れる・取り残される

コア 遅れる

現代語の「遅れる」と同じく、他のものやある基準よりも**遅れて取り残される**こと1をいう。大切な人の死に遅れることが、**死に遅れる**2、能力や性質が人より遅れていることが、**劣る**3である。入試 2は「先立たれる」「死なれる」などと受身で訳されることも多い。

1 疲れにやのぞみ給《たま》ひけん、馬ねぶりをして、野路《のぢ》のへんより御勢《せい》にはうち**おくれ**給へり。〈平治・中〉

訳 お疲れになったのだろうか、馬に乗ったまま居眠りをして、野路（＝今の滋賀県の地名）のあたりから（父親の）御軍勢には**遅れ**なさった。

❷死に遅れる・先立たれる
❸劣る
対 先立つ 動 ①先に行く ②先に死ぬ

❷人に**おくれ**て四十九日《しじふくにち》の仏事《ぶつじ》に、ある聖《ひじり》を請《しやう》じ侍《はべ》りしに、〈徒然・一二五〉

訳 人に**先立たれ**て四十九日の法事に、ある僧侶を招きました時に、

❸この大納言殿、よろづにととのひ給へるに、和歌のかたや少し**おくれ**給へりけむ。〈大鏡・伊尹〉

訳 この大納言殿は、すべてのことに不足がなくていらっしゃったが、和歌の方面は少し**劣っ**ていらっしゃったのだろうか。

16 あく［飽く］ 動 カ行四段

❶**満足する・満ち足りる**
❷**飽きる・飽きて嫌になる**

関連④**飽かず**…①満足しないで ②飽きないで

コア 満ち足りる

精神的に、または、物質的に**十分に満足する**こと❶をいうのがもと。満足は度を超すと不快になるので、**飽きてうんざりする**意❷にもなる。「関飽かず」の形で副詞的に用いることも多い。入試 現代語では「飽きず」と言うが、平安時代は「飽かず」と言い、カ行四段活用である。

❶あはれ、いかで芋粥《いもがゆ》に**飽か**ん。〈今昔・二六・一七〉

訳 ああ、どうにかして(思う存分食べて)芋粥に**満足し**たい。

❷もし世の中に**飽き**果てて下《くだ》り給《たま》ひなば、さうざうしくもあるべきかな。〈源氏・葵〉

訳 もし自分(=光源氏)との仲に(六条御息所《ろくじょうのみやすんどころ》が)すっかり**飽きて嫌になっ**て(伊勢《いせ》に)下っておしまいになるなら、さびしくもあるに違いないなあ。

を《オ》かし

形 シク

❶ **おかしい・滑稽《こっけい》だ・笑いたくなる**
❷ **風情《ふぜい》がある・趣がある**

類 215 **おもしろし** 形
関 35 **あはれなり** 形動
関 **をかしげなり** 形動 かわいらしい

コア おもしろい

心におもしろく感じる様子を広く表す。具体的には、**おもしろおかしくて笑える意**❶と、**おもしろく魅力的である意**❷に二分できる。❷は「**風情がある**」の他、「美しい・かわいらしい・すぐれている」などと訳される。入試 まず、❶と❷のどちらに近いか考えて、訳し分けるとよい。

❶聞く人いみじう笑ふ。あさましう**をかしけれ**ど、つゆばかり笑ふ気色《けしき》も見せず。〈蜻蛉・中〉

訳 （夫の冗談を）聞く人はひどく笑う。（私も）あきれて**おかしい**けれど、少しも笑う様子も見せない。

❷闇もなほ、蛍の多く飛びちがひたる。また、ただ一つ二つなど、ほのかにうち光りてゆくも**をかし**。雨など降るも**をかし**。〈枕・春はあけぼの〉

訳 闇夜もやはり、蛍がたくさん飛びかっているの（は素敵だ）。また、たった一つ二つなどが、ほのかに光って行くのも**風情がある**。雨などが降るのも**風情がある**。

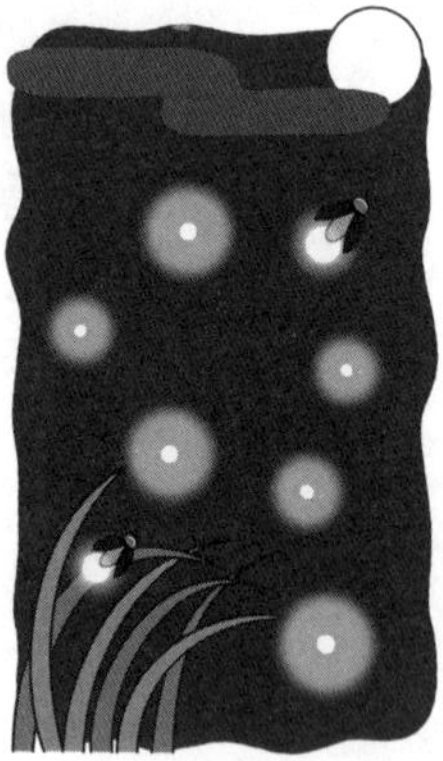

ありがたし

［有り難し］ 形ク

1 めったにない・珍しい

2 めったにないほどすぐれている・立派だ

3 生きていくことが難しい

類 82 **めづらし** 形

関 99 **かたし** 形

有り ＋ 難し

存在することが難しい

＝

めったにない

コア 存在することが難しい

動詞「有り」に「～するのが難しい」意の「難《かた》し」が付いた語で、**存在することが難しい**意を表す。この**めったにない**意**1**が、**めったにないほどすぐれている**意**2**になった。「有り」は生存も表すので、**生きていくことが難しい**意**3**にもなった。（めったにないよいことに出会った気持ちから現代語の「ありがたい」につながった。）

1 **ありがたき**もの。舅《しうと》にほめらるる婿《むこ》。また、姑《しうとめ》に思はるる嫁の君。毛のよく抜くるしろがねの毛抜き。主《しゆう》そしらぬ従者《ずさ》。〈枕・ありがたきもの〉

訳 **めったにない**もの。舅にほめられる婿。また、姑に愛されるお嫁さん。毛がよく抜ける銀製の毛抜き。主人を悪く言わない従者。

2 「物は破れたる所ばかりを修理《しゆり》して用ゐることぞと、若き人に見習はせて、心付《づ》けんためなり」と申されける、いと**ありがたかり**けり。〈徒然・一八四〉

訳 「物は壊れた所だけを修理して使うものだと、若い人に見習わせて、気付かせるためだ」と申されましたのは、非常に**立派だっ**た。

3 世の中は**ありがたく**、むつかしげなるものかな。〈源氏・東屋〉

訳 世の中は**生きていくことが難しく**、わずらわしい感じのものだなあ。

□□□ 19

あさまし

形 シク

❶驚きあきれるほどだ・意外だ

関 あさむ・あさましがる 動 驚きあきれる

関 あさましくなる…死ぬ →p.306「死ぬ」の婉曲《えんきょく》表現

関 107 めざまし 形

コア 意外さに驚く

意外なことに対して驚きあきれるさまをいう。よいことにも悪いことにも使われるが、**否定的に使う例が多い。**（現代語の「あさましい」は品性が卑しいさまをいう。）

❶男の垣間《かいま》見て見けるに、いとをかしげなりければ、盗みてかき抱《いだ》きて馬にうち乗せて逃げていにけり。いと**あさましう**恐ろしう思ひけり。〈大和・一五四〉

訳 男が覗《のぞ》いて見たところ、（女は）とてもかわいらしかったので、盗み出して抱いて馬に乗せて逃げて行った。（女は）とても**驚きあきれ**て恐ろしいと思った。

▽「あさましう」は「あさましく」の音便形。

□□□ 20

あやし

形 シク

❶不思議だ・奇妙だ

コア 不思議だ・変だ

現代語の「あやしい」に通じる、**不思議だ・奇妙だ**の意❶がもと。貴族は生活の営みや雑事に関わらず風流や恋愛にふけることができたため、庶民の暮らしを「奇妙だ」と感じたことから、**身分が低い**意❷にもなった。入試 ❷は、人については「身分が低い」、物については「**粗末だ**」と訳す。

❶ありつる魚は魚と見つれど、百味を備へたる飲食《おんじき》になりぬ。**あやしう**妙《たへ》なること多かり。〈うつほ・俊蔭〉

訳 さっきの魚は（普通の）魚だと思ったが、数々の美味を備えた食べ物になった。**不思議で**霊妙なことが多い。

▽「あやしう」は「あやしく」の音便形。

2 身分が低い・卑しい／粗末だ・見苦しい・みすぼらしい

2 **あやしき**海人《あま》どもなどの、貴《たか》き人おはする所とて集まり参りて、〈源氏・明石〉

訳 **身分が低い**漁師たちなどが、身分の高い人がいらっしゃる所だといって参集して、

▽人の例。

2 **あやし**の竹の編み戸の内より、〈徒然・四四〉

訳 **粗末な**竹を編んで作った戸の中から、

▽物の例。

□□□ 21

いみじ

形 シク

1 非常に・たいへん

2 すばらしい・うれしい　など

3 大変だ・ひどい　など

類 31 わりなし 形

類 108 ゆゆし 形

関 忌《い》む 動 不吉だとして嫌い避ける

関 211 いまいまし 形

コア 非常に〇〇だ

不吉なことを嫌う意の動詞「忌む」がもとで、**はなはだしく、激しい様子**をいう。あとに強めることができる言葉があれば、**非常に**の意**1**。それが省略されている時は、「いみじ」単独で、**非常によい**の意**2**も**非常によくない**の意**3**も表す。入試 **2** **3**は文脈を見てふさわしい言葉で具体化して訳し分ける。

1 **いみじく**静かに、おほやけに御文《ふみ》奉り給《たま》ふ。〈竹取・かぐや姫の昇天〉

訳 **たいへん**静かに、帝《みかど》にお手紙を差し上げなさる。

2 御室《おむろ》に**いみじき**稚児《ちご》のありけるを、いかで誘ひ出《い》だして遊ばんとたくむ法師どもありて、〈徒然・五四〉

訳 仁和寺《にんなじ》に**すばらしい**稚児がいたのを、何とかして誘い出して遊ぼうと企《たくら》む法師たちがいて、

3 あな**いみじ**や。いとあやしきさまを人や見つらむ。〈源氏・若紫〉

訳 ああ**大変だ**なあ。ひどくみっともない様子を誰か見ただろうか。

□□□ 22

うつくし 【美し】 形 シク

1 かわいい・愛らしい

2 美しい

類 87 **らうたし** 形

関 **うつくしむ・うつくしがる** 動 かわいがる

コア かわいい

小さいものや幼いものについて、かわいらしい様子をいうのが基本。

入試 徐々に現代語の「美しい」に近付くので、「かわいい」と訳してあてはまらなければ「美しい」と訳す。

1 何も何も小さきものはみな**うつくし**。〈枕・うつくしきもの〉

訳 何でもかんでも小さいものはすべて**かわいい**。

2 西京《にしのきやう》のそこそこなる家に、色濃く咲きたる木の、様体《やうだい》**うつくしき**が侍《はべ》りしを、〈大鏡・道長下〉

訳 西の京のどこそこにある家に、色濃く咲いた(梅の)木で、姿が**美しい**ものがありましたので、

□□□ 23

なつかし 【懐かし】 形 シク

1 親しみ深い・慕わしい

類 80 **ゆかし** 形

類 81 **こころにくし** 形

コア 親しみ深い

動詞「なつく」の形容詞形。「なつく」は現代語でも「捨て猫がなつく」などと使うように、慣れ親しむ意で、「なつかし」は**心がひかれて離れたくない、慕わしい様子**をいう。(現代語の「懐かしい」の過去に心ひかれる意は中世以降に生じた。)

1 さればこそ親よりも**なつかしう**、子よりもむつましきは、君と臣との仲とは申すことにて候《さうら》ふらめ。〈平家・三・法印問答〉

訳 だからこそ親よりも**親しみ深く**、子よりも親密なのは、君臣の仲だとは申すことでございましょう。

▽「なつかしう」は「なつかしく」の音便形。

おとなし【大人し】形 シク

❶大人びている・大人っぽい
❷思慮分別がある
❸年配で主《おも》だっている

対 104 いはけなし 形
関 286 およすく 動
関 ねぶ 動 ①年をとる ②大人びる
関 おとな 名 ①成人 ②年配で主だった女房

コア 大人らしい

名詞「大人」の形容詞形で、**大人びている**意❶がもと。**精神的に成熟していて、思慮分別がある**意❷、**集団の中で中心的である、主だっている**意❸も表す。（現代語の「おとなしい」は「穏やかである」意。）

❶春宮《とうぐう》の御元服《げんぷく》は二十余日《よひ》のほどになむありける。いと**おとなしく**おはしませば、〈源氏・梅枝〉
訳 春宮（＝皇太子）の御成人式は二十日過ぎの頃にあった。とても**大人びて**いらっしゃるので、

❷**おとなしき**人々、なにがしかがしといふいみじき源氏の武者《むさ》たちをこそ、御送りに添へられたりけれ。〈大鏡・花山院〉
訳 **思慮分別がある**人々、何の誰それというすぐれた源氏の武者《むしゃ》たちを、お送りとしてお添えになった。

❸心ばせある少将の尼、左衛門《さゑもん》とてある**おとなしき**人、童《わらは》ばかりぞとどめたりける。〈源氏・手習〉
訳 気のよくつく少将の尼、左衛門といって仕えている**年配で主だった**女房、召使いの少女だけを残していた。

かしこし 形ク

❶恐れ多い・恐ろしい
❷すぐれている・賢明だ
❸好都合だ・うまい具合だ
❹〔「かしこく」の形で〕非常に・ひどく

関かしこまる 動 恐れ敬う

コア 敬い恐れる

かつては神仏も貴人も現代人が想像する以上に恐れ敬うべきものであった。「かしこし」は、**圧倒的な威力をもつ存在を敬い恐れる気持ち**❶をいうのがもと。これを、一般的に**能力がすぐれている**意❷や、**自分にとってすぐれた状態**をいう意❸にも使うようになった。連用形「かしこく」で、**非常に**の意❹も表す。

❶勅《ちょく》なればいともかしこし鶯《うぐひす》の宿はと問はばいかが答へむ〈拾遺・雑下〉〈大鏡・道長下〉
訳 帝《みかど》の御命令なので、(断るのは)たいへん**恐れ多い**。(だからお求めの梅の木は差し上げるが、いつもこの木にやって来る)鶯が(自分の)宿は(どうしたか)と尋ねたら、どのように答えようか。

❷世に知らずさとうかしこくおはすれば、〈源氏・桐壺〉
訳 世の中に類がないくらい聡明で**すぐれて**いらっしゃるので、

❸とみの物縫ふに、かしこう縫ひつと思ふに、針を引き抜きつれば、はやく尻を結ばざりけり。〈枕・ねたきもの〉
訳 急ぎの物を縫うのに、**うまい具合に**縫ったと思うが、針を引き抜いたところ、なんと(糸の)端を結んでいなかったのだ。
▽「かしこう」は「かしこく」の音便形。

❹風吹き、波荒ければ、船出《い》ださず。これかれ、かしこく嘆く。〈土佐〉
訳 風が吹き、波が荒いので、船を出さない。この人もあの人も、**ひどく**嘆く。

やむ《ン》ごとなし 形ク

❶ 放っておけない・やむを得ない
❷ 貴重だ・格別だ
❸ 高貴だ・尊い
類 40 あてなり 形動

コア 放っておけない

放置しておけない、**捨てておけない**意❶がもと。放っておけない大切な物事なら「**貴重だ**」❷、放ってはおけない身分の人なら「**高貴だ**」❸と訳す。（「やんごとなし」も同じ意味。）

❶「それはし も**やむごとなき**ことあり」とて、出《い》でむとするに、〈蜻蛉・上〉

訳（夫が）「それこそ**放っておけない**用事がある」と言って、出ようとする時に、

❷いま出で来たる者の、心も知らぬに、**やむごとなき**物持たせて、人のもとにやりたるに、遅く帰る。〈枕・おぼつかなきもの〉

訳 新参者で、気心も知れない者に、**貴重な**物を持たせて、人のもとへやったのに、なかなか帰ってこない(こと)。

❸いと**やむごとなき**際《きは》にはあらぬが、すぐれて時めき給《たま》ふありけり。〈源氏・桐壺〉

訳 それほど**高貴な**身分ではない方で、特別に(帝《みかど》から)寵愛《ちょうあい》されていらっしゃる方がいた。

□□□ 27

はづ《ズ》かし

［恥づかし］ 形 シク

❶ **恥ずかしい・きまりが悪い**

❷ **立派だ・すぐれている**

類 **つつまし** 形 遠慮される・恥ずかしい

コア **相手が立派で、自分が恥ずかしい**

自分の欠点などに気付いて、**面目なく恥ずかしい気持ち**をいう意❶は現代語と同じ。**こちらが恥ずかしく感じるくらいに相手がすぐれている**意❷も表す。❶は自分の気持ち、❷は他者の状態に主眼がある。入試 出題は❷が多い。❶は「気がひける・気おくれする」などと訳されることも多い。

❶ 宮にはじめて参りたる頃、ものの**はづかしき**ことの数知らず、涙も落ちぬべければ、〈枕・宮にはじめて参りたる頃〉

訳 宮（＝中宮定子《ていし》）のもとにはじめて参上した頃、何となく**恥ずかしい**ことが数多く（あって）、涙も落ちてしまいそうなので、

❷ 御息所《みやすんどころ》は、心ばせのいと**はづかしく**、よしありておはするものを、〈源氏・葵〉

訳 （六条《ろくじょうの》）御息所は、人柄がとても**立派で**、奥ゆかしくていらっしゃるのに、

□□□ 28

うし

［憂し］ 形 ク

❶ **つらい・嫌だ・情けない**

コア **つらい**

嫌になる意の動詞「倦《う》む」と同語源で、**物事が思い通りにならず、気持ちが晴れないさま**をいう。（「類つらし」は「冷淡だ」の意がもとで、「冷たくされてつらい」意も表す。徐々に「憂し」と意味が近くなった。）入試 和歌では、不安定である意の動詞「浮く」と掛詞《かけことば》になることがある。↓p.325付録(和歌)③掛詞

❶ 海はなほいとゆゆしと思ふに、まいて海女《あま》の潜《かづ》きしに入《い》るは**憂き**わざなり。

類 **心憂《う》し** 形 つらい・嫌だ・情けない
類 29 **つらし** 形
類 307 **からし** 形

訳 海はやはりとても恐ろしいと思うのに、まして海女が貝や海藻を採りに潜るのは**つらい**ことだ。
〈枕・うちとくまじきもの〉

□□□ 29

つらし 形ク

1 薄情だ・冷淡だ
2 つらい・耐えがたい

類 28 **うし** 形
類 307 **からし** 形

コア 薄情だ

相手の仕打ちに対して、薄情だと非難する気持ち1を表す。男女間で、**相手の冷淡さについて使う**ことも多い。冷たくされたことを恨む気持ちから、**つらい**の意2も表す。入試 もとの意味である1が問われる。

1 かくばかり逢《あ》ふ日のまれになる人をいかが**つらし**と思はざるべき
〈古今・物名・読人知らず〉

訳 これほど逢瀬《おうせ》をもつ日がまれになった人をどうして**薄情だ**と思わないでいられようか。

2 世の中の憂《う》きも**つらき**もをかしきも、かたみに言ひ語らふ人、筑前《ちくぜん》に下《くだ》りてのち、
〈更級・物詣での記〉

訳 世の中のつらいことも**耐えがたい**こともおもしろいことも、互いに言い合う人が、筑前に下ってのち、

かたは《ワ》らいたし【傍ら痛し】 形ク

1 気の毒だ・心が痛む
2 苦々しい・みっともない
3 恥ずかしい・きまりが悪い

類 91 こころぐるし 形
関 かたはら 名 そば・近く

傍ら＝そば　痛し
かたはら ＋ いたし

コア そばで見ていてつらい

「かたはら」は「傍ら」で「そば」の意。**そばで見聞きして心が痛む様子**をいう。同情する気持ちなら「**気の毒だ**」1、否定する気持ちなら「**苦々しい**」2と訳す。自分が当事者で、そばから見られた気持ちをいう時には、**恥ずかしい**の意3となる。入試「片腹痛し」はのちの時代の当て字。「傍ら痛し」は「かたはらいたし」でなく、「かたわらいたし」と読む。

1 簀子《すのこ》は**かたはらいたけれ**ば、南の廂《ひさし》に入れ奉る。〈源氏・朝顔〉
訳（光源氏が訪ねたのに）縁側では**気の毒な**ので、南の廂の間《ま》にお入れする。

2 ことによしともおぼえぬ我が歌を人に語りて、人のほめなどしたるよし言ふも**かたはらいたし**。〈枕・かたはらいたきもの〉
訳 特別すばらしいとも思われない自分の歌を人に語って、人がほめなどしたということを言うのも**苦々しい**。

3 年も今年は十六ぞかし。歌の、口馴《な》れやさしくおぼゆるも、返すがへす心の闇と**かたはらいたし**。〈十六夜〉
訳（息子は）年も今年は十六だよ。歌が、詠み慣れて優雅に思われるのも、まったく親心の闇（に迷ったひいき目か）と**恥ずかしい**。

わりなし

形ク

❶ **道理が通っていない・分別がない・めちゃくちゃだ**
❷ **つらい・耐えがたい**
❸ **すばらしい・すぐれている**

類 308 **あやなし** 形
類 21 **いみじ** 形
類 108 **ゆゆし** 形
関 44 **ことわり** 名

道理・論理
ことわり ＋ なし
⇐ わりなし

コア めちゃくちゃ○○だ

「わりなし」は「ことわりなし」がもと。「ことわり」は「道理・論理」の意なので、**道理がないめちゃくちゃな状態**をいう。**道理が通っていない**の意❶がもとで、**道理を超えて悪い**❷、**道理を超えてすばらしい**の意❸も表す。

入試 ❷❸は、文脈から、否定的な意味か、肯定的な意味かを判断して訳すところが「類いみじ」などと似ているが、❸は中世以降に生じた。

❶ かへりてはつらくなむ、かしこき御《み》こころざしを思ひ給《たま》へられ侍《はべ》る。これも**わりなき**心の闇になむ。〈源氏・桐壺〉

訳 かえってつらく、(娘への帝《みかど》の)恐れ多いご愛情を思ってしまいます。これも**分別がない**親心の闇で(ございまして)。

❷ 一昨日《をととひ》より腹を病《や》みて、いと**わりなけれ**ば、〈源氏・空蟬〉

訳 一昨日から腹をこわして、非常に**耐えがたい**ので、

❸ あれは手越《てごし》の長者がむすめで候《さうら》ふを、見目《みめ》かたち・心ざま、優《いう》に**わりなき**者で候ふ。〈平家・一〇・千手前〉

訳 あれは手越の(宿駅の)主人の娘でございますが、容貌・性格が、優雅で**すばらしい**者でございます。

□□□ 32

おぼつかなし

形 ク

❶はっきりしない・ぼんやりしている・疑わしい
❷気がかりだ・心配だ
❸じれったい・待ち遠しい

類 **心もとなし** 形 ①じれったい ②気がかりだ ③ぼんやりしている

コア **はっきりしない**

「おぼ」は「おぼろ月」「おぼろげな記憶」などと言うように、**ぼんやりとしてはっきりしないさま**❶をいう。はっきりしないと、**心配**で❷、また、**じれったい**❸気持ちにもなる。入試「類心もとなし」は焦って落ち着かない気持ちがもとだが、「おぼつかなし」とほぼ同じ意味を表す。

❶ほのぼのと明けゆく光も**おぼつかなけれ**ば、大殿油《おほとなぶら》を近くかかげて見奉り給《たま》ふに、〈源氏・御法〉
訳 ほのぼのと夜が明けてゆく光も**ぼんやりしている**ので、灯火を近くかかげて見申し上げなさると、

❷幼き人々、いかなる目にかあふらんと、思ひやるにも**おぼつかなし**。〈平家・二・小教訓〉
訳 幼い人々は、どんな目にあっているだろうかと、思いやるにも**気がかりだ**。

❸都のおとづれはいつしか**おぼつかなき**ほどにしも、〈十六夜〉
訳 都からの便りが早くも**待ち遠しい**折も折、

□□□ 33

はかなし

形 ク

コア **頼りない**

「はかどる・はかがいく」などの「はか（=仕事の進み具合）」に「無し」が付いた語で、**思い通りにいかず、頼りない様子**を幅広くいう。現代語の「はかない」と同じ意味❶の他、しっかりした考えがないさまは「**たわいない**」❷、物事が重要でないさまは「**たいしたことでない**」❸と訳す。

❶ **はかない・あっけない**
❷ **たわいない・幼稚だ・愚かだ**
❸ **たいしたことでない・ちょっとしたことだ**

対 34 **はかばかし** 形
関 **はかなくなる**…死ぬ
→P.306「死ぬ」の婉曲《えんきょく》表現

❶ 桜は**はかなき**ものにて、かくほどなくうつろひさぶらふなり。〈宇治・一三〉
訳 桜は**はかない**もので、このようにまもなく散っていくのです。

❷ 人々の、花、蝶《てふ》やとめづるこそ、**はかなく**あやしけれ。〈堤中納言・虫めづる姫君〉
訳 人々が、花よ、蝶よと愛することは、**愚かで**奇妙だ。

❸ その年の夏、御息所《みやすんどころ》、**はかなき**心地にわづらひて、〈源氏・桐壺〉
訳 その年の夏、御息所（＝桐壺更衣《きりつぼのこうい》）は、**ちょっとした**病気になって、

□□□ 34

はかばかし 形 シク

❶ しっかりしている・**てきぱきしている・頼もしい**
❷ 際立っている・**目立っている**

対 33 **はかなし** 形

コア しっかりしている

「はかどる・はかがいく」などと同語源で、**しっかりしていて順調な様子**❶をいう。視覚的な状態なら**「際立っている」**❷と訳す。

❶ **はかばかしき**人もなく、乳母《めのと》もなかりけり。ただ、親のおはしける時より使ひつけたる童《わらは》の、されたる女、後見《うしろみ》と付けて使ひ給《たま》ひけり。〈落窪・一〉
訳 **しっかりした**人もなく、乳母もいなかった。ただ、親が生きていらっしゃった時から使い慣れた召使いの少女で、気の利いた女を、後見と名付けて使っていらっしゃった。

❷ 三月ばかり物忌《ものい》みしにとて、かりそめなる所に人の家に行きたれば、木どもなどの**はかばかしから**ぬ中に、〈枕・三月ばかり物忌みしにとて〉
訳 三月の頃物忌みをしにといって、仮の場所として人の家に行ったところ、木々などが**際立ってい**ない中に、

□□□ 35

あは《ワ》れなり

形動 ナリ

❶**しみじみ〇〇だ（感心だ・いとしい・趣が深い・気の毒だ　など）**

※〇〇は文脈に合わせて訳す。

関 **17 をかし** 形

関 **あはれ** 感 ああ

コア しみじみ〇〇だ

「関あはれ」は深く心が動いた時に発する言葉で、美しい景色にも、路傍の旅人の亡骸《なきがら》にも、藤原道長《ふじわらのみちなが》が、将来帝位に就くであろう孫におしっこをかけられた時にも使われている。「あはれなり」はこれが形容動詞になったもので、**感動・愛情・風流・同情などのしみじみした心情**を幅広く表す。入試「しみじみ〇〇だ」の「〇〇」の部分を文脈から考えて訳し分ける。

❶もの心細げに里がちなるを、いよいよ飽かず**あはれなる**ものに思《おも》ほして、〈源氏・桐壺〉

訳（桐壺更衣《きりつぼのこうい》が）何となく心細い様子で実家に下がることが多いのを、（桐壺帝は）いよいよ名残惜しく**しみじみいとしい**ものにお思いになって、

□□□ 36

つれづれなり

［徒然なり］ 形動 ナリ

❶**することがなく手持ち無沙汰だ・退屈だ・さびしい**

コア することがない

列を作って連なる意の動詞「連《つ》る」の連用形が続いてできた語で、**単調で退屈だ**の意を表す。入試 することのなさは孤独感にもつながるので、「さびしい」と訳されることもある。「つれづれ＝ひま」と単純化しないようにする。

❶**つれづれなる**ままに、日暮らし硯《すずり》に向かひて、〈徒然・序〉

訳 **することがなく手持ち無沙汰な**のにまかせて、一日中硯に向かって、

□□□ 37

いたづら《ズ》なり

［徒らなり］ 形動 ナリ

❶ **無駄だ・役に立たない**
❷ **むなしい・つまらない**

類 320 **むなし** 形
関 **いたづらになる**…①無駄になる ②死ぬ
「死ぬ」の婉曲《えんきょく》表現 →p.306

コア 無駄だ・むなしい

無駄で役に立たない様子❶をいう。**それに対して失望する気持ち**が、**むなしい・つまらない**の意❷である。現代語の「いたずら」は、子供などがする、役に立たないわるふざけをいう。

❶ 少しの地をも**いたづらに**おかんことは、益《やく》なきことなり。食ふ物、薬種《やくしゅ》などを植ゑおくべし。 〈徒然・二二四〉

訳 少しの土地も**無駄に**しておくようなことは、無益なことである。食べる物、薬用の植物などを植えておくべきである。

❷ 船も出《い》ださで**いたづらなれ**ば、ある人の詠める。 〈土佐〉

訳 船も出発させないで**つまらない**ので、ある人が詠んだ(歌)。

関 **つれづれ** 名 退屈・さびしさ

❶ 御忌《い》みのほどなど、いとあはれに**つれづれなる**ことども多かり。 〈栄花・後くゐの大将〉

訳 (四十九日《しじゅうくにち》の)御忌中《きちゅう》の間などは、とてもしみじみとして**さびしい**ことが多い。

▽孤独感がはっきりしている例。

あだなり 形動 ナリ

❶不誠実だ・浮気だ
❷いいかげんだ・おろそかだ
❸無駄だ・無益だ

類 **あだあだし** 形 不誠実だ
対 39 **まめなり** 形動

コア 実（じつ）がない

実《じつ》のない、空虚な様子をいう。性質が**不誠実だ**、特に男女関係なら**浮気だ❶**、行動・態度が**いいかげんだ❷**、物事が**無駄だ❸**の意。入試「仇討《あだう》ち」などの「仇」は「敵《てき》」の意で、もとは「あた」とも読む別の語。

❶いと**あだに**ものし給《たま》ふと聞きし人を、ありありてかく逢《あ》ひ奉り給ひて、〈大和・一〇三〉

訳 (平中《へいちゅう》様は)とても**浮気で**いらっしゃると聞いた人なのに、結局このように契りを結び申し上げなさって、

❷「確かに御枕上《まくらがみ》に参らすべき祝ひの物に侍《はべ》る。あなかしこ、**あだに**な」と言へば、〈源氏・葵〉

訳 (惟光《これみつ》が)「確かに御枕もとに差し上げなければならない祝いの物です。決して、**いいかげんに**扱ってはいけません」と言うので、

❸絹とて、人々の着るも、蚕《かひこ》のまだ羽つかぬにし出《い》だし、蝶《てふ》になりぬれば、いともそでにて、**あだに**なりぬるをや。〈堤中納言・虫めづる姫君〉

訳 絹といって、人々が着る物も、蚕がまだ羽が生えないうちに作り出して、蝶になってしまうと、まったくおろそかにして、**無駄に**なってしまうね。

まめなり 形動 ナリ

❶ **真面目だ・誠実だ**
❷ **勤勉だ・熱心だ**
❸ **実用的だ**

類 **まめまめし** 形 ①真面目だ ②勤勉だ ③実用的だ
類 **まめやかなり** 形動 ①真面目だ ②本格的だ ③実用的だ
対 38 **あだなり** 形動

コア 実《じっ》がある

「真目《まめ》」が語源とも、「真実《まみ》」が変化したともいわれ、**実《じつ》があるしっかりした様子**をいう。性質が**真面目だ・誠実だ**❶、行動・態度が**勤勉だ**❷、物が**実用的だ**❸の意で用いる。恋愛に関しては、浮気をしない意となる。

❶ **いみじく不幸なりける侍《さぶらひ》の、夜昼まめなるが、冬なれど、帷《かたびら》をなん着たりける。** 〈宇治・一四八〉

訳 ひどく不幸せであった侍で、夜も昼も**真面目な**者が、冬であるのに、一重《ひとえ》の着物を着ていた。

❷ **大将の君は、二条院にだに、あからさまにも渡り給《たま》はず、あはれに心深う思ひ嘆きて、おこなひをまめにし給ひつつ明かし暮らし給ふ。** 〈源氏・葵〉

訳 大将の君(＝光源氏)は、(自邸の)二条院にさえ、仮にもおいでにならず、(妻である葵《あおい》の上《うえ》の死を)しみじみ心深く思い嘆いて、勤行《ごんぎょう》を**熱心に**なさっては日々を過ごしていらっしゃる。

❸ **聖《ひじり》祈り給ひて、産ませなどして、人にまめなる物などこひ給ひて、車に積みて、産養《うぶやしな》ひまでし給ひけり。** 〈今鏡・九・まことの道〉

訳 聖はお祈りをなさって、(子供を)産ませなどして、人に(生活に必要な)**実用的な**物などをお求めになって、車に積んで(届け)、(誕生を祝う)産養いまでなさった。

あてなり【貴なり】

形動 ナリ

❶身分が高い・高貴だ
❷上品だ・優雅だ

類 **あてはかなり・あてやかなり** 形動 上品だ

類 26 **やむごとなし** 形

対 **いやし** 形 ①身分が低い ②下品だ

コア 高貴だ

身分や家柄が高いこと❶をいうのがもと。そこから来る、**品のある感じ、態度などが控えめで優雅な様子**❷もいう。

❶**昔、女はらから二人ありけり。一人はいやしき男の貧しき、一人はあてなる男もたりけり。**〈伊勢・四一〉

訳 昔、姉妹が二人いた。一人は身分が低い男で貧しい者、一人は**身分が高い**男を（夫として）もっていた。

❷**鶯《うぐひす》は、文《ふみ》などにもめでたきものに作り、声よりはじめてさまかたちもさばかりあてにうつくしきほどよりは九重《ここのへ》のうちに鳴かぬぞいとわろき。**〈枕・鳥は〉

訳 鶯は、漢詩文などにもすばらしいものとして作り、声を始めとして姿形もそれほど**上品で**かわいらしい割に宮中で鳴かないことがひどく残念だ。

おろかなり

形動 ナリ

❶ **いいかげんだ・おろそかだ**

❷ **〜では言い尽くせない・〜どころではない**

❸ **愚かだ・ばかだ**

類 114 **なのめなり** 形動

類 229 **なほざりなり** 形動

類 **おろそかなり** 形動 いいかげんだ

類 連⑮ **言ふもおろかなり・言へばおろかなり**……〜では言い尽くせない

関 345 **をこ** 名

コア いいかげんだ

いいかげんで、心がこもっていない様子❶をいう。「〜とはおろかなり・〜と言ふもおろかなり」などの形で、**「〜」が表現として不十分であること**❷もいう。頭や心の働きがいいかげんなのが、**愚かであること**❸で、現代語につながる。入試 ❷の訳語「〜どころではない」は否定の意ではない。例えば「悲しいどころではない」は「悲しいという言葉以上に悲しい」の意。

❶帝《みかど》の御使《おほんつか》ひをば、いかでか**おろかに**せむ。〈竹取・かぐや姫の昇天〉

訳 帝のご使者を、どうして**いいかげんに**できようか。

❷見るに、いとあさましなどは**おろかなり**。「こは、この経《きやう》の蛇《くちなは》に変じて、我を助けおはしましけり」と思ふに、〈宇治・八七〉

訳 見ると、まったく驚きあきれるほどだなどという言葉**では言い尽くせない**。「これは、この経が蛇《へび》に変わって、私を助けてくださったのだなあ」と思うと、

❸至りて**おろかなる**人は、たまたま賢《けん》なる人を見て、これを憎む。〈徒然・八五〉

訳 最も**愚かな**人は、まれに賢い人を見て、これを憎む。

□□□ 42

にほ《オ》ひ《イ》 ［匂ひ］ 名

❶**はなやかな美しさ・魅力・栄華**
❷**香り**

類 **香《かを》り** 名 ①香り ②美しさ
関 **にほふ** 動 ①美しく染まる ②香る
関 **にほひやかなり** 形動 美しい

コア 美しさ

「に」は、赤色の意の「丹《に》」で、「にほひ」ももとは赤色の意。「にほひ」は**視覚的な美しさや立ちのぼる魅力**❶をいう。そこから、**嗅覚的に漂い出るよい香り**❷も表すようになった。「類香り」もほぼ同じ意味。（現代語の「匂い」「香り」は、嗅覚的な香りの意。）

❶入《い》らせ給《たま》へれば、御殿油《おほとなぶら》あるかなきかにほのめきわたれど、**にほひ**ありさま、夜目にもしるし。〈栄花・ゆふしで〉

訳（小一条院が）お入りになると、灯火はかすかにずっと灯っているが、**はなやかな美しさ**や様子は、夜目にもはっきりしている。

❷遠くよりかをれる**にほひ**よりはじめ、人に異《こと》なるさまし給へり。〈源氏・宿木〉

訳（薫《かおる》中納言は）遠くから匂っている**香り**を始めとして、他の人とは違うすぐれた様子をしていらっしゃる。

□□□ 43

かたち ［形］ 名

❶**顔立ち・容貌**
❷**形・姿**

コア 顔立ち

一般的に、**形・姿**の意❷もあるが、人間については、**顔**の様子を表し、**顔立ち**の意❶が基本。「美しい容貌」の意で使うこともある。

❶盛りにならば、**かたち**も限りなくよく、**髪**もいみじく長くなりなむ。〈更級・家居の記〉

訳 年頃になったら、**顔立ち**もこの上なく美しく、**髪**もたいそう長くなるに違いない。

関 **かたち(を)変《か》ふ**…出家する
↓p.304「出家」を表す慣用表現

❷鏡に色・かたちあらましかばうつらざらまし。 〈徒然・二三五〉

訳 鏡に色や**形**があったら(物の姿は)うつらないだろう。

□□□ 44

ことわり［理］ 名

❶道理・論理・筋道

関 **ことわる** 動 ①判断する ②事情を説明する

関 **ことわりなり** 形動 当然だ・もっともだ

関 31 **わりなし** 形

コア 道理・論理

「事」をわからないままにせず、「割」って明らかにすること、**道理・論理**の意。動詞「関ことわる」は道理を明らかにして「判断する」「説明する」意、形容動詞「関ことわりなり」は道理が通っている状態で「当然だ・もっともだ」の意。(道理を尽くして弁解し、辞退することから、現代語の「断り」につながった。)

❶娑羅双樹《しゃらさうじゅ》の花の色、盛者必衰《じゃうしゃひっすい》のことわりをあらはす。 〈平家・一・祇園精舎〉

訳 (お釈迦《しゃか》様が亡くなった時に白く変わったという)娑羅《さら》双樹の花の色は、盛んな者も必ず衰えるという**道理**を示す。

けしき ［気色］

名

❶ **様子・ありさま**
❷ **機嫌**
❸ **意向**

関 **けしきばかり**…ほんの少し

コア 様子

現代語では「窓からのけしき」などのように、観賞すべき風景をいうが、古文では、さまざまな**様子**❶を幅広くいう。特に、人の気分の様子なら「**機嫌**」❷、考えていることの様子なら「**意向**」❸と訳す。入試 漢字の読みも問われる。「きしょく」「きそく」という読み方もあるが、意味が異なり、こちらは問われない。

❶ **皇子《みこ》は、我にもあらぬ気色にて、肝《きも》消えゐ給《たま》へり。** 〈竹取・蓬莱の玉の枝〉

訳 皇子は、茫然《ぼうぜん》自失の**様子**で、肝をつぶして座っていらっしゃる。

❷ **歌主《うたぬし》、いと気色悪《あ》しくて怨《ゑん》ず。** 〈土佐〉

訳 歌を詠んだ人は、ひどく**機嫌**が悪くて恨みごとを言う。

❸ **春宮《とうぐう》よりも御《み》気色あるを、思《おぼ》しわづらふことありけるは、この君に奉らむの御心なりけり。** 〈源氏・桐壺〉

訳 春宮（＝皇太子）からもご**意向**があるが、（大臣が）お悩みになることがあったのは、この君（＝光源氏）に（娘の葵《あおい》の上《うえ》を）差し上げたいというお気持ちであった。

□□□ 46

な〜そ

副・終助

❶〜(し)てくれるな・〜(する)な

コア 〜(する)な

副詞「な」は終助詞「そ」を伴って、間の動詞の表す**動作を禁止する**。呼応の副詞の一つ。間の動詞は連用形になる(カ変とサ変は未然形)。(「な」を用いず、「そ」のみで同じ意味を表す用法もある。)↓p.298付録(文法)②呼応の副詞
入試 終助詞「な」よりも柔らかい禁止を表すが、同じように訳されることも多い。(例)「な行きそ。」と「行くな。」

❶や、**な**起こし奉り**そ**。幼き人は、寝入り給《たま》ひにけり。〈宇治・一二〉

訳 おい、起こし申し上げる**な**。幼い人は、寝入ってしまいなさった。

❶ひがこと**な**せ**そ**。〈宇治・一六七〉

訳 おかしなことをする**な**。

▽間の動詞がサ変「す」未然形の例。

□□□ 47

え〜打消

副

❶〜できない・〜(する)ことができない

関 **えさらず**…避けることができない

関連⑰ **えも言はず**…何とも言いようがない(ほどすばらしい／ほどひどい)

コア 〜できない

「え」は「手に入れる・できる」意の動詞「得《う》」が副詞になったもので、**打消表現を伴って、不可能**の意を表す。入試 打消表現は「ず・じ・まじ・で・なし」がある。訳す時は、不可能にこれらの語の意味を加えて、「え〜じ」なら「〜できないだろう」、「え〜で」なら「〜できないで」などとする。↓p.298付録(文法)②呼応の副詞

❶子は京に宮仕へしければ、まうづとしけれど、しばしば**え**まうで**ず**。〈伊勢・八四〉

訳 子供は都で宮仕えをしていたので、(母親の所へ)参上しようとしたけれども、たびたびは参上する**ことができない**。

□□□ 48

やがて

副

1 そのまま

2 すぐに・直ちに

類 すなはち・たちまち 副 すぐに

類346 とりあへず 副

コア そのまま・すぐに

二つの物事に隔たりがないさまをいう。**状態に隔たりがなければ、「そのまま」1、時間に隔たりがなければ、「すぐに」2**の意になる。（現代語では「そのうち（＝それほど長くはないが一定の時間が経過するさま）」の意。）

入試 1 2は区別するのが基本だが、状態の隔たりのなさと、時間の隔たりのなさは重なる場合があり、「そのまますぐに」などが正解として出題されることもある。

1 女は寝で、**やがて**明かしつ。〈和泉式部日記〉

訳 女は寝ないで、**そのまま**夜を明かした。

2 北山になむ、なにがし寺といふ所にかしこきおこなひ人侍《はべ》る。去年《こぞ》の夏も世におこりて、人々まじなひわづらひしを、**やがて**とどむるたぐひあまた侍りき。〈源氏・若紫〉

訳 北山に、何々寺という所にすぐれた修行者がおります。去年の夏も世の中に（病気が）はやって、（他の）人々が治癒を祈るのに苦しんだものを、**すぐに**治すことがたくさんありました。

□□□ 49

いと

副

1 非常に・たいへん・まったく

コア 非常に・それほど

「痛し（＝痛い・つらい）」や「甚《いた》く（＝ひどく）」と同語源と考えられ、**程度がはなはだしいさま**1をいう。あとに打消表現を伴うと、**たいして（〜ない）・それほど（〜ない）**の意2になる。入試「関いとど」は「いと」が重なった「いといと」がもとなので、「非常に」でなく、「ますます・いよいよ」と訳す。

1 その沢にかきつばた**いと**おもしろく咲きたり。〈伊勢・九〉

訳 その沢にかきつばたが**非常に**趣深く咲いていた。

2 〔打消表現を伴って〕**たいして（〜ない）・それほど（〜ない）**

関 **いとど** 副 ますます・いよいよ

関 **いとどし** 形 ますます激しい

2 雪の**いと**高うはあら**で**、薄らかに降りたるなどはいとこそをかしけれ。〈枕・雪のいと高うはあらで〉

訳 雪が**それほど**高くは**なく**て、うっすらと降り積もっているさまなどはたいそう風情《ふぜい》がある。

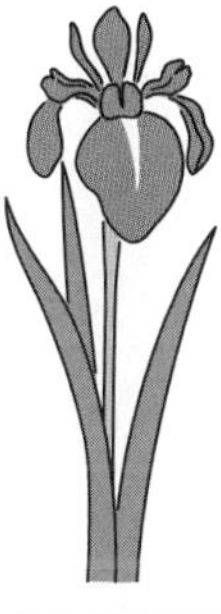

□□□ 50

げに

〔実に〕 副

1 **なるほど・本当に・まったく**

関 **げにげにし** 形 もっともらしい

コア なるほど

「現《げん》に」が変化した語で、**以前から思っていたことや聞いていたことが、現実にその通りだったと納得**した時にいう。単に**感動をこめて共感する気持ち**もいう。形容詞「関げにげにし」はなるほどと納得できる様子をいう。

1 物縫はせごとさすと聞くが、**げに**とく縫ひておこせたる女人《によにん》かな。〈宇治・九三〉

訳 物を縫わせることをさせると聞いているが、**本当に**手早く縫ってよこした女人だなあ。

Bランク100語

□□□ 51

ものす ［物す］ 動 サ行変格

1 **○○する（ある・行く・来る・書くなど）**

※○○は文脈に合わせて訳す。

関 **ものし** 形 不吉だ・不快だ

コア ○○する

さまざまな事柄を婉曲《えんきょく》に表す名詞「物」にサ変動詞「す」が付いた語で、**いろいろな動詞の代わりに用いる。**文脈を見て、具体化して訳す。入試「ものし給《たま》ふ」は「（～で）いらっしゃる」の意で用いられる。形容詞「関ものし」は魔物の「もの」がもとで、不吉で不快な感じをいう別の語。活用で区別できる。

1 走り井にて、破子《わりご》など**ものす**とて、〈蜻蛉・中〉

訳 走り井（＝逢坂《おうさか》の近くの湧き水）で、弁当などを**食べる**ということで、

1 中将はいづこより**ものし**つるぞ。〈源氏・野分〉

訳 中将はどこから**来**たのか。

□□□ 52

おこす ［遣す］ 動 サ行下二段

1 **こちらに送ってくる・よこす**

対 53 **やる** 動

関 **見おこす** 動 こちらを見る

関 **言ひおこす** 動 言ってよこす

コア こちらへよこす

話し手の方へ物や人を送ってくることをいう。（下二段活用だが、のちに四段活用が現れ、「よこす」という語も現れて、現代語につながった。）「関見おこす」「関言ひおこす」のように動詞に付いて、**その動作をこちらに向けてする**意もある。

1 東風《こち》吹かばにほひ**おこせよ**梅の花あるじなしとて春を忘るな 〈大鏡・時平〉

訳 東の風が吹いたら、（遠く大宰府《だざいふ》まで）香りを**よこせよ**、梅の花。主人がいないからといって、春を忘れるな。

やる ［遣る］ 動 ラ行四段

1 **行かせる・届ける・送る**
2 （不快さを）**払いのける・**（心を）**慰める**
3 （動詞に付いて）**遠くまで〜する**
4 **最後まで〜する・**〔「〜やらず」の形で〕**最後まで〜できない**

対 52 **おこす** 動
関連⑬ **やるかたなし・やらむかたなし**…心を晴らす方法がない
関連㉗ **心（を）やる**…気晴らしをする・得意がる

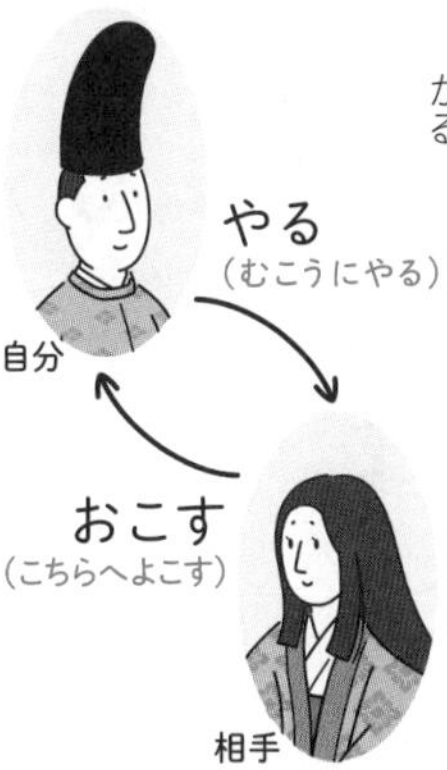

コア むこうにやる

自分のもとから放すことを広くいう。人なら「**行かせる**」、物なら「**届ける**」**1**、不快な思いなら「**払いのける**」**2**と訳す。動詞に付いて、**その動作を遠くにやる意3**、**その動作を完全にやりきる意4**も表す。入試 **2**は「心（を）やる」で「心を慰める・気晴らしをする」、**4**は「〜やらず」の形で、「最後まで〜できない」意で使うことが多い。

1 人を**やり**て見するに、おほかたあへる者なし。〈徒然・五〇〉
訳 人を**行かせ**て見させるが、まったく（鬼に）会った者はいない。

2 桂《かつら》に、おもしろき所に、大いなる殿《との》作りて、花盛り、紅葉盛りなどにものし給《たま》ひて、心**やり**給ふ所あり。〈うつほ・春日詣〉
訳 桂に、風情《ふぜい》がある所に、大きな邸《やしき》を作って、桜の花盛りや、紅葉の盛りなどにお出かけになって、心を**慰め**なさる場所がある。

3 思ひ**やれ**ば、限りなく遠くも来《き》にけるかなとわびあへるに、〈伊勢・九〉
訳 **遠くまで**思いを馳《は》せると、限りなく遠くも来たことだなあとつらがり合っていると、

4 言ひも**やらず**、むせかへり給ふほどに、〈源氏・桐壺〉
訳 （母君は）**最後まで**言うことも**できず**、涙にむせかえっていらっしゃるうちに、

□□□ 54

みる ［見る］

動 マ行上一段

1 見る・経験する
2 見て思う・判断する
3 会う・妻とする・結婚する・面倒をみる

類 6 あふ 動
類 55 みゆ 動
関 56 みす 動

コア 見る

物事を視界に入れて見ることや経験すること**1**をいう。そのことをもとに、判断すること**2**もいう。見る対象が人なら、会う、女性なら、**結婚する**、弱者なら、面倒をみる**3**意となる。入試 貴族の女性は男性に顔を見せなかったので、「見る」が、妻とする、結婚する意になった。

1 祭《まつり》のかへさ**見る**とて、雲林院《うりゐん》、知足院《ちそくゐん》などの前に車を立てたれば、〈枕・鳥は〉
訳 賀茂《かも》祭《まつり》の帰りの行列を**見る**というので、雲林院《うりんいん》、知足院などの前に牛車《ぎっしゃ》をとめていると、

2 このおとどのし給《たま》ふことなれば、不便《ふびん》なりと**見れ**ど、いかがすべからむ。〈大鏡・時平〉
訳 この大臣（＝藤原時平《ふじわらのときひら》）のなさることなので、不都合だと**思う**が、どうすることができよう。

3 いかでこのかぐや姫を得てしかな、**見**てしかな。〈竹取・かぐや姫の生い立ち〉
訳 どうにかしてこのかぐや姫を手に入れたいなあ、**結婚し**たいなあ。

□□□ 55

みゆ ［見ゆ］

動 ヤ行下二段

1 （自然と）見える・思われる・判断される

コア 見える

自然と視界に入って見える意が基本。「ゆ」は助動詞「る」に通じ、**自発・可能・受身**の意を表す。自発なら、自然と見える、そう判断される**1**、人が**現れる2**、可能なら、見ることができる**3**、受身なら、**見られる、結婚する4**意になる。入試 貴族の女性は男性に顔を見せなかったので、見られることが（女性が）結婚する意となった。

1 いとはつらく**見ゆれ**ど、こころざしはせむとす。〈土佐〉
訳 ひどく薄情だと**思われる**が、お礼はしようと思う。

2 現れる・姿を見せる
3 見ることができる
4 見られる・会う・結婚する

類 6 あふ 動
類 54 みる 動
関 56 みす 動

2 つごもりがたに、しきりて二夜《ふたよ》ばかり**見え**ぬほど、文《ふみ》ばかりある返り事に、〈蜻蛉・上〉

訳 月末の頃に、引き続いて二晩くらい**姿を見せ**ない時、手紙だけよこす返事に、

3 その山のさま、いと世に**見え**ぬさまなり。〈更級・上洛の旅〉

訳 その山(＝富士山)の姿は、まったく世間で**見ることができ**ない様子である。

4 いかならん人にも**見え**て、身をも助け、幼き者どもをもはぐくみ給《たま》ふべし。〈平家・七・維盛都落〉

訳 どのような人とでも**結婚し**て、自分の身を生かし、幼い者たちをもお育てになるがよい。

□□□ 56

みす [見す]

動 サ行下二段

1 見せる・見させる・現れる
2 経験させる・(〜な目を)見せる
3 結婚させる

関 54 みる 動
関 55 みゆ 動

基本の意味をおさえよう

語	活用	意味
見る	マ上一	見る
見ゆ	ヤ下二	見える
見す	サ下二	見せる

コア 見せる

相手の視界に入れて、見せることをいうのが基本。さまざまな物事を見せる**1**。何かの経験を見せるなら、**経験させる2**、女を男に見せるなら、**結婚させる3**の意となる。

1 はやく跡なきことにはあらざめりとて、人をやりて**見する**に、〈徒然・五〇〉

訳 やっぱり根拠のないことではないようだと思って、人をやって**見させる**と、

2 つと抱《いだ》きて、「あが君、生きいで給《たま》へ、いといみじき目な**見せ**給ひそ」とのたまへど、〈源氏・夕顔〉

訳 (光源氏は夕顔《ゆうがお》を)ずっと抱いて、「いとしい人、生き返ってください、ひどくつらい目をお**見せ**にならないでください」とおっしゃるが、

3 さきの腹の姫君の二十三になり給ふをぞ、判官《はうぐわん》には**見せ**られける。〈平家・一一・文之沙汰〉

訳 先妻が産んだ姫君で二十三歳におなりになる方を、判官(＝源義経《みなもとのよしつね》)には**結婚させ**なさった。

しる［知る］

動 ラ行四段

❶知る・わかる
❷世話する・交際する
❸領有する・治める

関 300 しる［痴る］動〔ラ下二〕

コア わかって自分のものにする

物事をはっきり認識し理解すること❶をいう。人に対して、深く知って自分のものにすることから、**世話する・交際する**意❷にもなり、自分の土地を隅々まで知って支配することから、**領有する**意❸にもなる。入試 領有する意❸の時は「領《し》る」または「治《し》る」と書かれることがある。

❶いやしきこともわろきことも、さと**知り**ながらことさらに言ひたるは、悪《あ》しうもあらず。〈枕・ふと心劣りとかするものは〉

訳 下品な言葉もよくない言葉も、そうと**知り**ながらわざと口にすることは、悪くもない。

❷また**知る**人もなくて、漂《ただよ》はむことのあはれに、〈源氏・柏木〉

訳 他に**世話する**人もなくて、（女三《おんなさん》の宮《みや》が）あてもなく途方に暮れるようなことがかわいそうで、

❸奈良の京《きやう》、春日《かすが》の里に**しる**よしして、狩りにいにけり。〈伊勢・一〉

訳 奈良の都、春日の里に**領有する**縁で、狩りに出かけた。

ぐす [具す] 動 サ行変格

1 **そろう・備わる**
2 **ついて行く・従う**
3 **連れ添う・夫婦になる**
4 **そろえる・備える**
5 **連れて行く・伴う**

類 8 **ゐる**［率る］動

コア そろう／そろえる

「具」は「道具」「具材」の「具」で、ある目的のために必要な物の意。「具す」は、これが**そろっている**こと**1**をいう。人に関して使えば、**ついて行く**意**2**、**配偶者として、連れ添う、夫婦になる**意**3**にもなる。また、物を**そろえる**意**4**、人を**連れて行く**意**5**でも用いる。入試 名詞「具」は連れ添う人、妻の意で問われる。

1 人ざま・かたちなど、いと、かくしも**具し**たらむとは、え推しはかり給《たま》はじ。〈源氏・蛍〉
訳 (玉鬘《たまかずら》の)人柄や顔立ちなどが、たいそう、こんなにも**備わっ**ているだろうとは、推量なさることはできないだろう。

2 保昌《やすまさ》に**具し**て丹後へ下《くだ》りたるに、〈古本説話集・上・六〉
訳 (和泉《いずみ》式部が夫の)保昌に**従っ**て丹後に下った時に、

3 その女御殿《にょうごどの》には道信《みちのぶ》の中将の君も御消息《せうそこ》聞こえ給ひけるに、それはさもなくて、かのおとどに**具し**給ひければ、〈大鏡・師輔〉
訳 その女御殿には道信の中将の君もお手紙を差し上げなさったが、それはそうでもなく、あの大臣に**連れ添い**なさったので、

4 「はや、はや」と、硯《すずり》・紙**具し**て責め給ふ。〈落窪・四〉
訳 「(返事を)早く、早く」と、硯と紙を**そろえ**て責め立てなさる。

5 つはものどもあまた**具し**て山へ登りけるよりなむ、その山をふじの山とは名付けける。〈竹取・かぐや姫の昇天〉
訳 武士たちをたくさん**伴っ**て山へ登ったことから、その山を富士(＝士に富む)山とは名付けた。

□□□ 59

ありく ［歩く］ 動 カ行四段

1 **あちこち移動する・歩きまわる**

2 〔動詞に付いて〕**〜してまわる**

コア あちこち移動する

「あゆむ」が、足で一歩一歩あるくことをいうのに対して、「ありく」は、目的地にまっすぐ向かわず、**徒歩や乗り物で、あちこち移動する**こと**1**をいう。動詞に付いて「**〜してまわる**」意**2**も表す。

1 野に**ありけ**ど、心はそらにて、今宵《こよひ》だに人しづめて、いととく逢《あ》はむと思ふに、〈伊勢・六九〉

訳 (狩りの使いの男は)野を**歩きまわる**けれど、心はうわの空で、せめて今晩だけでも人を寝静まらせて、とても早く(女と)逢いたいと思っていると、

2 よろしき姿したる者、ひたすらに家ごとに乞ひ**ありく**。〈方丈記〉

訳 まずまずの(身分らしい)身なりをした者が、ただただ家ごとに物乞いをし**てまわる**。

□□□ 60

まどふ《ウ》 ［惑ふ］ 動 ハ行四段

1 **道に迷う・さまよう**

コア 方向を見失う

方向を**見失って道に迷う**意**1**がもとで、判断の方向性を失って、**あわてる**意**2**も表す。動詞に付くと、あわてて騒いで、「**ひどく〜する**」意**3**となる。

1 道知れる人もなくて、**まどひ**行きけり。〈伊勢・九〉

訳 道を知っている人もいなくて、**さまよっ**て行った。

2 あわてる・**とまどう**
3 〔動詞に付いて〕ひどく～する
関 **まどはす** 動 迷わせる

2 いとかくしもあらじと思ふに、真実《しんじち》に絶えいりにければ、**まどひ**て願立《ぐわんだ》てけり。〈伊勢・四〇〉
訳 まさかこうでもあるまいと思うが、本当に息が絶えてしまったので、**あわて**て神仏に祈願した。

3 かのあるじなる人、案を書きて、書かせてやりけり。めで**まどひ**にけり。〈伊勢・一〇七〉
訳 あの主人である人が、（手紙の）案を書いて、（女に）書かせて（男に）贈った。（男は）**ひどく**感嘆した。

□□□ 61

かる 〔離る〕 動 ラ行下二段

1 離れる
2 疎遠になる・**通いが途絶える**
関 **離《か》れ離《が》れなり** 形動 疎遠だ・（通いが）途絶えがちだ

コア 離れ遠ざかる

近かったものが、距離をおいて**離れ遠ざかる**ことをいう。空間的には、**離れる1**、心理的には**疎遠になる2**意。男女が同居しない「通い婚」も多かったので、**通いが途絶える**意で使われることも多い。入試 和歌では「枯《か》る」と掛詞《かけことば》になることも多い。→p.325付録（和歌）③掛詞

1 年頃の蓬生《よもぎふ》を**かれ**なむもさすがに心細う、さぶらふ人々も思ひ乱れて。〈源氏・若紫〉
訳 長年住みなれた荒れた邸《やしき》を**離れる**ようなこともそうはいってもやはり心細く、お仕えする女房たちも思い乱れて。

2 思ふとも**かれ**なむ人をいかがせむ飽かず散りぬる花とこそ見め〈古今・恋五・素性法師〉
訳 いとしく思っていても花が枯れるように**疎遠になっ**てしまうような人をどうしたらいいのだろうか。名残惜しく散ってしまった花だと思おう。
▽「離る」と「枯る」の掛詞の例。

とぶらふ《（ロ）ウ》

動 ハ行四段

❶ 問う・探す
❷ 訪問する
❸ 見舞う
❹ 弔問《ちょうもん》する
❺ 供養《くよう》する・冥福《めいふく》を祈る

類 とふ 動 ①問う ②訪問する ③見舞う ④弔問する ⑤供養する

コア たずねる

たずねることを幅広く表す。**問い尋ねる❶**、**訪ねていく❷**、**様子を尋ねに訪問する❸**、**人が亡くなった家を訪ねる❹**、**死者の霊をたずね悼《いた》む❺**などの意を表す。

❶ 九条に昔知れりける人の残りたりけるを**とぶらひ**出《い》でて、〈源氏・玉鬘〉
訳 九条に昔知っていた人が残っていたのを**探し**出して、

❷ ここにありし人はまだやながむらむ。**とぶらふ**べきを、〈源氏・蓬生〉
訳 ここにいた人（＝末摘花《すえつむはな》）はまだ物思いにふけっているだろうか。**訪問する**べきだが、

❸ 大弐《だいに》の乳母《めのと》のいたくわづらひて尼になりにける、**とぶらは**むとて、五条なる家たづねておはしたり。〈源氏・夕顔〉
訳 （光源氏は）大弐の乳母がひどく病《や》んで尼になっていたのを、**見舞お**うとして、五条にある家を訪ねていらっしゃった。

❹ 後《のち》のわざなどにもこまかに**とぶらは**せ給《たま》ふ。〈源氏・桐壺〉
訳 （桐壺更衣《きりつぼのこうい》の）死後七日ごとの供養などにも（帝《みかど》は）丁重に**弔問し**なさる。

❺ 手負ひのただ今おちいるに、一日経書《いちにちぎやう》いて**とぶらへ**。〈平家・一一・嗣信最期〉
訳 傷を負った者がたった今息絶えたので、一日経を書いて**供養せよ**。

かづ《ズ》く［被く］

動 カ行四段／カ行下二段

❶〔カ四〕**ほうびにもらう・肩にかける**

❷〔カ四〕**かぶる**

❸〔カ下二〕**ほうびに与える**

❹〔カ下二〕**かぶせる**

関 **潜《かづ》く** 動〔カ四〕水に潜《もぐ》る・頭から水中に入る〔カ下二〕水に潜らせる

コア かぶる／かぶせる

貨幣経済が発達していなかった時代は、貴人からのほうびの代表は衣類で、もらったら肩にかけて拝礼した❶。これは、夜具などを**かぶる**❷動作にも通じる（四段活用）。下二段活用は、使役の意味が加わり、**ほうびを受け取らせる・与える**❸、夜具などを**かぶせる**❹意を表す。

❶ **禄《ろく》の唐櫃《からびつ》によりて、一つづつ取りて、次々たまふ。白き物どもを品々かづきて、**〈源氏・若菜上〉

訳 ほうびが入った唐櫃に近付いて、一つずつ取って、順にお与えになる。白い衣装をいろいろ**ほうびにもらって**、

❷ **酔《ゑ》ひて興《きよう》に入《い》るあまり、傍《かたは》らなる足鼎《あしがなへ》を取りて、頭《かしら》にかづきたれば、**〈徒然・五三〉

訳 酔っておもしろがるあまり、そばにある足鼎（＝食物を煮る器の一種）を手に取って、頭に**かぶっ**たところ、

❸ **御使ひに、なべてならぬ玉裳《たまも》などかづけたり。**〈源氏・明石〉

訳 （明石入道《あかしのにゅうどう》は光源氏からの）ご使者に、並々でない美しい装束などを**ほうびに与え**た。

❹ **御単衣《ひとへ》取り寄せ給《たま》うて、引きかづけ参らせなどせられぬ。**〈讃岐典侍日記〉

訳 御単衣をお取り寄せになって、引き**かぶせ**申し上げなどなさった。

まねぶ ［学ぶ］ 動 バ行四段

1 まねる・口まねをする
2 そのまま人に伝える
3 習得する・学ぶ

類 **まなぶ** 動 ①まねる ②学ぶ

コア まねる

名詞「まね」に「ぶ」が付いてできた動詞で、**まねる**の意1。口まねをして言うことから、**見聞きしたことをそのまま人に伝える**意2も、まねることは物事を習得するもとなので、**習得する**意3も表す。

1 **鳥は、異所《ことどころ》のものなれど、鸚鵡《あうむ》、いとあはれなり。人の言ふらむことをまねぶらむよ。**〈枕・鳥は〉

訳 鳥は、異国のものだが、鸚鵡は、とてもしみじみとした趣がある。人の言うようなことを**まねる**とかいうことだよ。

2 **みづからの夢にはあらず、人の御事を語るなり。この夢あふまで、また人にまねぶな。**〈源氏・若紫〉

訳 私自身の夢ではない、人の御事を語るのだ。この夢が現実になるまで、また**人に伝え**てはならない。

3 **文《ふみ》の才《ざえ》をまねぶにも、琴・笛の調べにも、音《ね》たへず及ばぬところの多くなむ侍《はべ》りける。**〈源氏・少女〉

訳 漢詩文の知識を**学ぶ**にも、琴や笛の調べにも、音色が不十分で至らないところが多うございました。

□□□ 65

いら《（ロ）》ふ《ウ》 ［答ふ］

動 ハ行下二段

1 **返事をする・答える**

関 **いらへ** 名 返事

関 **返《かへ》り事《ごと》・返し** 名 返事・返歌

コア **答える**

返事をする、応答する意を表す。

1 いま一声《ひとこゑ》呼ばれて**いらへ**んと、念じて寝たるほどに、 〈宇治・一二〉

訳 もう一声呼ばれて**返事をし**ようと、我慢して寝ているうちに、

□□□ 66

さは《ワ》る ［障る］

動 ラ行四段

1 さしつかえる・**妨げになる**

関 **さはり** 名 さしつかえ・障害

コア **支障がある**

「触る」と同語源で、**何かに触れて妨げになる**ことをいう。宗教的な禁忌《きんき》に触れて具合が悪いこともいう。（現代語では「さしさわりがある」という。）

入試 「妨げられる・邪魔される」などと受身で訳されることも多い。

1 月かげばかりぞ、八重葎《やへむぐら》にも**さはら**ず、さし入《い》りたる。 〈源氏・桐壺〉

訳 月光だけが、幾重にも茂った蔓草《つるくさ》にも**妨げられ**ず、さし込んでいる。

□□□ 67

やつる

動ラ行下二段

❶**衰える・みすぼらしくなる**

❷**地味な姿になる・目立たない姿になる**

関**やつす** 動 ①地味な姿にする ②出家する
→p.304「出家」を表す慣用表現

コア 地味になる

現代語の「やつれる」と同様に、病気をする、没落するなどで姿が**衰え、みすぼらしくなる**こと❶をいう。**人目を避けるため、地味な姿になる**こと❷もいう。

入試「関やつす」は「地味な姿にする」意。ともに身分により身に付ける物が決まっていて、貴人の行動が人目に付いたことが背景にある語。

❶いたう痩せ衰へて、御ひげなどもとりつくろひ給《たま》はねばしげりて、親の孝《けう》よりもけに**やつれ**給へり。〈源氏・柏木〉

訳（息子を亡くした大臣は）ひどく痩せ衰えて、おひげなども整えなさらないので伸びて、（子が）親の喪に服するよりもひどく**衰え**ていらっしゃる。

❷背《よひ》すぐして、むつましき人の限り四五人ばかり、網代車《あじろぐるま》の昔おぼえて**やつれ**たるにて出《い》で給ふ。〈源氏・若菜上〉

訳（光源氏は）夜が更けて、親しい従者だけ四、五人ほど（連れて）、網代車の昔が思われて**目立たない姿になっ**ているものでお出かけになる。

▽こっそり愛人を訪ねる場面。

□□□ 68

こうず［困ず］

動サ行変格

❶**疲れる・くたびれる**

❷**困る・困惑する**

コア 疲労困憊（ひろうこんぱい）

肉体的に弱ること、**疲れる**こと❶、**精神的に困る**こと、**悩む**こと❷をいう。
入試「極《こう》ず」と書かれたり、「ごうず」と濁音になったりすることもあるが、「疲れる」の意が基本。

❶一町のほどを石階《いしばし》おりのぼりなどすれば、ありく人**困じ**て、いと苦しうするまでなりぬ。〈蜻蛉・中〉

訳一町（＝約一〇九メートル）の距離を石段を下り上りなどするので、行き来する人が

疲れて、ひどく苦しがるまでになってしまった。

2 「いかに、いかに」と、日々に**責められ困じ**て、〈源氏・若菜下〉

訳 （小侍従《こじじゅう》は柏木《かしわぎ》に女三《おんなさん》の宮《みや》のことは）「どうなのか、どうなのか」と、毎日責められ**困っ**て、

なやむ 【悩む】

動 マ行四段

1 病気になる・（肉体的に）苦しむ
2 思い悩む・困る

類 283 **わづらふ** 動
関 **なやまし** 形 気分が悪い
関 **なやみ** 名 病気

コア 苦しみ弱る

肉体的に、または、精神的に苦しむことをいう。入試 現代語では精神的に苦しむことをいうのが普通だが、古文では病気の他、妊娠、出産で**肉体的に苦しむ**ことをいう場合が多い。

1 いとたひらかに、ことにいたうも**なやま**せ給《たま》はで、めでたき女君《をんなぎみ》生まれ給ひぬ。〈栄花・さまざまのよろこび〉

訳 まったく無事に、特にひどくもお**苦しみ**にならないで、すばらしい女君がお生まれになった。

2 いぶせくも心にものを**なやむ**かなやよやいかにと問ふ人もなみ 〈源氏・明石〉

訳 うっとうしくも心に**思い悩ん**でいるよ。おいおいどうしたのかと尋ねる人もいないので。

▽光源氏の詠んだ歌。

70

おこたる［怠る］

動 ラ行四段

❶ **怠る・なまける**

❷ **病気がよくなる・快方に向かう**

関 **おこたり** 名 ①怠慢・油断 ②過失 ③謝罪

コア **なまける**

現代語でも「努力を怠る」などと使うように、**なすべきことをしない**こと❶を広くいう。警戒を怠る場面なら「油断する」と訳し、怠った結果として「過失を犯す」の意にもなる。また、病気がその威力を緩めて怠ることは**病気がよくなる**意❷になる。名詞「関おこたり」は、過失をわびる「謝罪」の意も表す。入試 特に❷が問われる。

❶なほ朝政《あさまつりごと》は**おこたら**せ給《たま》ひぬべかめり。〈源氏・桐壺〉

訳 やはり朝の政務は**怠り**なさってしまうようだ。

❷同じ少将、病《やまひ》にいといたうわづらひて、少し**おこたり**て内裏《うち》に参りたりけり。〈大和・一〇二〉

訳 同じ少将が、病気でとてもひどく苦しんで、少し**快方に向かっ**て宮中に参上していた。

71

ねんず［念ず］

動 サ行変格

コア **心に強く思う**

神仏を心に強く思い、経文《きょうもん》などを唱えること❶をいう。心を凝《こ》らして祈ることから、**感情を抑えてじっと我慢する**意❷も生じた。入試 神仏に関わる文脈なら❶、そうでなければ❷だと考える。

❶祈る・祈願する
❷我慢する・こらえる

❶清水《きよみづ》の観音を**念じ**奉りても、すべなく思ひまどふ。〈源氏・夕顔〉
訳 (惟光《これみつ》は)清水の観音をお**祈り**申し上げても、どうしようもなく途方に暮れる。

❷え**念ぜ**ず、一《ひと》たびにさと笑ふ声のす。〈うつほ・祭の使〉
訳 **我慢**できないで、一度にどっと笑う声がする。

□□□ 72

たふ（ト）（ウ）

【耐ふ・堪ふ】 動 ハ行下二段

❶我慢する・こらえる
❷能力がある・すぐれる

類 12 しのぶ 動

コア 我慢する・能力がある

現代語の「耐える」と同じように、**我慢する**意❶を表す。能力があるからこそ負けずに耐えられるので、**能力がある**意❷も表す。入試 現代語には、我慢する意の「耐える」と、途絶える意の「絶える」があるが、後者は古文では「絶ゆ」でヤ行下二段活用なので、区別できる。

❶女房などの、悲しびに**たへ**ず泣きまどひ侍《はべ》らむに、〈源氏・夕顔〉
訳 女房などが、悲しみに**こらえ**きれず泣いて取り乱しましたら、

❷作文《さくもん》の船、管絃《くわんげん》の船、和歌の船と分かたせ給《たま》ひて、その道に**たへ**たる人々を乗せさせ給ひしに、〈大鏡・頼忠〉
訳 漢詩の船、音楽の船、和歌の船と分けなさって、その道に**すぐれ**ている人々をお乗せになったが、

はかる

動 ラ行四段

❶ **推量する・おしはかる**
❷ **計画する・くわだてる**
❸ **だます・あざむく**

類 **たばかる** 動 工夫する・だます
関 **はかりこと** 名 工夫・計略

コア 見当をつける

数量の見当をつけて測定するのがもとの意味で、未知の状況について見当をつけるなら「**推量する**」❶、未来の計画を練るなら「**計画する**」❷、そこに悪意があれば「**だます**」❸と訳す。入試「類たばかる」も似た意味の語。どちらもよい意味か悪い意味か考えて訳す。

❶をかしきことを言ひても、いたく興《きよう》ぜぬと、興なきことを言ひても、よく笑ふにぞ、品《しな》のほど**はから**れぬべき。〈徒然・五六〉

訳 おもしろいことを言っても、そんなにおもしろがらないのと、おもしろくないことを言っても、よく笑うことで、品位は**推量さ**れてしまう。

❷あは、これらが内々《ないない》**はかり**し事のもれにけるよ。〈平家・二・西光被斬〉

訳 ああ、これらの者がひそかに**計画し**た事がもれてしまったのだなあ。

❸唐土《もろこし》の帝《みかど》、この国の帝をいかで**はかり**て、この国討ち取らむとて、〈枕・社は〉

訳 中国の帝が、この国の帝を何とかして**だまし**て、この国を討ち取ろうとして、

□□□ 74

かしづ《ズ》く

動 カ行四段

1 大切に育てる・大事に世話する

類 **うしろみる・かへりみる・あつかふ**

動 世話する

コア 大事に世話する

「かしこまる」や「かしこし」に通じる語で、**相手を尊んで大事に世話する**ことをいう。入試 親が子を大切に守り育てる意で使うことが多い。

1 長者の家に**かしづく**むすめのありけるに、〈宇治・一一三〉

訳 長者の家に**大切に育てる**娘がいたが、

□□□ 75

めづ《ズ》 〔愛づ〕

動 ダ行下二段

1 ほめる・感心する・愛する・かわいがる

関 82 **めづらし** 形

関 83 **めでたし** 形

コア ほめ、愛する

対象を**すばらしいものとして**、**ほめ**、**愛する**ことをいう。対象が子供などなら、「かわいがる」とも訳す。

1 皇子《みこ》もいとあはれなる句を作り給《たま》へるを、限りなう**めで**奉りて、〈源氏・桐壺〉

訳 皇子（=光源氏）もたいへんしみじみ心をうつ詩句をお作りになったので、（高麗人《こまうど》は）限りなく**感心し**申し上げて、

ときめく 【時めく】 動 カ行四段

1 時勢に合って栄える・寵愛《ちょうあい》される

関 **ときめかす** 動 時勢に合って栄えるようにする・寵愛する

コア 時に合って栄える

好機の意の「時」に、「～のようになる」意の「めく」が付いた語で、**時勢に合って栄える**ことをいう。時の権力者に愛されれば栄えるので、「**寵愛される**」とも訳す。関「ときめかす」は「ときめく」ようにすること。（「心ときめきす」が現代語の「ときめく」に近い語。）

1 弘徽殿《こきでん》に住ませ給《たま》ふ。すべてこれはもろもろにまさりていみじう**時めき**給へば、大納言いみじううれしう思《おぼ》して、〈栄花・花山たづぬる中納言〉

訳 （入内《じゅだい》した大納言の娘は）弘徽殿にお住まいになる。すべてこれは多く（の女御《にょうご》）にまさって非常に**寵愛され**ていらっしゃるので、大納言はとてもうれしくお思いになって、

あなづ《ズ》る 【侮る】 動 ラ行四段

1 ばかにする・軽蔑する

関 **あなづらはし** 形 あなどってよい・遠慮がいらない

コア ばかにする

ばかにして、軽蔑する意で、現代語の「あなどる」と同じ。形容詞「関あなづらはし」は尊敬に値せず、ばかにしたくなる様子で、「あなどってよい」の意。

1 人に**あなづら**るるもの。築地《ついぢ》のくづれ。あまり心よしと人に知られぬる人。〈枕・人にあなづらるるもの〉

訳 人に**ばかにさ**れるもの。土塀のくずれ。あまりにもお人よしだと人に知られてしまった人。

□□□ 78

あらが《（ゴ）》ふ《ウ》

動 ハ行四段

1 言い争う・言い張る

関 79 すまふ 動

コア **言い争う**

事の是非などについて、言葉で言い争う意を表す。似た意味の「あらそふ」は相手に勝とうと競争する意が基本。

1 我がため面目《めんぼく》あるやうに言はれぬるそらごとは、人いたく**あらがはず**。〈徒然・七三〉

訳 自分にとって名誉であるように言われた嘘《うそ》は、人はあまり**言い争わ**ない。

□□□ 79

すま《（モ）》ふ《ウ》

動 ハ行四段

1 抵抗する・拒む

類 296 いなぶ 動

関 78 あらがふ 動

コア **抵抗する**

相手からの力や命令に対して、**抵抗し拒む**ことをいう。土俵から出まいと抵抗する「相撲」はこの語がもとである。入試 住み続ける意の「住まふ」と混同しないようにする。

1 人の犬を引きたるに、犬**すまひ**て、行かじとしたる体《てい》、〈著聞・三九八〉

訳 人が犬を引っ張った時に、犬が**抵抗し**て、行くまいとした様子は、

□□□ 80

ゆかし

形 シク

1 **(心ひかれて)○○したい**

※○○は文脈に合わせて訳す。

類 23 **なつかし** 形

類 81 **こころにくし** 形

コア ○○したい

動詞「行く《ゆ》」が形容詞になった語で、**そちらに行ってみたくなるほど心がひかれる様子**をいう。対象によって、**知りたい、見たい、聞きたい**、などと具体的に訳す。

入試「奥ゆかしい(＝気品がある)」とは訳さない。

1 人の子産みたるに、男女《をとこをんな》とく聞かまほし。よき人さらなり、えせ者、下衆《げす》の際《きは》だになほ**ゆかし**。〈枕・とくゆかしきもの〉

訳 人が子を産んだ時に、男か女か早く聞きたい。身分の高い人は言うまでもなく、つまらない者、身分の低い者でもやはり**知りたい**。

□□□ 81

こころにくし

［心憎し］

形 ク

1 **奥ゆかしい・心ひかれる**

類 23 **なつかし** 形

類 80 **ゆかし** 形

コア 憎らしいくらい心ひかれる

すぐれた教養や人柄、態度がうらやましくて、憎らしいくらい心ひかれるさまをいう。

入試「奥ゆかしい」が代表的な訳。憎悪を表す語ではない。

1 そらだきもの、**心にくく**かをり出《い》で、〈源氏・若紫〉

訳 どこからともなく匂ってくるようにたく香《こう》が、**奥ゆかしく**香りだして、

□□□ 82

めづ《ズ》らし

［珍し］ 形 シク

1 すばらしい

類 83 めでたし 形
類 18 ありがたし 形
関 75 めづ 動

コア すばらしい

動詞「めづ」が形容詞になったもので、**普通とは違ってすばらしい様子**をいう。のち、徐々に積極的にほめる意を失って、「めずらしい（＝めったにない）」意になった。

1 この皇子《みこ》のおよすけもておはする御かたち心ばへありがたく**めづらしき**まで見え給《たま》ふを、〈源氏・桐壺〉

訳 この皇子（＝光源氏）が徐々に成長していらっしゃるお顔立ちや気性がめったになく**すばらしい**とまでお見えになるので、

□□□ 83

めでたし

形 ク

1 すばらしい

類 82 めづらし 形
関 75 めづ 動

コア すばらしい

動詞「めづ」に、程度がはなはだしいことをいう「甚《いた》し」が付いた「めでいたし」がもとで、**強くほめたくなる様子**をいう。「美しい・立派だ・見事だ・すぐれている」など、いろいろに訳されるが、基本に**すばらしい**がある。（現代語の「めでたい」は祝福に値する意。）

1 藤の花は、しなひ長く、色濃く咲きたる、いと**めでたし**。〈枕・木の花は〉

訳 藤の花は、しなやかに垂れている花房が長く、濃い色で咲いているのが、とても**すばらしい**。

84

よし 形ク

1 **すぐれている・すばらしい・よい**

対 **あし** 形 悪い
関 **よろし** 形 まあよい
関 **わろし** 形 よくない

良・善 ↔ 悪
よし → よろし → わろし → あし

コア 非常によい

最高にすぐれていることをいう。「よし↓よろし↓わろし↓あし（とてもよい↓まあよい↓あまりよくない↓とても悪い）」という四段階の評価の最上。
入試 身分が重んじられた時代を反映して、**「よき人」**は**「身分が高く教養がある人」**をいうことが多い。「よろしき人」は「まずまずの身分の人」の意。現代語で「よい人」は「人柄がよい人」の意。

1 かの親なりし人は、心なむありがたきまで**よかりし**。〈源氏・玉鬘〉
訳 あの（玉鬘《たまかずら》の）親であった人（＝夕顔《ゆうがお》）は、気立てがめったにないほど**すぐれていた**。

1 笏《しゃく》を取りて、**よき人**に物申すやうにかしこまりて答へければ、盗人《ぬすびと》笑ひて棄《す》てて去《い》にけり。〈今昔・二八・一六〉
訳 笏を手に取って、**身分の高い人**に何か申し上げるようにかしこまって答えたところ、盗賊は笑って見捨てて去った。
▽「よき人」の例。

85

さう《ソウ》なし 【左右無し】 形ク

1 **あれこれ迷わない・ためらわない**

コア あれこれ迷わない・この上ない

左か右かなどと**あれこれ迷わない、ためらいがなく無造作な様子**1を表す。ためらいなくこれだと決まることから、**この上ない様子**2も表す。入試 2は「双無し」とも書かれる。

1 たとひ殿下《てんが》なりとも、浄海《じやうかい》があたりをばはばかり給《たま》ふべきに、幼き者に**さうなく**恥辱《ちじよく》を与へられけるこそ遺恨《ゐこん》の次第なれ。〈平家・一・殿下乗合〉
訳 たとえ摂政殿であっても、（この）浄海（＝平清盛《たいらのきよもり》）の周りには遠慮なさるべきなのに、

2 並ぶ者がないくらいすぐれている・この上ない

類 **二《に》なし・またなし** 形 二つとないくらいすばらしい

幼い者（＝清盛の孫資盛《すけもり》）に**ためらいなく**恥をかかせなさったのは恨めしいことだ。

2 この頃、和歌の判は、俊成卿《としなりきやう》、清輔朝臣《きよすけあそん》、**さうなき**ことなり。〈無名抄〉

訳 この頃、（歌合《うたあわせ》などの）和歌の優劣の判定は、俊成卿、清輔朝臣が、**並ぶ者がないくらいすぐれている**ことである。

□□□ 86

うるは《ワ》し ［麗し］ 形 シク

1 きちんとしている・几帳面だ
2 美しい・端正だ
3 仲がよい・親しい

コア きちんと整っている

きちんと整っている様子1をいう。見た目が整っていれば、**美しい2**、関係が整っていれば、**仲がよい3**の意となる。入試 現代語の「うるわしい」は気高く美しいさまなどをいう。

1 ことごとしき随身《ずいじん》引き連れて、**うるはしき**さまして参り給《たま》へり。〈源氏・総角〉

訳 仰々《ぎょうぎょう》しい随身を引き連れて、**きちんとした**様子で参上なさった。

2 この泊まりの浜には、くさぐさの**うるはしき**貝、石など多かり。〈土佐〉

訳 この港の浜辺には、さまざまな**美しい**貝や、石などが多い。

3 昔、男、いと**うるはしき**友ありけり。〈伊勢・四六〉

訳 昔、男が、とても**仲がよい**友人がいた。

□□□ 87

らう《ロウ》たし

形 ク

❶かわいい・いとしい・可憐《かれん》だ・いじらしい

類 22 **うつくし** 形

関 **らうたがる** 動 かわいがる

関 **らうたげなり** 形動 かわいらしい様子だ

コア　かわいい

「労甚《らういた》し」がもと。「労」は苦労及びそれをいたわる意、「甚し」は程度がはなはだしい意で、**世話をしてやりたいようなかわいらしい様子**をいう。

入試「うつくし」「かなし」「いとほし」にも「かわいい」の意がある。語感は異なるが、同じように訳してよい。

❶をかしげなる児《ちご》の、あからさまに抱《いだ》きて遊ばしうつくしむほどに、かい付きて寝たる、いと**らうたし**。〈枕・うつくしきもの〉

訳 かわいらしい様子の幼児が、ちょっと抱いて遊ばせかわいがっているうちに、抱き付いて寝たのは、とても**かわいい**。

□□□ 88

かなし

形 シク

❶悲しい・かわいそうだ・心が痛む

コア　悲しい・かわいい

心を奥底から強く揺さぶられる感じをいう。**心が痛んで悲しい**の意❶、**切ないほどにいとしい**意❷を表す。入試 感情の方向が悲哀か愛惜かを考えて訳す。

❶人の亡きあとばかり**かなしき**はなし。〈徒然・三〇〉

訳 人が亡くなったあとほど**悲しい**ものはない。

2 かわいい・いとしい

類 89 **いとほし** 形

関 **かなしうす** 動 かわいがる

関 **かなしぶ・かなしむ・かなしがる** 動 ①悲しむ ②かわいがる

2 我《わ》がいみじく**かなし**と思ふ太郎子《たらうご》も藪《やぶ》に隠れぬ。〈今昔・一九・八〉

訳 自分がひどく**いとしい**と思っている長男も藪に隠れた。

□□□ 89

いとほ《オ》し 形 シク

1 かわいそうだ・**気の毒だ・ふびんだ**

2 かわいい・**いとしい・いじらしい**

類 88 **かなし** 形

コア かわいそう・かわいい

「いたはる」「いたはし」と同じ系統の言葉で、**弱い者に同情して心が痛み、かわいそうだ**と思う気持ち**1**から、いたわってやりたくて、**かわいい**と思う気持ち**2**もいうようになった。「いとほし」も「類かなし」も、痛切な思いを表す。

1 熊谷《くまがへ》あまりに**いとほしく**て、いづくに刀を立つべしともおぼえず、〈平家・九・敦盛最期〉

訳 熊谷(直実《なおざね》)は(平《たいらの》 敦盛《あつもり》が)あまりに**かわいそうで**、どこに刀を突き立てるのがよいともわからず、

2 宮はいと**いとほし**と思《おぼ》す中にも、男君《をとこぎみ》の御かなしさは、すぐれ給《たま》ふにやあらむ、〈源氏・少女〉

訳 大宮は(孫たちを)とても**かわいい**とお思いになる中でも、男君(＝夕霧《ゆうぎり》)のおかわいさは、(他の孫よりも)まさっていらっしゃるのだろうか、

□□□ 90

わびし ［侘びし］ 形 シク

❶**つらい・苦しい**
❷**貧しい・みすぼらしい**
関 **わぶ** 動 つらがる・困る

コア つらい・苦しい

不本意な状況に対して**どうしようもなくて、つらい**気持ちを表す❶。経済的な困窮はつらいことなので、**貧しい**意❷も表す。入試 動詞形「関わぶ」は「つらがる・困る」意。困りきって許しを請《こ》うことから、現代語の「わびる」につながる。

❶宮仕へ所にも、親はらからの中にても、思はるる、思はれぬがあるぞいと**わびしき**や。〈枕・世の中になほいと心憂きものは〉
訳 宮仕えをする所でも、親きょうだいの中でも、愛される者、愛されない者がいることは本当に**つらい**なあ。

❷身の**わびしけれ**ば、盗みをもし、「命や生かむ」とて、質《しち》をも取るにこそあれ。〈今昔・二五・一一〉
訳 自分が**貧しい**ので、盗みもし、「命が助かるか」と思って、人質も取るのだ。

□□□ 91

こころぐるし ［心苦し］ 形 シク

❶**つらい・せつない**
❷**気の毒だ・かわいそうだ**

コア 心が苦しい

心に苦痛を感じるさま❶をいう。特に、他者の不幸を思って心が苦しいなら、「**気の毒だ**」❷と訳す。（現代語の「心苦しい」は、申し訳なくて気が咎《とが》めるさまをいう。）

❶都うつりとてあさましかりし天下の乱れ、かやうの事ども御**心苦しう**思《おぼ》しめされけるより、御悩《ごなう》つかせ給《たま》ひて、〈平家・六・新院崩御〉
訳 遷都といってあきれ果てた天下の乱れ、このようないくつもの事をお**つらく**お思い

類 30 かたはらいたし 形

になったことから、ご病気におなりになって、

▽「心苦しう」は「心苦しく」の音便形。

2 女をとかく言ふこと月日経《へ》にけり。岩木にしあらねば、**心苦し**とや思ひけむ、やうやうあはれと思ひけり。〈伊勢・九六〉

訳 (男が)女をあれこれ口説いて時が経《た》った。(女も)岩や木ではないので、**気の毒だ**と思ったのだろうか、だんだん(男を)いとしく思った。

びんなし【便無し】 形ク

1 不都合だ・具合が悪い

類 **不便《ふびん》なり** 形動 ①不都合だ ②気の毒だ

コア 不都合だ

「便宜(＝都合がよいこと)」が「無」い状態をいい、「**不都合だ**」と訳す。のちには、他者の不都合な状態を見た時の気持ちから、気の毒だの意も生じた。

入試 漢字の読みも問われる。「類 ふびんなり」は「不憫なり」とも書くが、「便《びん》」を否定した「不便《ふびん》」がもとで「便なし」とほぼ同じ意味を表す。

1 昔より帝王の御領にてのみさぶらふ所の、いまさらにわたくしの領になり侍《はべ》らむは、**便なき**ことなり。〈大鏡・三条院〉

訳 昔から帝王のご領地でのみあります所が、いまさら個人の領地になりますようなことは、**不都合な**ことである。

□□□ 93

ずちなし［術無し］ 形ク

1 **どうしようもない・どうしようもなくてつらい**

類 連⑫ **せむかたなし**…なすべき方法がない

コア なす術《すべ》がない

対処する手段や方法（＝術《すべ》）がなく、**どうしたらいいかわからない状態**をいう。

入試 手段・方法の意の「術」が「じゅつ」「ずつ」「ずち」と音読された。（「すべなし」「じゅつなし」「ずつなし」「ずちなし」は同じ意味。）

1 我ら飢ゑ疲れて**ずちなし**。〈今昔・四・一五〉

訳 私たちは腹が減って疲れて**どうしようもない**。

□□□ 94

さ《ソ》う《ウ》ざ《ゾ》う《ウ》し 形シク

1 **物足りない・物足りなくてさびしい**

コア 物足りない

いるべき人、あるべき物事がなく、**物足りなくてさびしい様子**をいう。

入試 やかましい意の現代語「騒々しい」とは別の語。

1 この酒を一人《ひとり》食《た》べんが**さうざうしけれ**ば、〈徒然・二一五〉

訳 この酒を一人で飲みますようなことが**物足りなくてさびしい**ので、

□□□ 95

くちを《オ》し 【口惜し】 形 シク

❶ 残念だ・物足りない・つまらない

関 惜《を》し 形 惜しい
関 96 あたらし 形

コア 残念だ

期待や願望が叶《かな》わず、失望する感じを表す。入試 「口惜《くちを》し」「くやし」はともに「悔しい」と訳せるが、自分の行為を後悔する気持ちを表す「くやし」と区別するため、「口惜し」は「悔しい」と訳さないようにするとよい。

❶ あはれ、男子《をのこご》にてあらましかば、あふ敵《かたき》なくてぞあらまし。**口惜しく**女にてある。〈宇治・一六六〉
訳 ああ、男であったならば、対抗できる相手はいなかっただろうに。**残念なことに**女なのだ。

□□□ 96

あたらし 【惜し】 形 シク

❶ 惜しい・もったいない

類 惜《を》し 形 惜しい
関 あたら 連体 惜しむべき 副 惜しくも
関 95 くちをし 形

コア 惜しい

「値《あたい》」「当たる」などの「あた」で、**相当な価値があるのに認めないのは惜しい**意を表す。価値が高いことに主眼がある時は「(そのままでは惜しいほど)立派だ」と訳す。(「古い」の反対の意味の「あたらし」はもとは「あらたし」で、「ら」と「た」が転倒してできた別の語。)

❶ 若くて失《う》せにし、いといとほしく**あたらしく**なん。〈増鏡・おどろのした〉
訳 (宮内卿《くないきょう》が)若くて亡くなってしまったことは、たいへん気の毒で**もったいない**ことだ。

□□□ 97

うしろめたし

［後ろめたし］

形 ク

❶ **心配だ・気がかりだ**

類 **うしろめたなし** 形 心配だ・気がかりだ

対 **うしろやすし** 形 安心だ

コア **心配だ**

「後ろ目痛し」が語源で、**後ろの見えない所が不安だという様子**を表す。（これが、自分のしたことが心配でやましい意の現代語の「うしろめたい」につながる。）「対うしろやすし」は後ろに心配がない様子をいう。入試「類うしろめたなし」の「なし」は強める意で、否定ではない。

❶ ただ、春宮《とうぐう》をぞいと恋しう思ひきこえ給《たま》ふ。御後見《うしろみ》のなきを、**うしろめたう**思ひきこえて、〈源氏・葵〉

訳 ただ、春宮（＝皇太子）をとても恋しく思い申し上げなさる。御補佐役がいないことを、**気がかりに**思い申し上げて、

▽「うしろめたう」は「うしろめたく」の音便形。

□□□ 98

やすし

［安し・易し］

形 ク

❶ **安心だ・安らかだ**

❷ **容易だ・簡単だ・たやすい**

コア **安心だ・容易だ**

物事に不安がなく安心できる様子❶をいうのがもと。これは、**物事が簡単である様子❷**にもつながる。（値段が安いの意は近世のもの。）入試 問題文によっては❶は「安し」、❷は「易し」と書き分けることがある。

❶ 世のしれ者かな。かく危《あや》ふき枝の上にて、**やすき**心ありてねぶるらんよ。〈徒然・四一〉

訳 天下のばか者だなあ。こんなに危ない枝の上で、よくも**安心して**眠っていられるものだなあ。

対 99 かたし 形

2 「いとせちに聞こえさすべきことありて、殿《との》より人なむ参りたると聞こえ給《たま》へ」とありければ、「いと**やすき**ことなり」〈大和・一七二〉

訳 「本当にどうしても申し上げなければならないことがあって、御殿《ごてん》から人が参上していると申し上げてください」と言ったところ、「とても**簡単な**ことだ」

かたし ［難し］ 形ク

1 **難しい・容易でない**

対 98 **やすし** 形

関 18 **ありがたし** 形

コア 難しい

堅固だの意の「固し」と同語源で、物事が強固で中に入り込めないことから、**それをするのが難しい**意となった。「かたし」は「難しい」、「むつかし」は「不快だ」が基本。

1 鞠《まり》も、**かたき**所を蹴《けい》出だしてのち、やすく思へば、必ず落つと侍《はべ》るやらん。〈徒然・一〇九〉

訳 蹴鞠《けまり》も、**難しい**所を蹴り出してのち、安心だと思うと、必ず（失敗して鞠が）落ちるということでございましょうか。

むつかし ［難し］ 形 シク

❶ **不快だ・心が晴れずうっとうしい**
❷ **面倒だ・わずらわしい**
❸ **気味が悪い・恐ろしい**

関 **むつかる** 動 不快に思う

コア 不快だ

不快に思う意の動詞「むつかる」の形容詞形で、**不快だと感じる様子**をいう。**心が晴れない不快さ❶**、**物事が面倒な不快さ❷**、**正体がわからない不快さ❸**などを表す。（複雑で解きほぐせない不快さが、現代語の「難しい」につながった。）

❶ 雨の降る時には、ただ**むつかしう**、今朝まで晴れ晴れしかりつる空ともおぼえず、にくくて、〈枕・成信の中将は、入道兵部卿宮の御子にて〉

訳 雨が降る時には、ただもう**不快で**、今朝まで晴れ晴れとしていた空とも思われず、憎らしくて、

▽「むつかしう」は「むつかしく」の音便形。

❷ **暮れゆくに、まらうとは帰り給《たま》はず。姫宮いとむつかしと思《おぼ》す。**〈源氏・総角〉

訳 日が暮れてゆくが、客（＝薫《かおる》）はお帰りにならない。姫宮（＝大君《おおいぎみ》）はとても**面倒だ**とお思いになる。

❸ **蝶《てふ》は捕《と》らふれば、手にきり付きて、いとむつかしきものぞかし。**〈堤中納言・虫めづる姫君〉

訳 蝶は捕《つか》まえると、手に鱗粉《りんぷん》が付いて、とても**気味が悪い**ものだよ。

□□□ 101

なめし

形 ク

❶ **無礼だ・無作法だ・失礼だ**

関 **なめげなり** 形動 無礼な感じだ

コア 無礼だ

「なめらか」の「なめ」に通じて、**相手を折り目正しくきちんと扱わない無礼な様子**をいう。

❶ **なめし**と思《おぼ》さで、らうたくし給《たま》へ。〈源氏・桐壺〉

訳 **無礼だ**とお思いにならないで、かわいがってください。

□□□ 102

つれなし

形 ク

❶ **冷淡だ・薄情だ**

❷ **平気だ・何でもない**

コア 関係がない

縁・関係の意の「連れ」が「無」いことで、**周囲のものとまったく関連がなく、反応などもない様子**をいう。人間関係なら「**薄情だ**」❶、その他の物事なら「**平気だ**」❷などと訳すとよい。（現代語の「つれない」は❶の意味。）

❶ 昔、男、**つれなかり**ける女に言ひやりける。〈伊勢・五四〉

訳 昔、男が、**冷淡だっ**た女に言い送った（歌）。

❷ この小野《をのの》小町《こまち》、あやしがりて、**つれなき**やうにて人をやりて見せければ、〈大和・一六八〉

訳 この小野小町は、変に思って、**何でもない**様子で人をやって（様子を）見させたところ、

さかし［賢し］ 形 シク

1 賢い・賢明だ
2 気丈だ・しっかりしている
3 利口ぶっている・こざかしい

類 こざかし 形 利口ぶっている
関 さかしら 名 利口ぶること

コア 賢い・利口ぶっている

知能がすぐれて、理性的である様子1や、**非常時にも気持ちがしっかりしている様子**2をいう。能力をはっきり表すことは、差し出がましいとも感じられるため、**利口ぶっている**3という否定的な意味でも使われる。

1 心々を見給《たま》ひて、**さかし**、おろかなりとしろしめしけむ。〈古今・仮名序〉
訳 (帝《みかど》は臣下に歌を詠ませて)それぞれの心をご覧になって、**賢い**、愚かだと判断なさったのだろう。

2 雷《かみ》の鳴りひらめくさまさらに言はむかたなくて、落ちかかりぬとおぼゆるに、ある限り**さかしき**人なし。〈源氏・明石〉
訳 雷《かみなり》が鳴り光る様子はまったく言いようもなくて、落ちかかったと思われる時に、そこにいる人すべて**気丈な**人はいない。

3 心と背《そむ》きにしがなと、たゆみなく思《おぼ》しわたれど、**さかしき**やうにや思さむとつつまれて、はかばかしくもえ聞こえ給はず。〈源氏・若菜下〉
訳 (紫《むらさき》の上《うえ》は)自分の意志で出家したいと、ずっと思い続けていらっしゃるが、(光源氏が)**こざかしい**ようにお思いになるだろうかと遠慮されて、はっきりとも申し上げなさることができない。

いはけなし 形ク

❶ 幼い
❷ 幼稚だ・子供っぽい・あどけない

類 幼《をさな》し 形 ①幼い ②幼稚だ
類 いとけなし・いときなし 形 (年齢が)幼い
対 24 おとなし 形

コア 年齢、心が幼い

年齢的に幼い意❶と、**精神的に幼い**意❷を表す。(「なし」は否定でなく「〜の状態である」意。)「類 いとけなし・いときなし」は年齢的に幼い意。

❶ 御土器《かはらけ》など参るついでに、昔の御物語ども出《い》で来て、「**いはけなき**ほどより、学問に心を入れて侍《はべ》りしに、…」〈源氏・絵合〉
訳 (光源氏は)お酒などを召し上がる折に、昔のお話が次々出てきて、「**幼い**頃から、学問に熱心でございましたが、…」

❷ 宮は、何心《なにごころ》もなく、まだ大殿籠《おほとのご》もれり。「あな**いはけな**、かかる物を散らし給《たま》ひて、我ならぬ人も見つけたらましかば」と思《おぼ》すも、心劣りして、〈源氏・若菜下〉
訳 女三《をんなさん》の宮《みや》は、何の考えもなく、まだ寝ていらっしゃる。(光源氏は)「ああ**子供っぽい**、こんな物(=手紙)を散らかしなさって、私以外の人でも見つけたならば」とお思いになるにつけても、がっかりして、

□□□ **105**

とし

形 ク

1 鋭利だ・よく切れる
2 機敏だ・鋭敏だ
3 はやい・迅速だ

関 **とく** 副 はやく
関 **心とし** 形 察しがよい
関 **口とし** 形 返事が早い

コア 鋭い

鋭い力がある状態をいう。**刃物がよく切れるさま1**、**知覚が鋭敏であるさま2**、**動作や時間がはやいさま3**などを表す。入試「関とく」は「はやく」の意で用いる重要語。（形容詞「とし」の連用形だが、この形でよく使われるので副詞として扱うこともある。）

1 **とき**刀を取りてみづから舌を切らむとす。〈今昔・四・二六〉
訳 **鋭利な**刀を取って自分で舌を切ろうとする。

2 大蔵卿《おほくらきやう》ばかり耳**とき**人はなし。〈枕・大蔵卿ばかり耳とき人はなし〉
訳 大蔵卿ほど耳が**鋭敏な**人はいない。

3 「船**とく**漕《こ》げ。日のよきに」ともよほせば、〈土佐〉
訳 「船を**はやく**漕げ。天気がいいから」と催促すると、

□□□ **106**

ところせし

［所狭し］

形 ク

1 狭い・多い

コア 狭い・盛んだ・窮屈だ

場所が狭い様子1がもとで、**狭く感じるくらい物事が多いさま1**もいう。これを人の振る舞いについて使えば、**堂々として、勢いが盛んなさま2**となり、否定的には、**大げさだ**の意2にもなる。また、狭さは、**心理的に窮屈だ**の意3にもなる。

1 我が身一つならば安らかならましを、**ところせう**引き具して、〈更級・家居の記〉
訳 我が身一つであるならば気楽であろうが、（家族を）**多く**引き連れて、
▽「ところせう」は「ところせく」の音便形。

❷**堂々としている・盛んだ／大げさだ・仰々《ぎょうぎょう》しい**
❸**窮屈だ・気詰まりだ**

❷ただ近き所なれば、車は**ところせし**。さらば、その馬にても。〈堤中納言・はいずみ〉
訳 ほんの近い所なので、牛車《ぎっしゃ》は**大げさだ**。それでは、その馬でも(貸してください)。

❸いはけなくより宮の内に生《お》ひ出《い》でて、身を心に任せず**ところせく**、〈源氏・梅枝〉
訳 幼い時から宮中で育って、自分自身を思った通りにできずに**窮屈で**、

□□□ 107

めざまし 〔目覚まし〕 形 シク

❶**気にくわない・心外だ**
❷**すばらしい・立派だ**
関 19 **あさまし** 形

コア 目が覚めるほどだ

目が覚めるほど**気にくわない**❶、目が覚めるほど**立派だ**❷の両方をいう。身分が低い者に対して、不愉快に思ったり、意外に立派なので驚いたりするのがもと。(現代語の「めざましい」は❷の意味。)

❶何の身の高きにもあらず、親、かくにくげに言ふ、**めざまし**。〈平中〉
訳 何の身分が高いのでもなく、親が、このように憎らしい様子に言うのが、**気にくわない**。

❷いと由々《よしよし》しう気高きさまして、「**めざましう**もありけるかな」と見捨てがたく、〈源氏・明石〉
訳 (明石《あかし》の君《きみ》が)とても優雅で高貴な様子で、(光源氏は)「**すばらしく**もあったなあ」と見捨てにくくて、
▽「めざましう」は「めざましく」の音便形。

ゆゆし

形 シク

1 縁起が悪い・不吉だ・忌まわしい
2 非常に・たいへん
3 すばらしい・立派だ　など
4 ひどい・つらい　など

類 21 いみじ 形
類 31 わりなし 形

コア 程度がはなはだしい

宗教的な禁止事項に関わる、絶対的な感じが、程度がはなはだしいことを広くいうようになった。こうした禁忌《きんき》がもつ**縁起が悪い**の意1がもと。こうした禁忌がもつ**強める**意2の他、**非常によいさま**3も、**非常によくないさま**4も表す。入試 2はあとに強めることができる言葉が来る。34はそれがないので、文脈から具体化して訳す。「類いみじ」と似た語。

1 「**ゆゆしき**身に侍《はべ》れば、かくておはしますもいまいましうかたじけなくなむ」とのたまふ。〈源氏・桐壺〉

訳「(娘を亡くした)**不吉な**身でございますので、こうして(皇子が)いらっしゃることも縁起が悪く恐れ多くて」とおっしゃる。

2 おのおの拝みて、**ゆゆしく**信《しん》おこしたり。〈徒然・二三六〉

訳 それぞれ拝んで、**たいへん**信仰心をおこした。

3 ただ人《うど》も、舎人《とねり》などたまはる際《きは》は、**ゆゆし**と見ゆ。〈徒然・一〉

訳 普通の貴族でも、(朝廷から)護衛の官人などをいただく身分の者は、**すばらしい**と思われる。

4 舟に波のかけたるさまなど、片時《かたとき》に、さばかりなごかりつる海とも見えずかし。思へば、舟に乗りてありく人ばかり、あさましう**ゆゆしき**ものこそなけれ。〈枕・うちとくまじきもの〉

訳 舟に波がかけている様子などは、わずかな間に、それほど平穏だった海とも見えないよ。思えば、舟に乗って漕《こ》ぎまわる人ほど、あきれるほど**恐ろしい**ものはない。

□□□ 109

つきづきし

［付き付きし］ 形 シク

1 **似つかわしい・ふさわしい**

対 **付《つ》きなし** 形 ふさわしくない

関 **心付《づ》きなし** 形 気にくわない

コア **ぴったりだ**

動詞「付く」がもとで、**ぴったり付くように似合っている様子**をいう。

1 家居《いへゐ》の**つきづきしく**あらまほしきこそ、仮の宿りとは思へど、興《きよう》あるものなれ。〈徒然・一〇〉

訳 住まいが（住む人に）**似つかわしく**理想的であることは、はかないこの世の一時の住居だとは思うけれども、趣深いものである。

□□□ 110

めやすし

［目安し］ 形 ク

1 **見苦しくない・感じがよい・無難だ**

コア **見ていて安心だ**

「目」が「安し」の意。**見ていて安心**で、難点がないさまをいう。**控え目にほめる**意を表す。

1 髪ゆるるかにいと長く、**めやすき**人なめり。少納言の乳母《めのと》とぞ人言ふめるは、この子の後見《うしろみ》なるべし。〈源氏・若紫〉

訳 髪がゆったりととても長く、**感じがよい**人であるようだ。少納言の乳母と人が言っているようなのは、この子（＝若紫《わかむらさき》）の世話役であるに違いない。

やさし［優し］ 形シク

1 つらい・恥ずかしい
2 優美だ・風流だ
3 殊勝だ・けなげだ

類 112 いうなり 形動

コア 優美だ

「痩せる」意の動詞「痩す」と同語源で、**痩せるほどつらい**の意がもと。他者の視線に痩せる思いをすることから、**恥ずかしい1**、恥ずかしがる様子が慎《つつ》ましくしとやかなので、**優美だ2**、慎ましく己を抑えたさまから、**けなげだ3**の意にもなった。入試「優しい」「簡単だ」とは訳さない。2が問われやすい。

1 昨日今日帝《みかど》ののたまはむことにつかむ、人聞き**やさし**。〈竹取・かぐや姫の昇天〉

訳（多くの男たちの求婚を断ったのに）昨日今日帝のおっしゃるようなことに従ったら、世間の評判が**恥ずかしい**。

2 当時味方に東国の勢何万騎かあるらめども、戦《いくさ》の陣へ笛持つ人はよもあらじ。上臈《じやうらふ》はなほも**やさしかり**けり。〈平家・九・敦盛最期〉

訳 今味方に東国の軍勢が何万騎かあるだろうが、戦陣に笛を持ってくる人はまさかいないだろう。身分の高い人はやはり**優美だ**なあ。

3 あな**やさし**。いかなる人にてましませば、味方の御勢《おんせい》はみな落ち候《さうら》ふに、ただ一騎残らせ給《たま》ひたるこそ優《いう》なれ。〈平家・七・実盛〉

訳 ああ**けなげだ**。どんな人でいらっしゃるから、味方の御軍勢はみんな逃げますのに、ただ一騎だけお残りになっているのは立派だ。

□□□ 112

い《ユ》う《ウ》なり

【優なり】 形動 ナリ

1 **優美だ・上品だ・すぐれている**

類 111 **やさし** 形

コア 優美だ

優雅で上品で、すぐれている様子をいう。どんな状態をすぐれていると評価するかは時代によって異なるが、「優なり」は平安時代の貴族文化の理想である、**ゆったりと、しとやかで品格がある様子**をいう。入試「優雅」「優美」の「優」だと覚える。「優しい」とは訳さない。

1 桜の花は**優なる**に、枝ざしのこはごはしく、幹《もと》のやうなどもにくし。〈大鏡・伊尹〉

訳 桜の花は**優美な**のに、枝振りがごつごつしていて、幹《みき》の格好なども見苦しい。

□□□ 113

せちなり

【切なり】 形動 ナリ

1 **切実だ・痛切だ・ひたすらだ・一途《いちず》だ**

コア 切実だ

現代語にも「**切**実・痛**切**・懇**切**」などとある漢語「切《せつ》」が、日本語になったものが「せち」。**深く心に感じるさまや、心底願うさま、心をこめてするさま**などをいう。

1 よき人にあはせむと思ひはかれど、**せちに**「いな」といふことなれば、〈竹取・火鼠の皮衣〉

訳 よい人と結婚させようと考えをめぐらすが、**ひたすらに**「嫌だ」ということなので、

□□□ 114

なのめなり

［斜めなり］

形動 ナリ

1 いいかげんだ・なおざりだ

2 ありふれている・平凡だ

類 41 **おろかなり** 形動

類 229 **なほざりなり** 形動

類 **おろそかなり** 形動 いいかげんだ

関 **なのめならず**…並でない・格別だ

コア いいかげんだ

「なのめ」は「斜め」と同じで、傾いているさまをいう。きちんとまっすぐでないということで、**いいかげんだ**の意**1**になった。いいかげんなものは、ありふれたものでもあるので、**平凡だ**の意**2**にもなった。入試 打消表現を伴った「関なのめならず」は「いいかげんでない・格別だ」の意で用いる重要な連語。

1 文《ふみ》ことばなめき人こそいとにくけれ。世を**なのめに**書き流したることばのにくきこそ。〈枕・文ことばなめき人こそ〉

訳 手紙の言葉づかいが無礼な人はたいそう憎らしい。世の中を**いいかげんに**書き流している言葉が憎らしいのだ。

2 **なのめに**かたほなるをだに、人の親はいかが思ふめる。〈源氏・葵〉

訳 **ありふれて**不十分な子さえも、人の親はどんなにか愛するようだ。

□□□ 115

おぼろけなり

形動 ナリ

1 並だ・普通だ

コア 並だ・格別だ

もともと、特徴がなく**並で**、**普通であるさま1**をいう。打消表現を伴って、普通でない・格別だの意で使うことが多かったので、打消なしでも**格別だ**の意**2**も表すようになった。入試 打消表現を伴った「関おぼろけならず」は**2**と同じ「並たいていでない・格別だ」の意。

1 かの島は、都を出《い》でてはるばると浪路《なみぢ》をしのいで行く所なり。**おぼろけに**ては舟も通はず。島にも人まれなり。〈平家・二・大納言死去〉

2 **並たいていでない・普通でない・格別だ**

関 **おぼろけならず**…並たいていでない・格別だ

訳 あの島(=鬼《き》界《かい》が島《しま》)は、都を出てはるばると波路を越えて行く所である。**普通に**は舟も通わない。島にも人はまれである。

2 **おぼろけ**の願《ぐわん》によりてにやあらむ、風も吹かず、よき日出で来て、漕《こ》ぎ行《ゆ》く。〈土佐〉

訳 **格別**の祈願によってであろうか、風も吹かず、よい天気になって、(船を)漕いで行く。

□□□ 116

なかなかなり

［中中なり］ 形動 ナリ

1 **中途半端だ・どっちつかずだ・かえってしない方がよい**

関 **なかなか** 副 ①中途半端に ②かえって

コア 中途半端だ

「なか」は「中途・なかば」の意で、**中途半端な様子**をいう。この状態への不満から、**かえってしない方がよい**の意にもなる。(現代語の「なかなか」は「かなり」などの意。) 入試 副詞「関なかなか」を「かえって」と訳させる出題が多い。

1 はかばかしう後見《うしろみ》思ふ人もなきまじらひは、**なかなかなる**べきことと思ひ給《たま》へながら、〈源氏・桐壺〉

訳 しっかりと世話をしようと思う人(=後見人)もいない宮仕えは、**かえってしない方がよい**に違いないものと存じながら、

□□□ 117

あながちなり

［強ちなり］

形動 ナリ

❶ **強引だ・むりやりだ**

❷ **一途だ・ひたすらだ**

コア 強引だ・一途《いちず》だ

「あな」は「己」、「がち」は「勝ち」で、**自分の意志を強く押し通す様子**をいう。否定的に捉えれば、**強引だ❶**、肯定的に捉えれば、**一途だ❷**の意となる。（のちに、打消表現を伴う「必ずしも（〜ない）」の意が現れる。）

❶ 父おとどの**あながちに**し侍《はべ》りしことなれば、いなびさせ給《たま》はずなりにしこそ侍れ。〈大鏡・道長上〉

訳 父大臣（＝藤原道隆《ふじわらのみちたか》）が**強引に**しましたことなので、（帝《みかど》は）お断りなさらないままになったことでしょう。

❷「さりとも、つひに男あはせざらむやは」と思ひて頼みをかけたり。**あながちにこころざしを見えありく。**〈竹取・仏の御石の鉢〉

訳（姫への求婚者たちは）「そうであっても、最後まで男と結婚させないことがあろうか」と思ってあてにしている。**一途に**愛情を見せて歩きまわる。

□□□ 118

あやにくなり

形動 ナリ

❶ **間が悪い・あいにくだ**

❷ **意地が悪い・厳しい**

コア 間が悪い

「あや」は「ああ」、「にく」は「憎」で、**予想・期待に反して間が悪い**こと❶を、ああ、憎い、嫌だ、といった語。期待に反することをして、**意地が悪い**の意❷も表す。（現代語で「訪問するとあいにく留守だった」などと使う「あいにくだ」の古い形。この例も訪問と留守が重なった「間の悪さ」をいっている。）

❶ 暗うなるままに、雨いと**あやにくに**、頭《かしら》さし出《い》づべくもあらず。〈落窪・二〉

訳 暗くなるにしたがって、雨が本当に**間が悪く**（ひどく降って）、頭を出せそうでもない。

❷ 帝《みかど》の御掟《おきて》きはめて**あやにくに**おはしませば、この御子どもを同じかたに遣はさざりけり。〈大鏡・時平〉

訳 帝のご処置がきわめて**厳しくて**いらっしゃるので、（菅原道真《すがわらのみちざね》を流罪にする際に）このお子様たちを同じ方面におやりにならなかった。

そらなり ［空なり］ 形動 ナリ

❶ **うわの空だ・気もそぞろだ**
❷ **いいかげんだ・根拠がない**
❸ **暗記している**

関 **そら～** 接頭語 ①嘘《うそ》の～ ②無駄な～
関 **そらごと** 名 嘘
関 **そら頼《だの》め** 名 無駄な期待をさせること

コア 空のように空っぽだ

「空」のように**中味がなく空っぽな状態**を表す。**精神が虚脱**して「そら」であるさま❶、**理由や根拠がなく**「そら」であるさま❷、**本などを見ず**に「そら」であるさま❸をいう。

❶ 暮れぬれば、心も**そらに**浮き立ちて、いかで出《い》でなむと思ほすに、〈源氏・真木柱〉

訳 日が暮れてしまうと、（髭黒《ひげくろ》の大将《だいしょう》は）心も**うわの空に**浮き立って、何とか出かけようとお思いになるが、

❷ 見てこそは定むべかなれ。**そらに**はいかでかは。〈落窪・二〉

訳 （姫君を）見てから（その扱いを）決めるのがよいようだ。**いいかげんに**はどうして（決められようか）。

❸ 手洗ひて、直衣《なほし》ばかりうち着て、六の巻《まき》**そらに**読む、〈枕・好き好きしくて人かず見る人の〉

訳 手を洗い清めて、直衣《のうし》だけを着て、（法華経《ほけきょう》の）六の巻を**暗記して**読むのは、

□□□ 120

あそび 〔遊び〕 名

❶ **管弦の遊び・詩歌《しいか》管弦を楽しむこと**

関 **あそぶ** 動 楽器を奏でる・詩歌管弦を楽しむ

コア 管弦の遊び

好きなことをして楽しむことを幅広くいうが、特に、**貴族たちが宴《うたげ》を開いて、楽器を奏でること、詩歌管弦を楽しむこと**をいう。

❶ **遊びは夜。人の顔見えぬほど。** 〈枕・遊びは〉

訳 **管弦の遊び**は夜。人の顔が見えない時刻（がよい）。

□□□ 121

さと 〔里〕 名

❶ **自宅・実家**

❷ **人里・集落**

関 **ふるさと** 名 ①旧都 ②なじみの土地 ③生まれ故郷

コア 自宅

宮中や貴人の家で宮仕えする人の、**自宅・実家**❶をいう。宮仕えをする女房は宮中などで寝泊まりし、時折自宅に戻るという暮らしが一般的であった。「山」に対して、**人が住んでいる所**❷も表す。

❶ **宮仕へ人の里なども、親ども二人あるはいとよし。** 〈枕・宮仕へ人の里なども〉

訳 宮仕えをする人の**実家**なども、両親が二人（ともそろって）いるのはとてもすばらしい。

❷ **その山の麓の里に、年八十ばかりなる女の住みけるが、** 〈宇治・三〇〉

訳 その山の麓の**人里**に、年が八十歳くらいである女が住んでいたが、

□□□ 122

うつつ［現］ 名

1 現実
2 正気

類 **現《うつ》し心《ごころ》** 名 正気
対 **夢** 名 ①寝ていて見る幻覚 ②はかなく不確かなさま

コア 夢ではない

事実として存在することをいう。夢などに対して、**現実**の意**1**、夢心地に対して、**正気**の意**2**を表す。入試 現代語の「夢うつつ」は「夢か現実かはっきりしない状態」をいうが、古語では「うつつ」と「夢」は対義語である。

1 君や来《こ》し我や行《ゆ》きけむ思ほえず夢か**うつつ**か寝てか覚めてか 〈伊勢・六九〉
訳 あなたが来たのか、私が行ったのだろうか、わからない。夢か、**現実**か、寝ていたのか、目覚めていたのか。

2 かの姫君と思《おぼ》しき人の、いと清らにてある所に行きて、とかくひきまさぐり、**うつつ**にも似ずたけく厳《いか》きひたぶる心出《い》できて、 〈源氏・葵〉
訳 （六条《ろくじょうの》御息所《みやすんどころ》は）あの姫君（＝葵《あおい》の上《うえ》）と思われる人が、とても美しい姿でいる所に行って、あれこれもてあそび、**正気**でもなく荒っぽく恐ろしいひたむきな心が起こって、

□□□ 123

ほい［本意］ 名

1 本来の意志・もとからの望み

関 **ほいなし** 形 不本意だ・残念だ

コア 本来の意志

本来の意志、もとから望んでいたことをいう。以前から願っているが、容易には実現できないこともいい、**出家**を指す例も多い。入試「ほい」は「ほんい」の「ん」を表記しなかったもので、実際には「ほんい」と発音したと思われるが、読みを問われたら、「ほい」と答えておくのがよい。

1 我、法師になし給《たま》へ。年頃の**本意**なり。 〈栄花・ひかげのかづら〉
訳 私を、法師にしてください。長年の**本来の意志**だ。

こころざし ［志］ 名

❶意志・意向
❷好意・愛情
❸贈り物・お礼の品

コア 心がまっすぐ指し示すこと

心がある方向を目指すことをいう。何かをしようという気持ちは「**意志**」❶、人を対象とする気持ちは「**好意・愛情**」❷と訳す。好意や感謝を表す**贈り物**❸もいう。

❶残りの齢《よはひ》なくは、おこなひの**こころざし**もかなふまじけれど、〈源氏・若菜上〉

訳 残りの寿命がなかったら、仏道修行の**意志**も叶《かな》うはずがないけれど、

❷「**こころざし**のまさらむにこそはあはめ」と思ふに、**こころざし**のほど、ただ同じやうなり。〈大和・一四七〉

訳 （女は）「**愛情**がまさっている方の男と結婚しよう」と思うが、**愛情**の程度は、ちょうど同じようである。

❸いつつぎぬ五十疋《ぴき》取らせてのたまふ。「いと少なけれども、**こころざし**なり」〈うつほ・忠こそ〉

訳 いつつぎぬを五十疋与えておっしゃる。「たいそう少ないが、**お礼の品**だ」

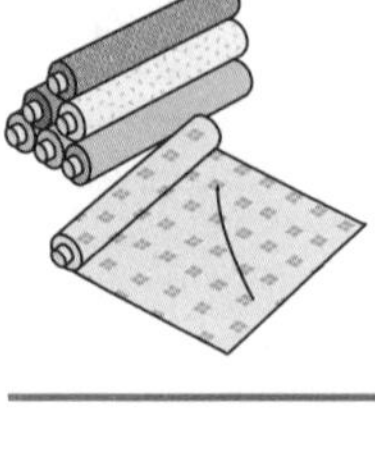

かた ［方］ 名

1 方向・方角
2 場所・所・部屋
3 方面・部分
4 頃・時
5 方法・手段

関 **来し方**…過去・通り過ぎてきた所（「きしかた」と「こしかた」の二つの読み方がある。）
関 連⑫ **せむかたなし**…なすべき方法がない
関 連⑬ **やるかたなし・やらむかたなし**…心を晴らす方法がない
関 連⑯ **言ふかたなし・言はむかたなし**…何とも言いようがない

コア 方向の「方」・方法の「方」

方向や方角1をいう。これを文脈によって、「**場所・所・部屋**」2、「**方面・部分**」3、時間的な方向の意から、「**頃・時**」4などと訳す。ある方向のやり方というところから、**方法5**の意も表す。入試 現代語では「あの方が奥様だ」などと人を指して使うが、古文で「かた」と訳すことは少ない。

1 いづちもいづちも、足の向きたらむかたへいなむず。〈竹取・龍の頸の玉〉
訳 どっちでもどっちでも、足が向いているような**方角**へ行こう。

2 むすめ住ませたるかたは、心ことに磨きて、〈源氏・明石〉
訳 娘を住ませている**部屋**は、格別に磨き立てて、

3 村上の帝《みかど》、はた申すべきならず。「なつかしうなまめきたるかたは、延喜《えんぎ》にはまさり申させ給《たま》へり」とこそ人申すめりしか。〈大鏡・道長下〉
訳 村上天皇は、また申し上げるまでもない。「親しみ深く優雅である**方面**は、延喜の帝にもまさり申し上げていらっしゃる」と人は申しているようでした。

4 過ぎにしかた恋しきもの。枯れたる葵《あふひ》、雛《ひひな》遊びの調度。〈枕・過ぎにしかた恋しきもの〉
訳 過ぎてしまった**時**が恋しいもの。（葵祭《あおいまつり》で飾って）枯れてしまった葵、（幼い頃の）人形遊びの道具。

5 すべきかたなき者、古寺《ふるでら》に至りて仏を盗み、堂の物の具を破り取りて、割り砕けるなりけり。〈方丈記〉
訳 （飢饉《ききん》に対して）取ることができる**手段**がない者は、古寺に行き着いて仏像を盗み、堂の道具を壊し奪って、割って砕いて（薪として売って）いたのであった。

ほど［程］ 名

❶ありさま・様子
❷時・頃・間
❸距離・場所・広さ・辺り
❹身分・分際

関 **このほど** 名 近頃
関 **さるほどに** 接 そうしているうちに

コア 程度（多くは時間）

幅のある範囲、程度をいい、何の程度かによって、具体的に訳す。一般的には、「**ありさま**」❶、時間なら「**時**」❷、空間なら「**距離**」❸、人間の程度は「**身分**」❹と訳す。**時を表す例が多い。** 入試 現代語の「ほど」は、「三日ほど」「驚くほど」のように使うことが多いが、古文では「ほど」と訳さず具体的にするのが基本。

❶ 居丈《ゐたけ》三尺ばかりの女の、檜皮《ひはだ》色の衣《きぬ》を着たり。髪の肩にかかりたる**ほど**、いみじく気高く清げなり。〈今昔・二七・三二〉

訳 座った高さが三尺くらいの女が、檜皮《ひわだ》色の着物を着ている。髪が肩にかかっている**様子**は、とても気高く美しい。

❷ 九月《ながつき》二十日あまりの**ほど**、初瀬《はせ》にまうでて、〈枕・九月二十日あまりのほど〉

訳 九月二十日過ぎの**頃**、長谷寺《はせでら》に参詣して、

❸ 中御門《なかみかど》京極《きやうごく》の**ほど**より、大きなる辻風《つじかぜ》起こりて、〈方丈記〉

訳 中御門京極の**辺り**から、大きなつむじ風が起こって、

❹ 同じ**ほど**、それより下臈《げらふ》の更衣《かうい》たちは、ましてやすからず。〈源氏・桐壺〉

訳 （桐壺更衣《きりつぼのこうい》と）同じ**身分**、（また）それより低い身分の更衣たちは、いっそう心穏やかでない。

よ［世］ 名

1 生涯・一生・寿命
2 治世《ちせい》
3 世の中・時代・世間・俗世
4 男女の仲・夫婦の関係

類 世の中 名 ①世間 ②男女の仲

コア 区切られた時間・空間

竹や葦《あし》の節《ふし》と節の間の意の「節《よ》」と同語源で、**時間的、空間的に区切られたものをいう。人が生まれてから死ぬまでの間1、一人の為政者が統治している間2、人が生活している間や場所3**、外の世界との接触が限られていた貴族女性にとって夫婦の関係が世間そのものであったところから、**男女の仲4**の意などを表す。入試 和歌において「世」と「節《よ》」は掛詞《かけことば》になることも多い。→p.325付録（和歌）③掛詞

1 **大宮の御世の残り少なげなるを、おはせずなりなむのちも、かく幼きほどより見ならして後見思《うしろみおぼ》せ。**〈源氏・少女〉
訳 大宮のご**寿命**が残り少ない様子であるので、お亡くなりになるようなのちも、（私の息子が）このように幼い時から慣れ親しんでお世話役をして何かと気をつかってください。

2 **故院の御世《みよ》にはわがままにおはせしを、時移りて、**〈源氏・賢木〉
訳 亡き桐壺《きりつぼ》院のご**治世**には（左大臣は）自分の思い通りでいらっしゃったのに、時代が変わって、

3 **一人《ひとり》灯《ともしび》のもとに文《ふみ》を広げて、見ぬ世の人を友とするぞ、こよなうなぐさむわざなる。**〈徒然・一三〉
訳 一人で灯火のもとに書物を広げて、見たことがない**時代**の人を友とすることは、この上もなく心が安らぐことだ。

4 **ひたぶるに若びたるものから、世をまだ知らぬにもあらず、**〈源氏・夕顔〉
訳 ひたすら子供っぽく振る舞っているが、**男女の仲**をまだ知らないのでもなく、

□□□ 128

ひま［隙・暇］

名

1 **すき間・絶え間**

関 **いとま** 名 ひま・休暇

コア すき間・絶え間

現代語の「ひま」よりも幅広く、**空間的なすき間**の他、**人間関係**や、**時間のすき間**もいう。

1 八月十五夜、隈《くま》なき月かげ、**ひま**多かる板屋残りなく漏《も》り来て、〈源氏・夕顔〉

訳 (夕顔《ゆうがお》の住まいは)陰暦八月十五夜、曇りのない月の光が、**すき間**が多い板屋根からすっかり漏れて来て、

□□□ 129

さきざき

名

1 **以前・過去**

類264 **いにしへ** 名

関 **当時**《たうじ》 名 ①現在 ②その時

関 **そのかみ** 名 その当時

コア 以前

時間的に前であること、**過去**をいう。のちに、現代語と同じ「将来・あとあと」の意となった。

1 かぐや姫、泣く泣く言ふ。「**さきざき**も申さむと思ひしかども、…」〈竹取・かぐや姫の昇天〉

訳 かぐや姫が、泣きながら言う。「**以前**も申し上げようと思ったけれど、…」

□□□ 130

としごろ【年頃】名

1 何年もの間・長年

関 **月頃《つきごろ》** 名 何か月もの間

関 **日頃《ひごろ》** 名 ①何日もの間 ②ふだん

コア 何年もの間

「頃《ころ》」は、長い時間の意で、「年頃」で**何年もの間**の意を表す。（現代語では、ちょうどよい年齢の意。）入試「年比・年来」という字を当てて読みを問うことがある。

1 年頃おとづれざりける人の、桜の盛りに見に来たりければ、 〈伊勢・一七〉

訳 **何年もの間**訪ねて来なかった人が、桜の花盛りに見に来たので、

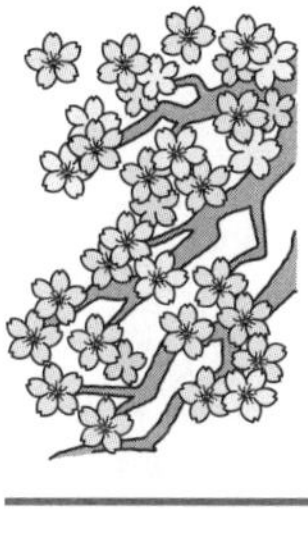

□□□ 131

まら《ロ》う《ウ》と【客人】名

1 客・よそから来た人

コア 稀《まれ》に来る人

「稀人《まれひと》」の変化した語で、稀にやって来る人ということから、**客**をいう。（「まらうど・まれびと」も同じ意味。）

1 にくきもの。急ぐことある折に来て長言《ながごと》する**まらうと**。 〈枕・にくきもの〉

訳 憎らしいもの。急いでいることがある時に来て長話をする**客**。

□□□ 132

かち ［徒歩］ 名

1 徒歩・歩いて行くこと

コア 徒歩

乗り物に乗らずに歩いて行くことをいう。手段を示す助詞「より」を伴って「かちより(=徒歩で・歩いて)」の形で使うことも多い。馬で行くことは「馬より」、船で行くことは「船より」という。入試「徒歩」を「かち」と読ませる設問も多い。

1 「故《ゆゑ》ある人のしのびて参るよ」と見えて、侍などあまた具して、**かち**より参る女房の、歩み困《こう》じて、〈宇治・九六〉

訳 「由緒《ゆいしょ》ある人がひそかに参詣するよ」と思われて、侍などをたくさん連れて、**徒歩**で参拝する女房が、歩き疲れて、

□□□ 133

ちぎり ［契り］ 名

1 約束・誓い

コア 固い約束

固く約束する意の動詞「契る」の名詞形。一般に、**約束1**、男女間なら、**末永くと誓う夫婦の約束**や**逢瀬をもつこと2**の意。仏教的には、**前世からこうなると決まっている約束事**の意3で、**「因縁・宿縁」**などという仏教語で訳されるが、「宿命・運命」に近い意味。入試「契りを結ぶ」は男女が性的な関係をもつ意で用いることが多い。

1 みなし子にてありしを、三位《さんみ》入道養子《やうじ》にして、不便《ふびん》にし給《たま》ひしが、日頃の

2 **夫婦の縁・男女の逢瀬《おうせ》**
3 **因縁《いんねん》・宿縁**

契りを変ぜず、一所《いつしよ》にて死ににけるこそ無慚《むざん》なれ。〈平家・四・宮御最期〉
訳 (仲家《なかいえ》は)孤児であったが、三位入道(＝源《みなもとの》頼政《よりまさ》)が養子にして、かわいがっていらっしゃったが、日頃の**約束**を違《たが》えず、同じ場所で死んだことは痛ましい。

2 この世のみならぬ**契り**などまでたのめ給ふに、〈源氏・夕顔〉
訳 (光源氏が)この世だけでない(来世までもの)**夫婦の縁**までをあてにさせなさると、

3 前《さき》の世の**契り**つたなくてこそかく口惜《くちを》しき山がつとなり侍《はべ》りけめ、〈源氏・明石〉
訳 前世からの**因縁**が不運でこのように残念な田舎者になったのでしょうが、

□□□ 134

たより ［便り・頼り］ 名

1 **頼るもの・拠《よ》り所**
2 **縁故《えんこ》・つて**
3 **機会・折**

コア **頼るもの**

動詞「たよる」の名詞形で、**頼りにする人や物事**を広くいう。**一般的に頼るもの1**、**頼るべき人や関係2**、**頼るべき機会3**などと訳す。入試 郵便などがない時代に、つてを頼って遠方に届けたことから「手紙」の意も表すが、古文での用例は少ない。

1 さて、年頃経《ふ》るほどに、女、親なく**たより**なくなるままに、〈伊勢・二三〉
訳 そうして、何年か経《た》つうちに、女は、親が亡くなり**頼るもの**がなくなるにつれて、

2 女どもの知る**たより**にて、仰せ言を伝へはじめ侍《はべ》りしに、〈源氏・東屋〉
訳 女たちが知っている**つて**で、お言葉を伝えはじめましたが、

3 さるは、**たより**ごとに物も絶えず得させたり。〈土佐〉
訳 それでも、**機会**があるたびに贈り物もいつも与えていた。

ざえ［才］ 名

❶**漢学の知識・学識**
❷**才能・技能**

対 **大和魂**《やまとだましひ》 名 実務的な能力

関 136 **ふみ** 名

コア 漢学の知識

文字をもたなかった時代の日本は、漢字とともに、中国の文明を摂取した。政治や仏教の知識は中国の書物から得たので、**漢詩文を読んだり作ったりする能力**が重視された。これが「才《ざえ》」の中心である❶。一般的な技能や才能の意❷もある。入試 漢字の読みも問われる。

❶なほ、**才**をもととしてこそ、大和魂の世に用ゐらるるかたも強う侍《はべ》らめ。〈源氏・少女〉

訳 やはり、**漢学の知識**をもとにしてこそ、実務的な能力が世間に重んじられる部分も強うございましょう。

❷文才《もんざい》をば、さるものにて言はず、さらぬことの中には、琴《きん》弾かせ給《たま》ふことなむ、一の**才**にて、〈源氏・絵合〉

訳 漢詩文の能力は、言うまでもなく、その他のことの中では、七弦の琴《こと》をお弾きになることが、一番の**技能**で、

ふみ 〔文・書〕 名

1 漢詩文
2 書物・漢籍
3 学問・漢学
4 手紙

類 137 **せうそこ** 名
関 135 **ざえ** 名
関 **作文**《さくもん》 名 漢詩を作ること

コア 文字で書いたもの

もともとは、**文字で書き記したもの**をいう。日本の文字は漢字がもとなので、**漢詩文**の意**1**、それを書き記した**書物**の意**2**にもなり、それを学ぶ**学問**の意**3**も表す。**手紙**の意**4**もある。入試 漢文の書籍は「漢籍」、それを学ぶ学問は「漢学」という。**1**から**3**は中国に関連すると覚えるとよい。

1 「年たちかへる」などをかしきことに、歌にも**文**にも作るなるは。〈枕・鳥は〉
訳 「年たちかへる」などと（鶯《うぐいす》が春に鳴くことは）趣のあることとして、和歌にも**漢詩文**にも作るそうだよ。

2 孔子《こうし》、林の中の丘だちたるやうなる所にて、逍遙《せうえう》し給《たま》ふ。我は琴を弾き、弟子どもは**文**を読む。〈宇治・九〇〉
訳 孔子が、林の中の丘のようになった所で、散策をなさる。自分は琴を弾き、弟子たちは**書物**を読む。

3 よろづの御物語、**文**の道のおぼつかなく思《おぼ》さるることどもなど問はせ給ひて、〈源氏・賢木〉
訳 （朱雀《すざく》帝は光源氏に）あれこれのお話（をなさり）、**学問**の道の不審に思っていらっしゃる数々のことなどをお尋ねになって、

4 かの家に行きて、たたずみありきけれど、かひあるべくもあらず。**文**を書きて、やれども、返り事もせず。〈竹取・仏の御石の鉢〉
訳 あの（＝かぐや姫の）家に行って、たたずみ歩きまわったが、かいがあるはずもない。**手紙**を書いて、届けるが、（かぐや姫は）返事もしない。

□□□ 137

せう《ショウ》そこ［消息］ 名

❶手紙・伝言
❷訪問・案内や取り次ぎの依頼

類 136 ふみ 名
関 138 あない 名

コア 手紙・伝言・訪問

「消」は消える、「息」は生じるで、**安否**、**様子**がもとの意味だが、**それを知らせる手紙や伝言❶**、**実際に訪問すること❷**をいう。（「せうそく」が「せうそこ」と変化し、こちらが一般的。現代語の「消息」は「その時々の様子」の意。）

入試 貴人が他家を訪問する時は、供の者が声をかけ、先方の召使いが応じるので、それらの手続きも「消息」という。

❶世界にものし給《たま》ふとも、忘れで**消息**し給へ。〈大和・六四〉

訳 他の所にいらっしゃっても、忘れないで**手紙**をよこしてください。

❷「入《い》りて**消息**せよ」とのたまへば、人入れて案内《あない》せさす。〈源氏・若紫〉

訳 （光源氏が）「入って**取り次ぎの依頼**をせよ」とおっしゃるので、（惟光《これみつ》が）供の者を入れて取り次ぎを頼ませる。

□□□ 138

あない［案内］ 名

コア 事情

「案」が文書で、「案内」は文章の内容の意から**物事の内容や事情**をいう。事情を尋ねたり知らせたりすること、他家を訪ねて来訪の事情を伝えて、取り次ぎを頼むことの意でも用いる。（現代語では、道などの事情を知らせることの意。）

入試 「案」が動詞化した「関案ず」は「考える」意。現代語の「案じる」は心配する意。

❶物事の内容・事情

関 案ず 動 考える

関137 せうそこ 名

❶おとどにも、変はらぬ姿いま一度見え、かくと**案内**申して、必ず参り侍《はべ》らむ。〈大鏡・花山院〉

訳 (父の)大臣にも、(出家前の)変わらない姿をもう一度見せ、こうだと**事情**を申し上げて、必ず(こちらに)参上しましょう。

□□□ 139

いそぎ［急ぎ］ 名

❶急ぐこと・急用

❷準備・したく

類341 ようい［用意］名

類 まうけ 名 準備

関 いそぐ 動 ①急いでする ②準備する

コア 急いで準備

「いそいそと」「いそしむ」などと同語源で、**急いでせっせとやること**❶がもとで、したくはせっせとするものなので、**準備**の意❷にもなった。（現代語では❶の意のみ。）入試 ❷が問われる。

❶今日はその事をなさんと思へど、あらぬ**急ぎ**まづ出《い》できてまぎれ暮らし、〈徒然・一八九〉

訳 今日はその事をしようと思うが、別の**急用**が先に出てきて取りまぎれて一日を過ごし、

❷中宮は院の御果ての事にうち続き、御八講《みはかう》の**急ぎ**をさまざまに心づかひせさせ給《たま》ひけり。〈源氏・賢木〉

訳 藤壺《ふじつぼ》中宮は桐壺《きりつぼ》院のご一周忌に続いて、法華御八講《ほっけみはっこう》の**準備**をさまざまに心配りをなさった。

□□□ **140**

いづ《ズ》く

代

1 どこ

類 **いづこ・いづち** 代 どこ

類 **いづら・いづかた** 代 どこ・どちら

コア **どこ**

「いづ」は、**場所や方向、物事が不定であること**を表し、「いづく」の他、「類いづこ・いづち」「類いづら・いづかた」などの不定の場所を示す代名詞を作る。

1 牛に分別《ふんべつ》なし。足あれば**いづく**へかのぼらざらん。〈徒然・二〇六〉

訳 牛には思慮分別はない。足があるので**どこ**へのぼらないことがあろうか。

□□□ **141**

いつしか

副

1 **いつの間にか・早くも**

2 〔願望の表現を伴って〕**早く(〜したい・〜てほしい)**

関 **いつか**…いつ〜か・いつ〜か(いや〜ない)

コア **早く(〜したい)**

「いつ」に強意の助詞「し」、疑問の助詞「か」が付いた語で、もとは「いつ〜か」と時を尋ねる言葉であった。それが、現代語に通じる「**いつの間にか・早くも**」の意**1**に転じ、願望の表現を伴って、早く実現することを望む「**早く(〜したい・〜てほしい)**」の意**2**も生じた。入試 **2**が問われる。

1 鶯《うぐひす》ばかりぞ**いつしか**音したるを、あはれと聞く。〈蜻蛉・下〉

訳 鶯だけが**早くも**鳴いたのを、しみじみとした趣があると聞く。

2 ただ海に波なくして、**いつしか**みさきといふ所渡らむとのみなむ思ふ。〈土佐〉

訳 ただ海に波がなくて、**早く**みさきという所を通り過ぎ**たい**とだけ思う。

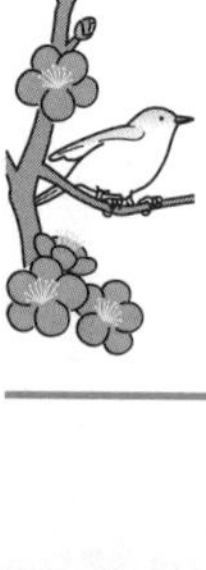

□□□ 142

あまた 副

1 **たくさん・数多く**

類 **ここら・そこら** 副 たくさん・たいへん

関 **あまたたび** 副 何回も

コア **たくさん**

「余る」「余す」の「あま」がもとで、**数が多い**ことをいう。入試 「類 ここら・そこら」は数が多いことの他に程度がはなはだしいさまもいう。「このあたり・そのあたり」の意ではない。

1 大殿《おほいどの》の御むすめはいと**あまた**ものし給《たま》ふ。〈源氏・匂宮〉

訳 大殿の御娘は非常に**たくさん**いらっしゃる。

□□□ 143

かたみに 副

1 **互いに**

コア **お互いに**

何人かが、同じことを、相手に対してする状態をいう。

1 御乳母子《めのとご》の弁《べん》、命婦《みやうぶ》などぞ、あやしと思へど、**かたみに**言ひあはすべきにあらねば、〈源氏・若紫〉

訳 (藤壺《ふぢつぼ》の懐妊について)御乳母子の弁、命婦などは、おかしいと思うが、**互いに**言い合ってよいことではないので、

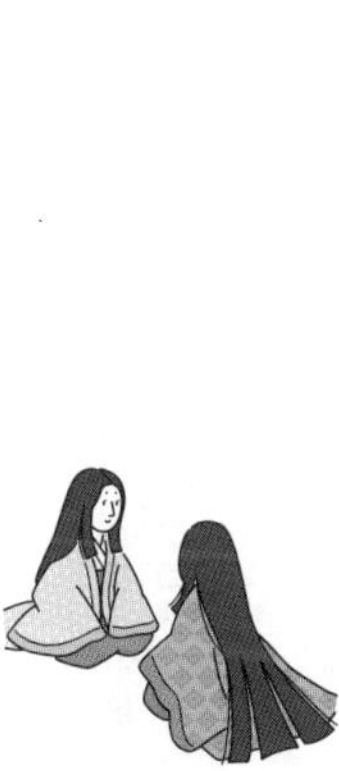

144 □□□

せめて

副

❶無理に・しいて・熱心に
❷非常に・きわめて

類 **強《し》ひて** 副 無理に

コア 無理に・非常に

動詞「責む」に助詞「て」が付いた語。**支障があるのに押してする様子**が**無理に**、それがよいことなら**熱心に**❶、**強調する様子**をいうなら、**非常に**❷の意となる。（これだけは実現させたいという最小限の願望を表す意も生じ、現代語につながる。）

❶**君は御衣《おんぞ》にまとはれてふし給《たま》へるを、せめて起こして、**〈源氏・若紫〉

訳 君（＝若紫《わかむらさき》）はお召物にくるまれて寝ていらっしゃるのを、（光源氏は）**無理に**起こして、

❷**せめて恐ろしきもの。夜鳴る神。近き隣に盗人《ぬすびと》の入《い》りたる。**〈枕・せめて恐ろしきもの〉

訳 **非常に**恐ろしいもの。夜鳴り響く雷。近い隣家に盗人が入ったの。

145 □□□

なべて ［並べて］

副

❶一般に・すべて

コア 一般に

並べる意の動詞「並《な》ぶ」に助詞「て」が付いた語で、同列に並べて同じ状態であることから、**一般に**の意❶、一般的なものは並であることから、**普通の**の意❷も表す。入試 打消表現を伴った「関なべてならず」は「普通でない・格別だ」の意の連語。

❶**なべて**心柔らかに、情けあるゆゑに、人の言ふほどのこと、けやけく否《いな》びがたくて、〈徒然・一四一〉

2 〔「なべての」の形で〕**並の・普通の**

類 **おしなべて** 副 ①一般に ②並

関 **なべてならず**…普通でない・格別だ

訳 (都の人は)**一般に**心が柔和で、人情があるために、他人が言うくらいのことを、きっぱり断りにくくて、

2 秋になるままに、いみじく多く生《お》ひ広ごりて、**なべての**瓢《ひさご》にも似ず、大きに多くなりたり。〈宇治・四八〉

訳 秋になるにつれて、とてもたくさん生《は》え広がって、**普通の**ひょうたんとは違って、大きくたくさん(実が)なった。

さながら 〔然ながら〕 副

1 **そのまま**

2 **全部・すべて**

関 **さ** 副 そう

コア そのまま

前に書かれたことを指す副詞「さ」に、「〜のまま」の意の「ながら」が付いた語で、**そのまま変わらないさま1**を表す。数量がそのまま変わらない場面なら、そっくりそのままの意で、**「全部」2**と訳す。(のちに「まるで・あたかも」の意も生じた。)

1 衣《きぬ》着ぬ妻子《めこ》なども、**さながら**内にありけり。〈宇治・三八〉

訳 (火事であわてて)着物を着ていない妻や子供なども、**そのまま**(＝家から逃げないで)中にいた。

2 あるいは身一つからうじてのがるるも、資財を取り出《い》づるに及ばず。七珍万《しっちんまん》宝《ぼう》**さながら**灰燼《くわいじん》となりにき。〈方丈記〉

訳 ある者は自分の身一つはかろうじて逃げるが、家財道具を取り出すことはできない。あらゆる宝物が**すべて**灰になってしまった。

□□□ **147**

よも（〜じ）　副

1 まさか（〜ないだろう）・**よもや（〜ないだろう）**

コア　まさか

確定的ではないが**実際にはまずありえないだろう**と推測することを表す。現代語の「まさか」に似た語。「まさか」があとに「〜ないだろう」「〜まい」を伴うように、打消推量の助動詞「じ」などを伴って使う。**入試** 呼応の副詞の一つ。

↓P.298付録（文法）②呼応の副詞

1 かの国の人来《き》なば、猛《たけ》き心つかふ人も、**よも**あら**じ**。〈竹取・かぐや姫の昇天〉

訳 あの国（＝月の世界）の人が来たならば、勇ましい心をふるう人も、**まさか**い**ないだろう**。

□□□ **148**

など　副

1 〔疑問〕**どうして（〜か）・なぜ（〜か）**

2 〔反語〕どうして（〜か、いや〜ない）・**なぜ（〜か、いや〜ない）**

類 266 **いかで** 副

関 **なに** 代 なに 副 なぜ

コア　どうして

「**どうして・なぜ**」の意で、**原因や理由を尋ねる** **1**。「**どうして（〜か、いや〜ない）**」という**反語**（＝疑問の形で使い否定を表す表現）**2** の意でも用いる。

入試 例示や引用の意の助詞「など」とは別の語。

1 「**など**いらへもせぬ」と言へば、「涙のこぼるるに目も見えず、ものも言はれず」と言ふ。〈伊勢・六二〉

訳 「**どうして**返事もしないのか」と言うと、「涙がこぼれるので目も見えず、ものも言うことができない」と言う。

2 この勢《せい》あらば、**など**か最後の戦《いくさ》せざるべき。〈平家・九・木曽最期〉

訳 この軍勢があるならば、**どうして**最後の戦いをしないだろうか、いやしないことはない（＝ぜひしよう）。

□□□ 149

いざ 感

1 さあ・さて

関 **いざなふ** 動 誘う

関連44 **いざ(させ)給《たま》へ**…さあいらっしゃい・さあ行きましょう

コア さあ

人を誘う時や何かを始める時に言う言葉。「関いざなふ」は「いざ」が動詞になったもので、「誘う」意。

1 **いざ**、かぐや姫、きたなき所にいかでか久しく**おはせむ**。〈竹取・かぐや姫の昇天〉

訳 **さあ**、かぐや姫、けがれた所にどうしていつまでもいらっしゃるのか。

□□□ 150

あな 感

1 ああ・まあ・あら

類 **あなや** 感 あれえっ・ああ

関連45 **あなかま**…しっ、静かに・ああ、やかましい

関連46 **あなかしこ**…ああ、恐れ多い

コア ああ

「**ああ・まあ**」の意で、**強く感情が動いた時**、喜怒哀楽《きどあいらく》どの場合にも言う。

入試 あとに形容詞の語幹や詠嘆の助詞「や」を伴うことも多い。「関あなかま(＝ああ、やかましい)」「関あなかしこ(＝ああ、恐れ多い)」は特によく使われる。

1 さは、**琴弾きつるは**、**聞きつらむな**。**あな**はづかしや。〈うつほ・祭の使〉

訳 それでは、琴を弾いていたのは、聞いてしまったのだろうな。**ああ**恥ずかしいなあ。

敬語25

敬語の種類

敬語は、敬意をこめた表現のことで、**尊敬語**・**謙譲語**・**丁寧語**の三種類がある。それぞれの違いを理解するために、現代語で考えてみよう。次の例は仕事上のやりとりの一節で、敬語は取引相手に敬意を表すために用いられている。

「資料は[a]ご覧になりましたか。以前[b]差し上げたものを修正しました。始めの部分が特に重要[c]です。」

説明のために主語を補うと、「(あなたは)資料は[a]ご覧になりましたか。(私は)以前[b]差し上げたものを修正しました。始めの部分が特に重要[c]です。」となる。

a「ご覧になる」は「見る」を敬語にしたもので、「見る」の主語である取引相手を高めている。このように、動作の主語を高める働きをする敬語を**尊敬語**という。**b**「差し上げる」は「与える」を敬語にしたものだが、「与える」の主語は高めておらず、受け手である取引相手を高めている。このように、動作の受け手を高める働きをする敬語を**謙譲語**という。**c**「〜です」は「である」や「だ」を敬語にしたもので、話題である資料は高めておらず、丁寧な言葉遣いで、聞き手である取引相手を高めている。このように、主語や受け手、また話題に関わりなく、丁寧な表現をすることで、聞き手を高める働きをする敬語を**丁寧語**という。

ここでの敬語はすべて取引相手を高めている。尊敬・謙譲・丁寧はすべて誰かへの敬意を表す(誰かを高める)ものだが、その仕組みが異なっている。「尊敬語は身分が高い人を高める」「謙譲語は低める敬語」などとするのは誤りである。

尊敬語…**動作の主語**を高める働きをする
謙譲語…**動作の受け手(相手)**を高める働きをする
丁寧語…**聞き手(読み手)**を高める働きをする

「ご覧になる」が「見る」の尊敬語で、「差し上げる」は「与える」の謙譲語であることは覚えていなければならない。古文でも、基本の敬語動詞を、尊敬・謙譲・丁寧の区別に注意して覚えよう。

※謙譲語をⅠとⅡに分けたり、丁重語や美化語などの用語で説明したりする考え方もあるが、入試では問われない。

敬語動詞の覚え方

敬語の動詞には**本動詞**と**補助動詞**がある。これも現代語と古語で共通する。

「先日は、資料をくださった(a)のみならず、要点をまとめてくださって(b)、ありがとうございました。」

aの「くださる」は「くれる」という動作を表すが、**b**は動作を表さず、前の「まとめる」という動作を尊敬の表現にしている。**b**のような用法の動詞を**補助動詞**という。

aを、**b**に対して**本動詞**という。（本動詞も補助動詞も品詞は動詞である。）補助動詞の用法がある語は、本動詞の意味と補助動詞の用法とをあわせて覚える。

敬語の表現の仕方も現代語と古語で共通する。例えば、現代語で「見る」を尊敬表現にする時、「ご覧になる」という敬語動詞で置き換えることもできるが、「見なさる・見ていらっしゃる」のように「見る」に補助動詞などを付けて言うこともできる。古文でも、「御覧ず」に置き換えることも、「見給《たま》ふ」のように補助動詞を付けて言うこともできる。

敬語を訳す時も、敬語動詞に置き換える方法と、補助動詞などを付ける方法があることになる。置き換える時は、現代語の敬語動詞を用いる。補助動詞などを付けて訳す時は典型的な言い方を知っておけばよい。

尊敬の訳　**お～になる・～なさる**
謙譲の訳　**(お)～申し上げる・お～する**
丁寧の訳　**～ございます・～です・～ます**

二種類の用法がある語にも注意したい。162・174「給ふ」（尊敬・謙譲）、166「参る」（謙譲・尊敬）、172「奉る」（謙譲・尊敬）、175「侍《はべ》り・候《さぶら》ふ・候《さう》ふ」（謙譲・丁寧）は二種類の用法があり、どの意味か注意して読む必要がある。（「給ふ」は162の尊敬語の用例が多く、166「参る」・172「奉る」は謙譲語が多い。）

本書では、25組の敬語動詞を、主な用法別に尊敬・謙譲・丁寧の順でまとめて掲載している。敬語の種類を意識できるよう、枠外をそれぞれ薄赤・灰色・白で色分けし、上部に尊・謙・丁の表示を付けた。

151 尊

おぼす
［思す］ 動 サ行四段

おぼしめす
［思し召す］ 動 サ行四段

❶ お思いになる（「思ふ」の尊敬語）

類 思《おも》ほす 動「思ふ」の尊敬語

コア 「思ふ」の尊敬語

「思ふ」の尊敬語。「思ひ～」という形の複合動詞は「思ひ」の部分が「思《おぼ》し」または「思しめし」となって尊敬語になる。（例）「思ひ出《い》づ」の尊敬語は「思し出づ」または「思しめし出づ」 入試「思す」より「思しめす」の方が強い敬意を含むが、現代語訳は同じ。「おぼゆ」は敬語ではないので、混同しないようにする。↓10おぼゆ

❶ さばかり**思し**たれど限りこそありけれ。〈源氏・桐壺〉

訳 （桐壺《きりつぼ》帝は光源氏を）あんなにも**お思いになっ**ていたが決まり（＝宮廷内の制約）はあったのだなあ。

❶ 源氏の君を限りなきものに**思しめし**ながら、〈源氏・紅葉賀〉

訳 （桐壺帝は）源氏の君を限りない（大切な）ものに**お思いになり**ながらも、

152 尊

おほ《オ》す
［仰す］ 動 サ行下二段

❶ おっしゃる・お言い付けになる（「言ふ」の尊敬語）

関 仰せ・仰せ言《ごと》 名 お言葉・ご命令

コア 「言ふ」の尊敬語

もとは単に「言い付ける・命じる」の意で、「仰せらる」「仰せ給《たま》ふ」の形で**他の尊敬語を伴って「お命じになる・おっしゃる」意**を表した。中世以降、単独で「**言ふ」の尊敬語**となった。入試「仰せらる」の「らる」は常に尊敬の意となる。「仰せらる」は「おっしゃられる」でなく「おっしゃる」と訳す。

❶ 主上《しゆしやう》聞こしめして、「今叫ぶ者は何者ぞ。きっと見て参れ」と**仰せ**ければ、〈平家・六・紅葉〉

訳 帝《みかど》はお聞きになって、「今叫ぶ者は何者か。すぐに見て参れ」と**おっしゃっ**たので、

1 火を付けて燃やすべきよし**仰せ給ふ**。〈竹取・かぐや姫の昇天〉

訳 (帝は)火を付けて燃やせということを**お言い付けになる**。

1 「この翁《おきな》まろ打ち調《てう》じて、犬島へ遣はせ。ただ今」と**仰せらるれ**ば、〈枕・上にさぶらふ御猫は〉

訳 (帝が)「この翁まろ(＝犬の名)をたたいてこらしめて、犬島(＝野犬を収容する所)に追放せよ。今すぐに」と**お言い付けになる**ので、

のたまふ《モ　ウ》
動 ハ行四段

のたまはす《ワ》
動 サ行下二段

1 おっしゃる(「言ふ」の尊敬語)

コア 「言ふ」の尊敬語

「言ふ」の尊敬語。 入試 「のたまふ」に「す」が付いた「のたまはす」は、より強い敬意を含むが、現代語訳は同じ。

1 大納言、「つひにすまじき別れかは」と心強うは**のたまへ**ども、さこそはかなしう思はれけめ。〈平家・一二・平大納言被流〉

訳 大納言は、「最後にしないですむ別れであろうか」と気丈には**おっしゃる**けれども、さぞかし悲しくお思いになっただろう。

1 皇子《みこ》、「いとしのびて」と**のたまはせ**て、人もあまた率《ゐ》ておはしまさず。〈竹取・蓬莱の玉の枝〉

訳 皇子は、「とても人目を避けて」と**おっしゃっ**て、人もたくさん連れていらっしゃらない。

尊 □□□ 154

ごらんず

［御覧ず］

動 サ行変格

❶ご覧になる（「見る」の尊敬語）

コア 「見る」の尊敬語

「見る」の尊敬語。「見給《たま》ふ」より強い敬意を含むが、現代語訳は同じ。

入試 受身の助動詞を伴った「御覧ぜらる」は「ご覧いただく」、使役の助動詞を伴った「御覧ぜさす」は「ご覧に入れる・お目にかける」と訳す。

❶いつしかと心もとながらせ給ひて、急ぎ参らせて**御覧ずる**に、めづらかなる児《ちご》の御かたちなり。〈源氏・桐壺〉

訳（桐壺《きりつぼ》帝が生まれた子に）早く（会いたい）とじれったがりなさって、急いで参上させて**ご覧になる**と、類《たぐい》まれな赤ん坊のお顔立ちである。

尊 □□□ 155

きこしめす

［聞こし召す］

動 サ行四段

❶お聞きになる（「聞く」の尊敬語）

❷お治めになる（「治む」の尊敬語）

❸召し上がる・お飲みになる（「食ふ・飲む」の尊敬語）

コア 「聞く」の尊敬語

「聞く」**の尊敬語❶**。天皇が臣下から報告を聞いて政務を執ることから、「治む」の尊敬語❷にもなった。さらに「食ふ・飲む」の尊敬語❸としても用いた。

❶このことを帝《みかど》**聞こしめし**て竹取が家に御使《おほんつか》ひ遣はさせ給《たま》ふ。〈竹取・かぐや姫の昇天〉

訳このことを帝が**お聞きになっ**て竹取の家にご使者をおやりになる。

❷御出家ののちも万機《ばんき》の政《まつりごと》を**聞こしめさ**れしあひだ、〈平家・一・殿下乗合〉

訳（後白河院《ごしらかわいん》は）ご出家ののちにも天下の政治を**お治めになっ**たので、

❸東宮まだ御乳《ち》**聞こしめす**ほどなれば、〈栄花・つぼみ花〉

訳東宮（＝皇太子）はまだお乳《ちち》を**お飲みになる**年齢なので、

156 □□□ 尊

しろしめす

［知ろし召す］ 動 サ行四段

❶お知りになる・ご存じである
（「知る」の尊敬語）
❷お治めになる（「知る」の尊敬語）
関 57 しる［知る］動

コア 「知る」の尊敬語

「知る」の尊敬語。「知る」は知識がある意❶の他に、治める意❷もあるので、尊敬語でも両方の意を表す。

❶故院の上も、かく、御心には**しろしめし**てや、知らず顔をつくらせ給《たま》ひけむ。〈源氏・若菜下〉
訳 亡くなった(桐壺《きりつぼ》)院も、このように、お心の内には**ご存じ**で、知らないふりをしていらっしゃったのだろうか。

❷ただ世の乱れを鎮めて、国を**しろしめさ**んを君とせん。〈平家・一一・志度合戦〉
訳 ただ世の中の乱れを鎮めて、国を**お治めになる**ような人を主君とするだろう。

157 □□□ 尊

おほとのごもる

［大殿籠《オ》もる］ 動 ラ行四段

❶お休みになる・お眠りになる
（「寝・寝ぬ」の尊敬語）

コア 「寝《ぬ》・寝《い》ぬ」の尊敬語

「大」は大きい意の他に「御」と同じく尊敬の意もある。(例)大殿油《おほとなぶら》・大御酒《おほみき》
御殿《ごてん》に籠もって寝るということから、「**寝・寝ぬ**」の**尊敬**の意を表す。

❶親王《みこ》、**大殿籠もら**で明かし給《たま》うてけり。〈伊勢・八三〉
訳 親王は、**お休みにならない**で(夜を)明かしておしまいになった。

めす［召す］

動 サ行四段

1 お呼びになる（「呼ぶ」の尊敬語）
2 召し上がる・お飲みになる（「食ふ・飲む」の尊敬語）

コア 「呼ぶ」の尊敬語

「呼ぶ」の尊敬語**1**が中心的な用法。呼び寄せて身に取り込むことから、「食ふ・飲む」の尊敬語**2**にもなった。入試 **1**の例が多い。対象が物なら、それを呼ぶようにすることから「お取り寄せになる」意。上位者が無理に取り寄せることから、「お取り上げになる」の意でも用いる。

1 御簾《みす》を押し上げて、「あの男《をのこ》、こち寄れ」と**召し**ければ、〈更級・上洛の旅〉

訳（帝《みかど》の娘が）御簾を押し上げて、「そこの男よ、こちらに寄れ」と**お呼びになっ**たので、

1 硯《すずり》**召し**てあなたに聞こえ給《たま》ふ。〈源氏・橋姫〉

訳（薫《かおる》は）硯を**お取り寄せになっ**て（歌を書き）あちらに申し上げなさる。

▽対象が物の例。

1 実方《さねかた》をば、中将を**召し**て、「歌枕見て参れ」とて、陸奥守《みちのくのかみ》になして、流し遣はされける。〈十訓抄・八・二〉

訳（帝は）実方のことを、中将（の官職）を**お取り上げになっ**て、「歌枕を見て参れ」と言って、陸奥守に任じて、左遷して行かせなさった。

▽「お取り上げになる」の例。

2「さらば、もろともに」とて、御粥《かゆ》、強飯《こはいひ》**召し**て、〈源氏・末摘花〉

訳（光源氏は頭中将《とうのちゅうじょう》に）「それでは、一緒に」と言って、ご飯や、おこわを**召し上がっ**て、

あそばす
【遊ばす】 動 サ行四段

1 なさる・お弾きになる・お詠みになる　など(「す」の尊敬語)

コア 「す」の尊敬語

「遊ぶ」に尊敬の助動詞「す」が付いてできた語で、**いろいろなことをする意の尊敬語。** 入試「遊ぶ」は管弦・詩歌《しいか》などを楽しむ意なので、「遊ばす」も同様の例が多い。

1 和歌などこそ、いとをかしく**遊ばし**しか。〈大鏡・兼通〉

訳 (朝光《あさみつ》は)和歌などを、たいへん風流に**お詠みになっ**た。

つかはす
つかは《ワ》す 【遣はす】 動 サ行四段

1 おやりになる(派遣なさる／お与えになる)(「遣る」の尊敬語)

関 53 やる 動

コア 「遣《や》る」の尊敬語

「使ふ」に尊敬の助動詞「す」が付いてできた語で、**使いとして人をおやりになる意がもと。**「派遣なさる」とも訳す。物をおやりになる意なら「お与えになる」とも訳す。

1 親しき女房、御乳母《めのと》などを**遣はし**つつ、ありさまを聞こしめす。〈源氏・桐壺〉

訳 (桐壺《きりつぼ》帝は)親しい女房や、御乳母などを(母君の家に)**おやりになっ**ては、(光源氏の)様子をお聞きになる。

▽人の例。

1 木草につけても御歌を詠みて**遣はす**。〈竹取・かぐや姫の昇天〉

訳 (帝《みかど》は)木や草に結び付けても御歌を詠んで(かぐや姫に)**おやりになる**。

▽物の例。

おは《ワ》す

動 サ行変格

おは《ワ》します

動 サ行四段

尊

1 いらっしゃる・おいでになる
（「あり」「行く・来」の尊敬語）

2 〜いらっしゃる（尊敬の補助動詞）

類 **います・ます** 動 「あり」「行く・来」の尊敬語・尊敬の補助動詞

類 **いますがり・まします** 動 「あり」の尊敬語・尊敬の補助動詞

コア 「あり」「行く・来《く》」の尊敬語・尊敬の補助動詞

「**あり**」「**行く・来**」**の尊敬語** 1 で、**尊敬の補助動詞** 2 の用法もある。（「類 います・ます」「類 いますがり・まします」は丁寧語ではないことに注意する。）

入試 1 2 とも「いらっしゃる」と訳せるが、本動詞なら「あり」「行く・来」の尊敬語で、補助動詞の用法もあることをきちんと覚えるとよい。「おはす」より「おはします」の方が強い敬意を含むが、現代語訳は同じ。補助動詞の訳は「お〜になる・〜なさる」より「〜いらっしゃる」がぴったりする場合が多い。

1 門《かど》をたたきて「くらもちの皇子《みこ》**おはしたり**」と告ぐ。「旅の御姿ながら**おはしたり**」と言へば、会ひ奉る。〈竹取・蓬萊の玉の枝〉

訳 （従者が）門《もん》をたたいて「くらもちの皇子が**いらっしゃった**」と告げる。「旅のご装束のまま**いらっしゃった**」と言うので、（翁《おきな》が）お目にかかる。

1 **昔、惟喬《これたか》の親王《みこ》と申す親王おはしましけり。**〈伊勢・八二〉

訳 昔、惟喬の親王と申し上げる親王が**いらっしゃっ**た。

2 **小松の大殿《おほいとの》こそ、心も剛《かう》に、はかりこともすぐれておはせしか、**〈平家・五・福原院宣〉

訳 小松の大臣殿（＝平重盛《たいらのしげもり》）は、心も強く、知略もすぐれて**いらっしゃっ**たのに、

2 **ここにおはするかぐや姫は、重き病《やまひ》をし給《たま》へば、え出《い》でおはしますまじ。**〈竹取・かぐや姫の昇天〉

訳 ここにいらっしゃるかぐや姫は、重い病をしていらっしゃるので、出て**いらっしゃる**ことはできないだろう。

尊

たま《(モ)》ふ《ウ》
［給ふ・賜ふ］
動 ハ行四段

たまは《ワ》す
［給はす・賜はす］
動 サ行下二段

1 **お与えになる・くださる（「与ふ」の尊敬語）**

2 〔「たまふ」のみ〕**お～になる・～なさる（尊敬の補助動詞）**

類 **たぶ・たうぶ** 動 「与ふ」の尊敬語・尊敬の補助動詞

関 174 **たまふ** 動〔ハ下二〕

コア 「与ふ」の尊敬語・尊敬の補助動詞

「与ふ」の尊敬語1で、さまざまな物事や人などをお与えになる意。「たまふ」は**尊敬の補助動詞2**としても用いる。**入試** 補助動詞は、尊敬の助動詞を伴った「せ給《たま》ふ」「させ給ふ」などの形で、強い尊敬の意を表す用法もある。

1 大御酒《おほみき》**たまひ**、禄《ろく》**たまは**むとて、〈伊勢・八三〉

訳（親王は）お酒を**お与えになり**、ほうびを**お与えになろ**うとして、

1 このたびの綾《あや》・薄物《うすもの》などは、人々に**たまはす**。〈源氏・梅枝〉

訳（光源氏は）今回の綾織物や薄絹などは、女房たちに**お与えになる**。

2 帝《みかど》、おりゐ**給ひ**て、またの年の秋、御髪《みぐし》おろし**給ひ**て、ところどころ山ぶみし**給ひ**て、おこなひ**給ひ**けり。〈大和・二〉

訳 帝が、退位し**なさっ**て、翌年の秋、出家し**なさっ**て、あちこち山歩きをし**なさっ**て、仏道修行し**なさっ**た。

2 大臣、上達部《かんだちめ》を召して、「いづれの山か天に近き」と問は**せ給ふ**に、〈竹取・かぐや姫の昇天〉

訳（帝は）大臣や、上達部をお呼びになって、「どの山が天に近いか」と**お**尋ね**になる**と、

▽尊敬の助動詞を伴った例。

ま《モ》う《ウ》す

［申す］ 動 サ行四段

1 申し上げる（「言ふ」の謙譲語）

2 （お）〜申し上げる・お〜する（謙譲の補助動詞）

コア 「言ふ」の謙譲語・謙譲の補助動詞

「言ふ」の**謙譲語1**。（名前を〜と申し上げる、の意でも用いる。）**謙譲の補助動詞2**の用法もある。入試 現代語の「申す」は丁寧語の用法が基本なので、「申す」と訳さず、「申し上げる」と訳す。

1 親の太秦《うづまさ》に籠《こ》もり給《たま》へるにも、異事《ことごと》なく、この事を**申し**て、〈更級・家居の記〉

訳 親が太秦（の広隆寺《こうりゅうじ》）に籠もって祈願なさる時にも、（自分は）他の事ではなく、この事を（仏に）**申し上げ**て、

2 「子安貝取らむと思《おぼ》しめさば、たばかり**申さ**む」とて、〈竹取・燕の子安貝〉

訳 （ある官人が中納言に）「子安貝を取ろうとお思いならば、工夫し**申し上げ**よう」と言って、

きこゆ

［聞こゆ］ 動 ヤ行下二段

きこえさす

［聞こえさす］ 動 サ行下二段

1 申し上げる（「言ふ」の謙譲語）

コア 「言ふ」の謙譲語・謙譲の補助動詞

「聞こゆ」はもとは敬語ではなく、自然と聞こえるの意。貴人には簡単に声をかけることができず、その耳に自然と聞こえるように言ったことから、「**言ふ」の謙譲語1**になった（手紙で申し上げる、名前を〜と申し上げる、の意でも用いる）。**謙譲の補助動詞2**としても用いる。入試「聞こえさす」は、より強い敬意を含むが現代語訳は同じ。敬語かそうでないかは、文脈の他、敬意の対象が存在するかどうかで見分ける。

1 よろづのことを泣く泣く契りのたまはすれど、御いらへも、え**聞こえ**給《たま》はず。〈源氏・桐壺〉

訳 （帝《みかど》は）さまざまなことを泣きながら約束しておっしゃるが、（桐壺更衣《きりつぼのこうい》は）お返事も、**申し上げ**なさることができない。

2 （お）～申し上げる・お～する
（謙譲の補助動詞）

関 11 **きこゆ** 動

1 いとせちに**聞こえさす**べきことありて、〈大和・一七二〉

訳 本当にどうしても（少将に）**申し上げ**なければならないことがあって、

2 竹の中より見つけ**きこえ**たりしかど、〈竹取・かぐや姫の昇天〉

訳 （かぐや姫を）竹の中から**お**見つけ**申し上げ**たけれど、

2 いづれの世にか忘れ**きこえさせ**む。〈うつほ・国譲上〉

訳 いつ（あなたを）**お**忘れ**申し上げ**ようか。

165 謙

そうす ［奏す］ 動 サ行変格

けいす ［啓す］ 動 サ行変格

A ［奏す］**天皇・上皇・法皇に申し上げる**（天皇・上皇・法皇に「言ふ」の謙譲語）

B ［啓す］**皇后・皇太子に申し上げる**（皇后・皇太子に「言ふ」の謙譲語）

コア 「言ふ」の謙譲語《相手が決まっている「絶対敬語」》

「**奏す**」は**天皇や上皇、法皇に「言ふ」意の謙譲語**。「**啓す**」は**皇后・皇太子に「言ふ」の謙譲語**。言う相手が決まっているので、絶対敬語と呼ばれる。

入試 「帝《みかど》に奏す」「皇后に啓す」などと相手を書かないことが多いが、補って訳す。天皇などに言う時、常にこれらの語を用いるわけではない。

A B よきに**奏し**給《たま》へ、**啓し**給へ。〈枕・正月一日は〉

訳 よろしく**帝に申し上げ**てください、**皇后に申し上げ**てください。

A 内侍《ないし》帰り参りて、このよしを**奏す**。帝聞こしめして、〈竹取・かぐや姫の昇天〉

訳 内侍が帰参し、このことを**帝に申し上げる**。帝はお聞きになって、

B 童《わらは》に教へられしことなどを**啓すれ**ば、いみじう笑はせ給ひて、〈枕・殿などのおはしまさでのち、世の中に事出で来〉

訳 召使いの少女に教えられたことなどを**皇后に申し上げる**と、（皇后は）とてもお笑いになって、

謙

ま《イ》ゐる ［参る］

動 ラ行四段

❶参上する・（寺社に）参詣する（「行く・来」の謙譲語）

❷差し上げる・〇〇して差し上げる（「与ふ」「す」の謙譲語）

※〇〇は文脈に合わせて訳す。

関連㊼**御格子《みかうし》参《まゐ》る**…①御格子をお上げ申し上げる ②御格子をお下ろし申し上げる

尊

❸召し上がる・お飲みになる（「食ふ・飲む」の尊敬語）

コア 「行く・来《く》」「与ふ」「す」の謙譲語・「食ふ・飲む」の尊敬語

現代語にも「お宮参り・伊勢《いせ》参り」などの言い方があるように、**貴い場所に近付く意の謙譲語❶**がもと。そこから、**貴人に物を差し上げたり、奉仕して差し上げたりする意の謙譲語❷**になった。それを、受ける貴人の動作として表現する「**食ふ・飲む**」**の尊敬語**の意❸も表す。入試 行く先は寺社に限らず使う。謙譲語の用法が中心だが、尊敬語の出題には注意する。文脈や主語から判断する。

❶君は二三日、内裏《うち》へも**参り**給《たま》はで、〈源氏・若紫〉

訳 君（＝光源氏）は二、三日、宮中へも**参上し**なさらないで、

❷親王《みこ》にうまの頭《かみ》、大御酒《おほみき》**参る**。〈伊勢・八二〉

訳 親王に右馬寮《うまりょう》の長官が、お酒を**差し上げる**。

❸心地もまことに苦しければ、ものもつゆばかり**参ら**ず、〈源氏・総角〉

訳 （大君《おおいぎみ》は）気分も本当に苦しいので、食事も少しも**召し上がら**ないで、

ま《モ》う《ウ》づ《ズ》 ［詣づ］

動 ダ行下二段

コア 「行く・来《く》」の謙譲語

現代語にも「初詣《はつもう》で」などの言い方があるように、**貴い場所に近付く意の謙譲語**。入試 行く先は寺社に限らず使う。

謙

❶参上する・(寺社に)参詣する
(「行く・来」の謙譲語)

❶女宮の御もとにも**まうで**給《たま》はで、大殿へぞしのびておはしぬる。〈源氏・若菜下〉

訳 (柏木《かしわぎ》は)女宮のお宅にも**参上し**なさらないで、大殿(=父大臣の邸《やしき》)へこっそりいらっしゃった。

❶八月つごもり、太秦《うづまさ》に**まうづ**とて見れば、〈枕・八月つごもり、太秦にまうづとて〉

訳 八月終わり、太秦(の広隆寺《こうりゅうじ》)に**参詣する**というので見ると、

▽行く先が寺社の例。

168 □□□ 謙

まかる 動 ラ行四段

まかづ《ズ》 動 ダ行下二段

❶**退出する・退出申し上げる・おいとまする(「出づ」「行く」の謙譲語)**

類 **まかり出《い》づ** 動 「出づ」の謙譲語

コア 「出《い》づ」「行く」の謙譲語

「参る」とは反対に、**貴い所から離れて行く意の謙譲語**が基本。用が終わって退出する他、命令で任地や流刑地へ行くなどの場面で用いる。(「行く」の丁寧語の用法や、「まかる」を他の動詞の上に付けて、謙譲や丁寧の意を添える用法もある。)入試 さまざまな用法があるが、謙譲語が出題される。

❶「この玉取り得《え》では家に帰り来《く》な」とのたまはせけり。おのおの仰せうけたまはりて**まかり**ぬ。〈竹取・龍の頸の玉〉

訳 (大納言は家来に)「この玉を取ることができなかったら家に帰って来るな」とおっしゃった。(家来は)おのおのご命令をお受けして**退出し**た。

❶清水《きよみづ》へまうづる人に、またしのびてまじりたり。初夜《そや》果てて**まかづ**れば、〈蜻蛉・下〉

訳 清水寺に参詣する人に、またこっそり同行した。初夜(=午後七時から九時頃)の勤《ごん》行《ぎょう》が終わって**退出申し上げる**と、

169 うけたまはる【承る】

うけたまは《ワ》る［承る］ 動 ラ行四段

謙

1 お受けする・いただく・頂戴する（「受く」の謙譲語）

お聞きする・拝聴する（「聞く」の謙譲語）／お引き受けする（「引き受く」の謙譲語）

コア 「受く」の謙譲語

「受く」に「たまはる」が付いてできた語で、**「受く」の謙譲語**。命令を受ける例が多い。入試「聞く」は相手の言葉を受けること、「引き受く」は相手の依頼を受けることで、「受く」がもとだが、それぞれ「お聞きする」、「お引き受けする」と訳してもよい。

1 かしこき仰せ言をたびたび**うけたまはり**ながら、みづからはえなむ思ひ給《たま》へ立つまじき。〈源氏・桐壺〉

訳 （帝《みかど》の）恐れ多いご命令をたびたび**お受けし**ながらも、自分自身は思い立つことができそうにありません。

▽「受く」の例。

1 「あはれ」とだにのたまはせば、それを**うけたまはり**てまかでなむ。〈源氏・若菜下〉

訳 「ふびんだ」とだけでもおっしゃるなら、その言葉を**お聞きし**て退出しよう。

▽「聞く」の例。

1 仰せ給はむことは、かたかるべきことなりとも**うけたまはら**む。〈うつほ・忠こそ〉

訳 おっしゃるようなことは、困難に違いないことでも**お引き受けし**よう。

▽「引き受く」の例。

170 たまはる【賜る・給はる】

たまは《ワ》る［賜る・給はる］ 動 ラ行四段

コア 「受く・もらふ」の謙譲語

「受く・もらふ」の謙譲語。物や人などをいただく意。入試「与ふ」の尊敬語「たまふ」と似ているため、中世には混同された例があるが、謙譲語が本来の用法。「たまふ」は八行四段活用で「与ふ」の尊敬語、「たまはる」はラ行四段活用で「受く・もらふ」の謙譲語である。

謙

1 いただく・頂戴する（「受く・もらふ」の謙譲語）

1 この十五日は、人々**たまはり**て、月の都の人まうで来ば捕《こ》らへさせむ。〈竹取・かぐや姫の昇天〉

訳 この（陰暦八月）十五日には、（帝《みかど》から家来の）人々を**いただい**て、月の都の人がやって来ましたらつかまえさせよう。

謙　171

つか《コ》う《ウ》まつる

動 ラ行四段

1 お仕え申し上げる・お仕えする（「仕ふ」の謙譲語）

2 お〇〇申し上げる・〇〇して差し上げる（「す」の謙譲語）

※〇〇は文脈に合わせて訳す。

コア 「仕《つか》ふ」「す」の謙譲語

「仕ふ」**の謙譲語1**で、貴人にお仕え申し上げる意を表す。さらに、その貴人のために、楽器を演奏したり、和歌を詠んだり、世話をしたり、など、**さまざまなことをして差し上げる**意2も表す。（「つかまつる」も同じ意味。）

1 童《わらは》より**つかうまつり**ける君、御髪《みぐし》おろし給《たま》うてけり。〈伊勢・八五〉

訳 子供の頃から**お仕え申し上げ**ていた主君が、出家なさってしまった。

2 笛**つかうまつり**給ふ、いとおもしろし。〈源氏・藤裏葉〉

訳 笛を**お吹き申し上げ**なさるさまは、とても趣がある。

2 一品《いつぽん》の宮の、御物《もの》の怪《け》になやませ給ひける、山の座主《ざす》、御修法《みずほふ》**つかまつら**せ給へど、〈源氏・手習〉

訳 一品の宮が、御物の怪に苦しんでいらっしゃったのを、山（＝比叡山延暦寺《ひえいざんえんりやくじ》）の天台座主が、ご祈禱《きとう》を**して差し上げ**なさるが、

たてまつる

［奉る］ 動 ラ行四段

謙

1 差し上げる（「与ふ」の謙譲語）

2 （お）～申し上げる・お～する（謙譲の補助動詞）

尊

3 召し上がる・お飲みになる／お召しになる／お乗りになる（「食ふ・飲む」「着る」「乗る」の尊敬語）

コア 「与ふ」の謙譲語・謙譲の補助動詞・「食ふ・飲む」「着る」「乗る」の尊敬語 ●

「与ふ」の謙譲語で、物などを差し上げる意**1**。（目的語が人の時は「参上させる」と訳す。）**謙譲の補助動詞**の用法**2**もある。貴人にして差し上げた行為を、貴人が受け入れることから、**「食ふ・飲む」「着る」「乗る」の尊敬語3**にもなった。入試 謙譲語の用法が中心だが、尊敬語の出題には注意する。文脈や主語から判断する。

1 簾《すだれ》少し上げて、花**奉る**めり。〈源氏・若紫〉

訳 （尼は）簾を少し上げて、（仏に）花を**差し上げる**ようだ。

2 宮司《みやづかさ》、さぶらふ人々、みな手をわかちて、求め**奉れ**ども、〈竹取・蓬萊の玉の枝〉

訳 宮の邸《やしき》の執事や、お仕えする人々が、みんなで手分けして、（皇子《みこ》を）**お**探し**申し上げる**けれども、

3 壺《つぼ》なる御薬**奉れ**。穢《きたな》き所の物聞こしめしたれば、御心地悪《あ》しからむものぞ。〈竹取・かぐや姫の昇天〉

訳 壺の中にあるお薬を**お飲みなさい**。穢い所の物を召し上がったので、ご気分が悪いだろうよ。

▽「食ふ・飲む」の例。

3 御装束《さうぞく》をもやつれたる狩りの御衣《おんぞ》を**奉り**、さまを変へ、顔をもほの見せ給《たま》はず、〈源氏・夕顔〉

訳 （光源氏は）ご装束も目立たない御狩衣《かりぎぬ》を**お召しになり**、姿を変え、顔もかすかにもお見せにならず、

▽「着る」の例。

3 ともあれかくもあれ、夜の明け果てぬさきに御舟に**奉れ**。〈源氏・明石〉

訳 何はともあれ、夜が明けてしまわないうちにお舟に**お乗りなさい**。

▽「乗る」の例。

まゐ《イ》らす［参らす］

動 サ行下二段

1 差し上げる（「与ふ」の謙譲語）

2 （お）〜申し上げる・お〜する（謙譲の補助動詞）

コア「与ふ」の謙譲語・謙譲の補助動詞

「与ふ」の謙譲語の用法**1**と、**謙譲の補助動詞**の用法**2**がある。入試「参る」からできた語だが、一語の敬語動詞として、「参る」との違いを知っておくことが重要。「参らす」は「参る」にある「行く・来《く》」の謙譲語の用法はなく、「参る」は「参らす」にある謙譲の補助動詞の用法はない。

1「今宵《こよひ》は出《い》でずなりぬ」とのたまへば、みな立ちて御膳《おもの》などこなたに**参らせ**たり。〈源氏・紅葉賀〉

訳（光源氏が）「今晩は出かけないことになった」とおっしゃると、（女房たちは）みんな立ってお膳《ぜん》などをこちらに**差し上げ**た。

2病《やまひ》の、心ならぬ里居《さとゐ》十日ばかりするにも、恋しくゆかしく思ひ**参らせ**つるに、片時《かたとき》見**参らせ**で、いかでかさぶらはん。〈讃岐典侍日記〉

訳 病気（ゆえ）の、不本意な実家に戻ることを十日ばかりする時にも、恋しく会いたいと思い**申し上げ**たのに、片時も見**申し上げ**ないで、どうして生きていられましょう。

たま《モ》ふ《ウ》［給ふ］

動 ハ行下二段

❶ ～ております（謙譲の補助動詞）

関 162 **たまふ・たまはす** 動

コア 謙譲の補助動詞

「たまふ」は尊敬語の用例が圧倒的に多いが、**謙譲の補助動詞**もある。謙譲は下二段活用で、「思ふ・見る・聞く・知る」のみに付く。会話や手紙などの中で用いられ、「たまふ」が付いた部分の主語はその話し手や書き手自身である。自分の動作をへりくだる表現で、一般的な謙譲語とは異なる。入試 尊敬の補助動詞と区別するには、まず直前の動詞を見る。「思ふ・見る・聞く・知る」以外なら尊敬と判断してよい。それらに付いていたら、四段活用か下二段活用かを見る。

❶ あるじのむすめども多かりと聞き給へて、はかなきついでに言ひ寄りて侍《はべ》りしを、〈源氏・帚木〉

訳 主人の娘たちがたくさんいると（私は）聞い**ておりまし**て、ちょっとした機会に言い寄りましたところ、

「たまふ（給ふ）」の見分け方

尊敬 「与ふ」の尊敬語・尊敬の補助動詞

ハ行四段活用

未然	連用	終止	連体	已然	命令
給は	給ひ	給ふ	給ふ	給へ	給へ

【補助動詞の用法】

①さまざまな動詞に付く。
②さまざまな文章の中で使われる。
③さまざまな主語の動作に付く。
④「お～になる・～なさる」と訳す。
⑤複合動詞に付く時は、後に付く。（例）思ひ知り**給ふ**

謙譲 謙譲の補助動詞

ハ行下二段活用（※命令形はなく、終止形もほとんど用例がない。）

未然	連用	終止	連体	已然	命令
給へ	給へ	○	給ふる	給ふれ	○

【補助動詞の用法】

①「思ふ・見る・聞く・知る」のみに付く。
②会話文・手紙文の中でのみ使われる。
③その人自身（会話の話し手・手紙の書き手）の動作のみに付く。
④「～ております」と訳す。
⑤複合動詞に付く時は、間に入る。（例）思ひ**給へ**知る

はべり【侍り】 動 ラ行変格

さぶらふ 【候ふ】 動 ハ行四段

ぶら《(ロ)》ふ《ウ》

さうらふ 【候ふ】 動 ハ行四段

さ《ソ》う《ウ》ら《(ロ)》ふ《ウ》

謙

❶お仕えする・**お控えする**（「仕ふ」の謙譲語）

丁

❷あります・おります・ございます（「あり」の丁寧語）

❸〜ございます・〜おります・〜ます・〜です（丁寧の補助動詞）

コア 「仕《つか》ふ」の謙譲語・「あり」の丁寧語・丁寧の補助動詞 ●

貴人のもとにお仕えする、お控えすることをいう謙譲語❶がもと。そこから、一般に**存在を表す丁寧語❷**、**丁寧の補助動詞❸**としても用いられた。（「さぶらふ」の音が変化して「さうらふ」になった。）**入試** ❶は「誰々に」「どこそこに」の形で仕える貴人や貴所が想定できる。❷❸の丁寧語は会話文に現れることが多い。

❶太秦《うづまさ》殿に**侍り**ける女房の名ども、一人は、ひささち、一人は、ことつち、一人は、はふはら、一人は、おとうしと付けられけり。〈徒然・一二四〉

訳 太秦殿に**お仕えし**た女房の名前は、一人は、ひささち、一人は、ことつち、一人は、はうはら、一人は、おとうしとお付けになっていた。

❶いづれの御時《おほむとき》にか、女御《にょうご》・更衣《かうい》あまた**さぶらひ**給《たま》ひける中に、〈源氏・桐壺〉

訳 どの帝《みかど》の御代《みよ》であったのだろうか、女御や更衣が大勢**お仕えし**ていらっしゃった中で、

❷かかる老《おい》法師の身には、たとひうれへ**侍り**とも、何《なに》の悔いか**侍ら**む。〈源氏・薄雲〉

訳 このような老法師の我が身には、たとえ災難が**ありまし**ても、なんの後悔が**ございましょ**うか。

❷いかなる所にか、この木は**さぶらひ**けむ。〈竹取・蓬萊の玉の枝〉

訳 どんな所に、この木は**ございまし**たでしょうか。

❸からい目を見**さぶらひ**て。誰《たれ》にかはうれへ申し**侍ら**む。〈枕・僧都の御乳母のままなど〉

訳 ひどい目にあい**まし**て。どなたに訴え申し上げ**ましょ**うか。

❸三位《さんみ》殿に申すべきことあって、忠度《ただのり》が帰り参って**候《さうら》ふ**。〈平家・七・忠度都落〉

訳 三位殿に申し上げたいことがあって、忠度が帰って参上して**おります**。

敬語25

おもな敬語動詞一覧

★…補助動詞用法のある語　※…例外的な用法

◎尊敬語

敬語動詞	敬意のない表現	訳語の例
159 遊ばす	す	なさる
161 おはす★ おはします★ 類 います★・ます★ 類 いますがり★・ましますす★	あり 行く・来《く》	いらっしゃる
151 思《おぼ》す 思しめす 類 思《おも》ほす	思ふ	お思いになる
157 大殿籠《おほとのご》もる	寝《ぬ》・寝《い》ぬ	お休みになる・お眠りになる
155 聞こしめす	聞く	お聞きになる
	食ふ・飲む	召し上がる・お飲みになる
154 御覧ず	見る	ご覧になる
156 しろしめす	知る	お知りになる
	知る	お治めになる

◎謙譲語

敬語動詞	敬意のない表現	訳語の例
169 うけたまはる	受く・聞く	お受けする・お聞きする
172 奉る★ 166 参る 173 参らす★	与ふ	差し上げる
170 たまはる	受く・もらふ	いただく・頂戴する
171 つかうまつる つかまつる	仕《つか》ふ	お仕えする
	す	お○○申し上げる
175 侍《はべ》り 候《さぶら》ふ・候《さうら》ふ	仕ふ（あり）	お仕えする
163 申す★ 164 聞こゆ★ 聞こえさす★	言ふ	申し上げる
165 奏《そう》す	言ふ	（天皇に）申し上げる
165 啓《けい》す	言ふ	（皇后・皇太子に）申し上げる

敬語動詞	敬意のない表現	訳語の例
162 給《たま》ふ（四段）★ たまはす 類 たぶ★・たうぶ★	与ふ	お与えになる・くださる
172 奉る※	食ふ・飲む	召し上がる・お飲みになる
	着る	お召しになる
	乗る	お乗りになる
160 遣はす	遣《や》る	おやりになる
153 のたまふ のたまはす 152 仰《おほ》す	言ふ	おっしゃる
166 参る※	食ふ・飲む	召し上がる・お飲みになる
158 召す	呼ぶ	お呼びになる
	食ふ・飲む	召し上がる・お飲みになる

尊敬の補助動詞	訳語の例
162 給《たま》ふ（四段）・類 たぶ・たうぶ 161 おはす・おはします 類 います・ます 類 いますがり・まします	お～になる・～なさる（・～いらっしゃる）

敬語動詞	敬意のない表現	訳語の例
168 まかる まかづ	出《い》づ・行く	退出する
166 参る 167 まうづ	行く・来《く》	参上する・参詣する

謙譲の補助動詞	訳語の例
172 奉る・173 参らす 163 申す・164 聞こゆ・聞こえさす	（お）～申し上げる・お～する
174 給《たま》ふ（下二段）※	～ております

◎丁寧語

敬語動詞	敬意のない表現	訳語の例
175 侍《はべ》り★ 候《さぶら》ふ★・候《さうら》ふ★	あり	あります・おります・ございます

丁寧の補助動詞	訳語の例
175 侍《はべ》り・候《さぶら》ふ・候《さうら》ふ	～ございます・～ます・～です

Cランク100語

□□□ 176

もてなす

動 サ行四段

❶ **扱う・処置する・世話をする**

❷ **振る舞う・ある態度をとる**

関 247 **あるじ** 名

関 **あるじまうけ** 名 もてなし

コア 行う

「もて」にはあまり意味がない。中心は「成《な》す」で、**何かを行う**ことをいう。他者に対する行為なら、**扱う**意❶、自分の行為なら、**振る舞う**意❷となる。（好意をもって扱うことから、世話する意ともなり、現代語の「もてなす（＝客を歓待する）」につながる。）

❶ **この人、女御《にょうご》、后《きさき》とも<u>もてなさ</u>れ、国母《こくも》仙院《せんゐん》ともあふがれなんず。**〈平家・六・葵前〉

訳 この人は、女御、后としても<u>扱わ</u>れ、国母（＝天皇の母）女院とも敬われるに違いない。

❷ **数《ず》珠《ず》ひき隠して、御さまよく<u>もてなし</u>給《たま》へる、尽きせずなまめかしき御ありさまにて、**〈源氏・薄雲〉

訳 （光源氏が）数珠《じゅず》を隠して、お美しく<u>振る舞っ</u>ていらっしゃるのが、限りなく優美なご様子で、

□□□ 177

まうく［設く］

モウ

動 カ行下二段

❶ **準備する・用意する**

❷ **手に入れる・持つ**

コア 準備する・手に入れる

前**もって準備する**こと❶をいう。その結果、手に入れるので、**持つ**意❷もいう。「妻《め》まうく」は妻を持つ、「病《やまひ》まうく」は病気になる意で用いる。（現代語では、利益を得る意でも用いる。）

❶ **四《し》の君《きみ》もまた御婿《むこ》取りし給《たま》はむと<u>まうけ</u>給ふめり。**〈落窪・一〉

訳 四の君もまたお婿様をお迎えになろうと<u>準備し</u>ていらっしゃるようだ。

類 **いそぐ** 動 ①急いでする ②準備する
関 **まうけ** 名 準備
関 **心まうけ** 名 心の準備・心づもり

❷ 神仏《かみほとけ》に祈りて、今の御腹にぞ男君《をとこぎみ》一人《ひとり》**まうけ**給へる。〈源氏・紅梅〉
訳 (按察《あぜち》大納言は)神仏に祈って、今の(正妻の)御腹に男の子を一人お**持ち**になっている。

□□□ 178

したたむ

動 マ行下二段

❶ 処理する・整理する・準備する

コア しっかり処理する

「したたかなり(=しっかりしている)」と同語源。**しっかり処理する**ことをいう。**あらかじめ処理する場合**は「**準備する**」とも訳す。(食べる意や、手紙を書く意も、のちに現れる。)

❶ まかり下《くだ》るべきほどいと近し。**したたむ**べきことどものいと多かるを、〈落窪・四〉
訳 (大宰府《だざいふ》へ)下らなければならない時がとても近い。**準備し**なければならないことがとても多いのに、

□□□ 179

もよほ《オ》す ［催す］

動 サ行四段

1 催促する・うながす・せき立てる

コア 催促する

他者にもっている力を発揮させることをいう。「**催促する**」などと訳す。（現代語では、行事などを行う意やある感情を引き起こす意。）

1 夜を通して、昔物語も聞こえ明かさむとせしを、鶏《にはとり》の声に**もよほさ**れてなむ。〈枕・頭弁の、職に参り給ひて〉

訳 夜通し、昔話も申し上げて夜を明かそうとしたが、鶏の声に**せき立て**られて（帰りました）。

□□□ 180

あきらむ ［明らむ］

動 マ行下二段

1 明らかにする・明白にする

2 明るくする・晴れやかにする

コア 明らかにする・明るくする

物事の事情や心の中を**明らかにする**こと1をいう。**心を明るくする**こと2もいう。（迷いを断ち切ることから、「断念する」意の現代語の「諦める」につながった。）

1 ここもとの浅きことは、何事なりとも**あきらめ**申さん。〈徒然・一三五〉

訳 このへんの身近なことは、どんなことでも**明らかにし**申し上げよう。

2 嘆かしき心の内も**あきらむ**ばかり、かつは慰め、〈源氏・早蕨〉

訳 （匂宮《におうのみや》は薫《かおる》の）悲嘆に暮れる心の中も**明るくする**くらいに、一方では慰め、

181

つつむ

［包む・慎む］

動 マ行四段

1 包み隠す・包む

2 遠慮する・気兼ねする

コア **包み隠す**

物事を覆って、**あらわにならないように隠しておく**こと**1**をいう。自分の本心を隠すことは「遠慮する」**2**と訳す。形容詞形「つつまし」は、遠慮される様子、気恥ずかしい様子をいう。

1 実《まこと》の親の御あたりならましかば、おろかには見放ち給《たま》ふとも、かくざまの憂《う》きことはあらましやとかなしきに、**つつむ**とすれどこぼれ出《い》でつつ、〈源氏・胡蝶〉

訳 実の親のおそばにいたら、いいかげんに見放しなさっても、こんなつらいことはあるまいと悲しいので、**包み隠そう**としても(涙が)こぼれ出続けて、

2 人目も今は**つつみ**給はず泣き給ふ。〈竹取・かぐや姫の昇天〉

訳 人目も今は**遠慮し**なさらずにお泣きになる。

182

あくがる

［憧る］

動 ラ行下二段

1 (心が)体からさまよい出る・うわの空になる

2 (居場所から)さまよい出る・(居場所を)離れる

コア **さまよい出る**

「かる」は「離《か》る」で、**心1や体2がもとの場所を離れてさまよう**ことをいう。(対象に心がひかれてさまようことから、現代語の「あこがれる」につながる。)

1 物思ふ人の魂はげに**あくがるる**ものになむありける。〈源氏・葵〉

訳 悩んでいる人の魂は本当に**体からさまよい出る**ものであったなあ。

2 人の言《こと》にうちなびき、この山里を**あくがれ**給《たま》ふな。〈源氏・椎本〉

訳 男の言葉に従って、この山里をお**離れ**になってはならない。

□□□ 183

あきる

［呆る］ 動 ラ行下二段

1 呆然《ぼうぜん》とする・あっけにとられる

コア 呆然とする

意外なことに出会って、驚き、途方に暮れることをいう。現代語の「あきれる」にある非難や軽蔑の気持ちは含まない。入試 現代語と違いを明確にするため、「あきれる」と訳してはならない。

1 立てたる物ども、みしみしと取り払ふに、心地は**あきれ**て、あれか人かにてあれば、〈蜻蛉・中〉

訳 立ててある物（＝屏風《びょうぶ》や几帳《きちょう》）などを、みしみしと取り払うので、気持ちは**呆然として**、我を忘れていると、

□□□ 184

ほる

［惚る］ 動 ラ行下二段

1 ぼんやりする・放心する

関 **ほればれし** 形 ぼんやりしている

コア ぼんやりする

ぼんやりして、判断力を失うことをいう。年をとって、ぼけることもいう。（判断力を失うくらい人や物に思いをかけることから、現代語の「ほれる」につながる。現代語の「ほればれする」は心を奪われてうっとりすること。）

1 黒雲一《ひと》むら立ち来たって、助長《すけなが》が上に覆ふとこそ見えけれ、にはかに身すくみ心**ほれ**て落馬してんげり。〈平家・六・嗄声〉

訳 黒雲が一かたまり立って来て、助長の上に覆いかぶさると見えたが、急に体がすくんで心が**ぼんやりし**て落馬してしまった。

ふ ［経］

動 ハ行下二段

❶（時が）経《た》つ・経過する

❷通り過ぎる・通過する

関 連㊲ 世に経《ふ》…この世に生き長らえる

コア 過ぎていく

順番に段階を追っていくことで、時間なら、**経過する❶**、場所なら、**通過する❷**意を表す。入試 終止形を問う設問がある。「へる」や「ふる」でないことに注意する。終止形が一音節の下二段活用動詞は「得《う》」「寝《ぬ》」「経《ふ》」の三語。

❶**年月経《へ》ても、つゆ忘るるにはあらねど、**〈徒然・三〇〉

訳 （人が亡くなって）年月が**経っ**ても、少しも忘れるわけではないのだが、

❷**海の上、昨日のごとくに、風波《かぜなみ》見えず。黒崎の松原を経て行《ゆ》く。**〈土佐〉

訳 海の上は、昨日のように、風や波は見えない。黒崎の松原を**通過し**て行く。

う ［得］

動 ア行下二段

❶手に入れる・自分のものにする

関 **心得《こころう》** 動 理解する・熟達する

関 **所得《ところう》** 動 得意になる・よい地位を得る

コア 手に入れる

現代語の「得る」につながる語で、**さまざまな物事を手に入れ、自分のものにする**ことをいう。入試 ア行下二段活用の語はこれだけである。（心（＝意味・事情）を手に入れる「関心得」、所（＝自分の居場所）を手に入れる「関所得」という複合動詞もある。）

❶**女のえ得《う》まじかりけるを、年を経《へ》てよばひわたりけるを、**〈伊勢・六〉

訳 女で**手に入れる**ことができそうもなかった者を、何年もの間求婚し続けたが、

おとづ《ズ》る ［訪る］

動 ラ行下二段

❶ **音や声を立てる**
❷ **訪問する・手紙をやる**

類 **おとなふ** 動 ①音や声を立てる ②訪問する・手紙をやる
関 **音**《おと》 名 音・音沙汰・うわさ
関 連② **音に聞く**…うわさに聞く

コア 音を立てる

「音連《おとづ》る」がもとで、**音や声を立てる**こと❶をいう。音を立てて訪問を知らせることから、**訪問する**意❷、また実際に訪問しないで**手紙をやって安否を尋ねる**こともいった。入試 現代語の「おとずれる」は訪問する意だが、古語では訪問と手紙を区別しない。名詞「関音」も「音沙汰」などと訳し、訪問も手紙もいう。

❶ 頃は卯月《うづき》十日あまりのことなれば、雲井に郭公《くわくこう》二声《ふたこゑ》三声《みこゑ》**おとづれ**てぞ通りける。〈平家・四・鵺〉
訳 時は陰暦四月十日過ぎのことなので、空にほととぎすが二声三声**声を立て**て通った。

❷ 年頃**おとづれ**ざりける人の、桜の盛りに見に来たりければ、〈伊勢・一七〉
訳 長年**訪問し**なかった人が、桜の花盛りに見に来たので、

ためら《（ロ）》ふ《ウ》

動 ハ行四段

❶ **気持ちをしずめる・感情を抑える**
❷ **病状を落ち着かせる・静養する**

コア 高ぶりをしずめる

高ぶって苦しい気持ちをしずめること❶をいう。**病気で苦しい気分をしずめる**こと❷もいう。（気持ちをしずめることは、ただちに次の行動に移らないことで、現代語の「ためらう」につながる。）

❶ げにと思《おぼ》さるるに、心乱れて、久しうえ**ためらひ**給《たま》はず。〈源氏・柏木〉
訳 （致仕《ちじ》の大臣は）本当にとお思いになると、心が乱れて、長いこと**気持ちをしずめる**ことがおできにならない。

❷ 「風邪おこりて、**ためらひ**侍《はべ》るほどにて」とあれば、〈源氏・真木柱〉
訳 「風邪をひいて、**静養し**ておりますところで」と（お返事が）あるので、

□□□ 189

みいだす ［見出だす］ 動 サ行四段

1 中から外を見る・見やる

対 **見入《い》る** 動 外から中を見る

関 **見出《い》づ** 動 発見する

コア 視線を外に出す

視線を出す意で、**中から外を見る**ことをいう。発見する意はのちに現れる。「対見入る」は、視線を入れる意で、外から中を見ることをいう。（「言ひ出《い》だす」は「中から外に言う」、「言ひ入る」は「外から中に言う」意。「見出だす」「対見入る」と同じように考えればよい。）

1 男、はた寝られざりければ、外《と》のかたを見出だしてふせるに、 〈伊勢・六九〉

訳 男も、また眠れなかったので、外の方を**見やっ**て横になっていると、

□□□ 190

なら（ロ）ふ（ウ） ［慣らふ・習ふ］ 動 ハ行四段

1 慣れる・慣れ親しむ

2 習う・学ぶ

コア 慣れる

「慣《な》る」に、反復・継続を表す「ふ」が付いた語で、**くり返しやって、慣れる**こと1をいう。人が対象なら「慣れ親しむ」と訳す。物事をくり返しやって、**習得する**意2も表す。（現代語では2の意。）

1 男《をのこ》も**ならは**ぬは、いとも心細し。まして女は、船底《ふなぞこ》に頭《かしら》をつきあてて、音《ね》をのみぞ泣く。〈土佐〉

訳 男も（船旅に）**慣れ**ない者は、とても心細い。まして女は、船底に頭をつけて、声を上げて泣いてばかりいる。

2 法《は》華《け》経《きやう》五の巻をとく**ならへ**。〈更級・家居の記〉

訳 法華経の五の巻を早く**習え**。

□□□ 191

うちとく ［打ち解く］

動 カ行下二段

1 溶ける
2 くつろぐ・慣れ親しむ
3 油断する

類 **解《と》く** 動 ①ほどける ②くつろぐ

コア 固いものがとける

固いものがほぐれてとけることをいう。雪や氷なら、「**溶ける**」**1**、人の態度なら「**くつろぐ・慣れ親しむ**」**2**、くつろぐべきでない場面なら「**油断する**」**3**と訳す。（現代語では多く「（人）とうちとける」の形で使う。）

1 昔ながらの雪も消え、谷々の氷**うちとけ**て、水は折節まさりたり。〈平家・九・宇治川先陣〉

訳 昔のままの長等山《ながらやま》の雪も消え、谷々の氷が**溶け**て、（川の）水はちょうど増えている。

2 姫宮、夜はあなたに渡らせ給《たま》ひければ、人々月見るとて、この渡殿《わたどの》に**うちとけ**て物語するほどなりけり。〈源氏・蜻蛉〉

訳 姫宮は、夜はあちらにおいでになったので、女房たちは月を見るといって、この渡殿に**くつろい**でおしゃべりしている時であった。

3 さきも追はせ給はず、「誰《たれ》とか知らむ」と**うちとけ**給ひて、〈源氏・夕顔〉

訳 先払いもさせなさらず、「（私が）誰だかわかるまい」と**油断し**なさって、

□□□ 192

かたら《（ロ）》ふ《ウ》 ［語らふ］

動 ハ行四段

1 親しく語り合う・親しく交際する

コア 親しく語り合う

「語る」に反復・継続を表す「ふ」が付いた語で、語り続ける意がもと。そこから、**親しく語り合う1**、男女なら、**親密になる2**、くり返し語って、**説得する3**の意も表す。

1 いにしへ、いみじう**語らひ**、夜昼《よるひる》歌など詠み交はしし人の、〈更級・物詣での記〉

訳 昔、とても**親しく交際し**、朝晩歌などを詠み交わした人で、

2 （男女が）親密になる・**契りを結ぶ**

3 **説得する・味方に引き入れる**

2 その頃は夜離《よが》れなく**語らひ**給《たま》ふ。〈源氏・明石〉

訳 （光源氏は）その当時は夜の通いが途絶えることなく（明石《あかし》の君《きみ》と）**契りを結び**なさる。

3 興福《こうぶく》・園城《をんじやう》両寺は鬱憤《うつぷん》をふくめる折節なれば、**語らふ**ともよもなびかじ。〈平家・七・平家山門連署〉

訳 興福寺《こうふくじ》・園城寺《おんじょうじ》は鬱憤をためている時なので、**説得して**もまさか従うまい。

□□□ 193

くどく 〔口説く〕 動 カ行四段

1 **くどくどくり返して言う・ぐちをこぼす・神仏に祈願する**

類 **かこつ** 動 ①かこつける ②ぐちをこぼす

関 337 **かごと** 名

コア くどくど言う

「くどくど」「くどい」と同語源で、**くどくどくり返して言う**ことをいう。神仏につらさや願いをくり返し訴える場面では「**祈願する**」と訳す。（のちに、男女間などで自分の思いを受け入れるように言う意になった。）

1 「ただ理《り》を曲げて乗せ給《たま》へ。せめては九国《くこく》の地まで」と**くどかれ**けれども、〈平家・三・足摺〉

訳 （俊寛僧都《しゅんかんそうず》は）「ただ道理を曲げて乗せてください。せめて九州の地まで」と**くり返して言い**なさったけれども、

Cランク100語 動詞

□□□ 194

いとふ《ウ》 〔厭ふ〕

動 ハ行四段

1 嫌だと思う・うとましく思う

コア 嫌って避ける

類語の「嫌ふ」は「切る」がもとで関係を絶つ感じであるのに対して、「いとふ」は**嫌がって避ける**ことをいう。そこから、「世をいとふ」は、俗世を避けて出家する意を表す。↓P.304「出家」を表す慣用表現

形容詞形「いとはし」は「嫌だ」の意。

1 尋常《よのつね》ならぬさまなれども、人に**いとは**れず、よろづ許されけり。〈徒然・六〇〉

訳 (盛親僧都《じょうしんそうず》は)世間並みではない様子だが、人に**嫌だと思わ**れず、すべて許されていた。

□□□ 195

かんず 〔感ず〕

動 サ行変格

1 感動する・感心する

関 **感** 名 感動・心にしみること

コア 感動する

現代語の「感じる・感ずる」はさまざまな感覚を起こす意で広く用いるが、「感ず」は、**感動する・感心する**意を表す。

1 いみじう**感ぜ**させ給《たま》ひて、大袿《おほうちき》たまひて、〈大鏡・道長下〉

訳 (帝《みかど》は)たいそう**感心し**なさって、大袿(=ほうびの衣)をお与えになって、

□□□ 196

たく

動 カ行下二段

❶ **高くなる・盛りになる**

関 **たけ** 名 高さ・長さ

コア 高くなる

「高《たか》」を活用させた語で、**高くなる**こと、**盛りになる**ことをいう。入試「日たく(=日が高くのぼる)」「年たく(=年が高くなる・年をとる)」の形で多く使われる。

❶ 日**たくる**ほどに起き給《たま》ひて、格子《かうし》手づから上げ給ふ。〈源氏・夕顔〉

訳 日が**高くなる**頃に(光源氏は)お起きになって、格子を自分の手でお上げになる。

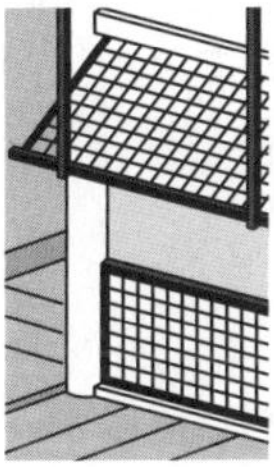

□□□ 197

くらす【暮らす】

動 サ行四段

❶ **日暮れまで過ごす**

❷ 〔動詞に付いて〕**一日中〜する**

対 **明かす** 動 夜を明かす

関 **日暮《ひぐ》らし** 副 一日中

関 **暗《くら》す** 動 心や空を暗くする

コア 日暮れまで過ごす

日が暮れるまでの時間を過ごすこと❶、**一日中何かをし続ける**こと❷をいう。日が暮れる意の「暮《く》る」に対して、日を暮れさせる意がもと。入試 現代語に通じる「歳月を過ごす」意は中心ではないので、時間の長さを勘違いしないようにする。

❶ その日は**暮らし**て、またの朝《あした》に大宮に参り給《たま》ふ。〈源氏・蜻蛉〉

訳 (薫《かおる》の大将は)その日は**日暮れまで過ごし**て、翌朝に大宮のもとに参上なさる。

❷ 人目も絶えて、心やすく語らひ**暮らし**給ふ。〈源氏・浮舟〉

訳 人目もなくて、(匂《におうのみや》宮は浮舟《うきふね》と)気づかいなく**一日中**親しく言い交わしなさる。

おる

［下る・降る］ 動 ラ行上二段

❶（高所や乗り物から）**おりる**

❷**貴人の前から退く・退出する**

❸**位をおりる・退位する**

対 **のぼる** 動 ①高い所へ行く ②貴人のもとに行く ③位が高くなる ④地方から都へ行く

コア 下におりる

現代語の「おりる」と同じで、**高い所から低い所へ行く**こと❶をいう。そこから比喩的に、**貴人の前から離れる**意❷や、天皇などが**位からおりる**意❸も表す。

❶かばかりになりては、飛び**おるる**とも**おり**なん。〈徒然・一〇九〉

訳 このくらい（の高さ）になったからには、（木から）飛び**下り**ても**下り**られるだろう。

❷曙《あけぼの》にしも曹司《ざうし》に**おるる**女房なるべし。〈源氏・幻〉

訳 夜明け頃に自分の部屋に**退出する**女房であるのだろう。

❸かかるほどに、にはかに帝《みかど》御心地なやみ重くて、**おり**給《たま》ひて、春宮《とうぐう》位につかせ給ひぬ。〈落窪・三〉

訳 こうしているうちに、急に帝がご病気が重くなって、**退位し**なさって、春宮（＝皇太子）が位におつきになった。

さる

［避る］ 動 ラ行四段

❶**避ける・辞退する・断る**

関 **さりがたし** 形 避けにくい

コア 避ける

「去る」には「去る・離れる」意の他に「遠ざける・離す」意がある。ここから、**望ましくないことを避ける、拒む**意が生じた。これが「避る」。入試「去る」意と区別する。

❶「その事待たん、ほどあらじ。もの騒がしからぬやうに」など思はんには、え**さら**ぬ事のみいとど重なりて、事の尽くる限りもなく、〈徒然・五九〉

関 連40 避《さ》らぬ別れ…死別
関 **去る** 動 ①離れる ②離す ③離縁する

訳「その事を待つのに、時間はかかるまい。慌ただしくないように」などと思ったら、**避ける**ことができない事ばかりがますます重なって、事が終わる果てもなく、

すさぶ

動 バ行四段／バ行上二段

1 **気の向くままにする・興じる**
2 〔動詞に付いて〕**気の向くままに～する**

関 **すさび** 名 気まぐれ・遊び半分ですること
関 **手すさび** 名 手慰み

コア 心に任せる

勢いや気持ちに任せてすること**1**をいう。動詞に付いて使われることが多い**2**。（現代語の「嵐が吹きすさぶ」「好きな曲を口ずさむ」などの言い方につながっている。）

1 絵は、なほ筆のついでに**すさび**させ給《たま》ふあだ事とこそ思ひ給へしか、〈源氏・絵合〉
訳 絵は、やはり筆のついでに**気の向くままにし**なさるたわむれだと思っていましたが、

2 大将は、なよよかなる御直衣《なほし》に、唱歌《しやうが》しのびやかに笛吹き**すさび**つつ、待ちきこえ給へるなりけり。〈とりかへばや・四〉
訳 大将は、柔らかな御直衣《のうし》で、曲の旋律を静かに（歌い）笛を**気の向くままに**吹いては、お待ち申し上げなさるのであった。

□□□ 201

あらまほし

形 シク

❶ 理想的だ・好ましい

関 あらまほし（連語）…あることが望ましい（ありたい・あってほしい）

コア **理想的だ**

動詞「あり」に希望の助動詞「まほし」が付いて、そのようにありたい意から、**理想的だ**の意の形容詞になった。（「あり」に「ある・いる」という存在の意味があり、その対象がはっきりしている時は、連語として「あることが望ましい」と訳す。）

❶ うるはしき御法服《ほふぶく》ならず、墨染めの御姿**あらまほしう**清らなるも、うらやましく見奉り給《たま》ふ。〈源氏・柏木〉

訳（朱雀院《すざく》が）きちんとした御法服でなく、（普通の僧のような）墨染めの（衣を着た）お姿が**理想的で**とても美しいのも、（光源氏は）うらやましく拝見なさる。

▽「あらまほしう」は「あらまほしく」の音便形。

□□□ 202

なまめかし

形 シク

❶ 若々しく美しい・みずみずしく美しい

コア **若々しく、優雅だ**

「なま」は「生」で、**若々しく、みずみずしい感じ**❶をいう。そこから、一般的に、**しっとりして優雅だ**の意❷も表す。（現代語の「なまめかしい」に通じる「色っぽい」の意もあるが、中心的な用法ではない。）

❶ 重き位と見え給《たま》はず、若う**なまめかしき**御さまなり。〈源氏・若菜上〉

訳（光源氏は准太上《だじょう》天皇という）貴い位とお見えにならず、若く**みずみずしく美しい**ご様子である。

❷ しっとりして優雅だ・上品だ

❷ 御かたち異《こと》にても、**なまめかしう**なつかしきさまに、うちしのびやつれ給ひて、うるはしき御法服《ほふぶく》ならず、〈源氏・柏木〉

訳 (朱雀《すざく》院は)お姿は(僧形《そうぎょう》で)異なっていても、**しっとりして優雅で**親しみ深い様子に、人目を忍んで地味になさって、きちんとした御法服でなく、

▽「なまめかしう」は「なまめかしく」の音便形。

□□□ 203

はしたなし

形 ク

❶ 中途半端だ・きまりが悪い・みっともない

❷ 無愛想だ・つれない

❸ 激しい

コア 中途半端だ

「端《はした》」は中途半端の意、「なし」は形容詞を作る要素で「無し」の意味ではない。**中途半端だ**の意❶がもと。中途半端は、心情的には、**きまりが悪い**意になる。さらには、相手をきまり悪くさせるほど、**無愛想だ**の意❷、一般的に**激しい**の意❸へと広がった。(現代語の「はしたない」は行儀が悪い意。)

❶ **はしたなき**もの。異人《ことひと》を呼ぶに、我《わ》がぞとさし出《い》でたる。〈枕・はしたなきもの〉

訳 **きまりが悪い**もの。他の人を呼んでいるのに、自分だと出て行った(時)。

❷ 命婦《みやうぶ》も、宮の思ほしたるさまなどを見奉るに、え**はしたなう**もさし放ちきこえず。〈源氏・紅葉賀〉

訳 命婦も、宮(=藤壺《ふじつぼ》)が思い悩んでいらっしゃるさまなどを拝見するので、(光源氏を)**つれなく**も突き放し申し上げることはできない。

▽「はしたなう」は「はしたなく」の音便形。

❸ 雨風**はしたなく**て、帰るに及ばで、〈宇治・三〉

訳 雨風が**激しく**て、帰ることができなくて、

□□□ 204

うとし

［疎し］ 形 ク

❶疎遠だ・親しくない・よそよそしい

❷知識が乏しい・不案内だ

対 322 むつまし 形

対 したし 形 親しい

関 うとまし 形 嫌な感じだ・不気味だ

関 うとむ 動 嫌う

コア **関係が薄い**

関係が薄く、親しみがないさまをいう。人との関わりなら「**疎遠だ**」❶、物事についてなら「**知識が乏しい**」❷と訳す。

❶**うとき**人にしあらざりければ、家刀自《いへとうじ》さかづきさささせて、〈伊勢・四四〉

訳 **疎遠な**人ではなかったので、主婦が(侍女に)杯をすすめさせて、

❷後《のち》の世のこと、心に忘れず、仏の道**うとから**ぬ、心にくし。〈徒然・四〉

訳 来世のことを、心に忘れず、仏の道に**知識が乏しく**ないのは、奥ゆかしい。

□□□ 205

なさけなし

［情け無し］ 形 ク

❶思いやりがない・薄情だ

❷風流心がない・風情《ふぜい》がない

コア 「**情け**」**がない**

情けがない、人間的な感情がないさまをいう。**他者を思う気持ちがない**意❶や、**風流を理解する気持ちがない**意❷を表す。（現代語の「なさけない」は「あきれるほどだ・嘆かわしい」の意。）

❶やむごとなき人のせちにのたまふを、聞き過ぐしてやみなば、**情けなき**やうにもあり、〈うつほ・忠こそ〉

類 **心なし** 形 ①思いやりがない ②思慮分別がない ③風流心がない

対 **情けあり**…①思いやりがある ②風流心がある

対 連㉕ **心あり**…①思いやりがある ②思慮分別がある ③風流心がある

訳 高貴な人がひたすらおっしゃることを、聞き過ごして終わったら、**思いやりがない**ようでもあり、

2 白き単衣《ひとへ》の、いと**情けなく**あざやぎたるに、袴《はかま》も檜皮《ひはだ》色にならひたるにや、光も見えず黒きを着せ奉りたれば、〈源氏・手習〉

訳 (入水したが助けられた浮舟《うきふね》は)白い単衣で、ひどく**風情がなく**さっぱりしたものに、袴も檜皮《ひわだ》色に慣れているのだろうか、つやもなく黒いものをお着せしているので、

けし [怪し・異し] 形 シク

1 **異様だ・変だ・あやしい**

関 連㉑ **けしうはあらず**…悪くはない・かなりよい

関 連㉒ **けしからず**…異様だ・不都合だ

コア 異様だ

「もののけ(=生《い》き霊《りょう》や死霊《しりょう》)」の「け」、「けなり(=普通と違う)」と同語源で、**不思議で、異様なさま**をいう語で、打消表現を伴って用いるのが一般的。入試「関けしうはあらず」は「悪くはない」で、かなりよいことをいう。「関けしからず」は「けし」どころではないという強調表現で、「異様だ」の意。現代語の「けしからん」のもと。

1 昔、若き男、**けしうはあらぬ**女を思ひけり。〈伊勢・四〇〉

訳 昔、若い男が、**悪くはない**女を愛した。

▽「けしうはあらず」の例。

1 木霊《こたま》など、**けしからぬ**ものども、所を得て、やうやうかたちをあらはし、〈源氏・蓬生〉

訳 樹木の精霊など、**異様な**ものたちが、得意になって、だんだん姿を現し、

▽「けしからず」の例。

□□□ 207

たいだいし

形 シク

1 不都合だ・とんでもない・けしからん

コア 不都合だ

行為や状態などが、**あってはならない、不都合なさまであることを非難し、嘆いて**いう。

1 汝《なんぢ》が持ちて侍《はべ》るかぐや姫奉れ。顔かたちよしと聞こしめして、御使《おほんつか》ひ賜《た》びしかど、かひなく見えずなりにけり。かく**たいだいしく**やはならはすべき。〈竹取・かぐや姫の昇天〉

訳 おまえが持っておりますかぐや姫を差し上げよ。顔立ちが美しいとお聞きになって、ご使者をおやりになったが、かいもなく姿が見えなくなってしまったなあ。このように**不都合な**ふうに慣れさせてよかろうか。

□□□ 208

おほけなし

おほ《オ》けなし

形 ク

コア 身の程知らずだ

「おほけ」は「大気」、「なし」は形容詞を作る要素(「無し」ではない)で、**態度などが身分や地位にふさわしくなく、出すぎている様子**をいう。入試「大胆だ」とも訳されるが、身の程をわきまえず大胆の意である。

❶ **身の程知らずだ・分不相応だ・大胆不敵だ**

❶なほいと我が心ながらも**おほけなく**、いかで立ち出《い》でしにかと汗あえていみじきには、〈枕・宮にはじめて参りたる頃〉

訳 やはりひどく自分の気持ちではあるが**身の程知らずで**、どうして宮仕えに出てしまったのかと汗がにじみ出てつらいので、

あいなし

形ク

❶ **気にくわない・つまらない**

❷〔「あいなく」の形で〕**むやみに・わけもなく**

コア 気にくわない

「愛無し」「合無し」などがもとかとされ、**筋違いで気にくわない感じ**や、**おもしろみを感じないさま**❶をいう。連用形「あいなく」は、筋違いに度を越すことから、**むやみに**の意❷となった。入試「あいなく」はウ音便形「あいなう」でもよく使われる。

❶世に語り伝ふる事、まことは**あいなき**にや、多くはみなそらごとなり。〈徒然・七三〉

訳 世の中に語り伝えている事は、本当の事は**つまらない**のであろうか、多くはみんな嘘《うそ》である。

❷「いかばかりの道にてか、かかる御ありさまを見捨てては、別れきこえむ」と**あいなく**涙ぐみあへり。〈源氏・賢木〉

訳（六条御息所《ろくじょうのみやすんどころ》の女房たちは）「どれほどの道だというので、このような（源氏様のすばらしい）ご様子を見捨てては、お別れ申し上げるのだろうか」と**むやみに**涙ぐみ合っている。

□□□ 210

つたなし［拙し］ 形ク

❶ 劣っている・愚かだ・下手だ
❷ 不運だ・運が悪い

コア **劣っている**

物事が劣っている様子をいう。知恵や能力❶、運❷などについて用いる。（現代語の「つたない」は、技能が劣っている意。）

❶ 手など**つたなから**ず走り書き、〈徒然・一〉

訳 筆跡などが**下手で**なくすらすらと書き、

❷ 「かかる君につかうまつらで、宿世《すくせ》**つたなく**かなしきこと、この男にほだされて」とてなむ泣きける。〈伊勢・六五〉

訳 「このような（すばらしい）帝《みかど》にお仕えしないで、前世からの因縁が**不運で**悲しいことだ、この男の情にひかれて」と言って泣いた。

□□□ 211

いまいまし 形シク

❶ 縁起が悪い・不吉だ・忌まわしい

類 **まがまがし** 形 縁起が悪い

関 21 **いみじ** 形

関 **忌《い》む** 動 不吉だとして嫌い避ける

コア **縁起が悪い**

不吉なことを嫌う意の動詞「忌む」が重なって形容詞になった語。**不吉だ、不吉だから慎むべきだ**の意。宗教的な習俗に関して用いられたが、そうした感覚が薄れていって、現代語の「いまいましい（＝腹立たしい）」につながった。

❶ 涙こぼれぬべきも**いまいましう**思《おぼ》し返さるべかめれど、〈狭衣〉

訳 （祝いの時に）涙がこぼれそうなのも**縁起が悪い**と思い直しなさるようだが、

▽「いまいましう」は「いまいましく」の音便形。

212 すさまじ［凄じ］形シク

❶興ざめだ・つまらない・おもしろくない

コア 興ざめだ

「気の向くままにする」意の動詞「すさむ」が形容詞になったもの。**勢いに任せた不調和な状態からくる、がっかりする感じ**をいう。（現代語の「すさまじい」は程度がはなはだしいの意。）

❶**すさまじき**もの。昼吠《ほ》ゆる犬。春の網代《あじろ》。三、四月の紅梅の衣《きぬ》。牛死にたる牛飼ひ。児亡《ちご》くなりたる産屋《うぶや》。〈枕・すさまじきもの〉

訳 **興ざめな**もの。（番犬なのに）昼に吠える犬。（秋冬の物なのに）春まで放置してある網代。（着るべき季節を過ぎた）三、四月の紅梅襲《がさね》の着物。牛が死んでしまった牛飼い。赤ん坊が亡くなってしまった産屋。

213 ねたし［妬し］形ク

❶腹立たしい・しゃくだ・いまいましい

関 ねたがる・ねたむ 動 憎らしく思う

コア 腹立たしい

他者がうまくいっていることや、自分が失敗したことが、**腹立たしく悔しい気持ち**をいう。動詞形は「関 ねたがる・ねたむ」。（現代語の「ねたましい」に近い意味。）

❶**ねたき**もの。人のもとにこれよりやるも、人の返り事も、書きてやりつるのち、文字一つ二つ思ひ直したる。〈枕・ねたきもの〉

訳 **腹立たしい**もの。人のもとにこちらからやる手紙でも、人の手紙の返事でも、書いて届けたのちに、文字を一つ二つ考え直した（時）。

いぶせし 形ク

❶ **気が晴れない・気がかりだ・不快だ**

類 **いぶかし** 形 気がかりだ・はっきりさせたい

コア 気が晴れない

物事がはっきりしないことからくる、不安感や不快感をいう。気分が晴れないことに重点がある。「類いぶかし」は、物事がはっきりしなくて気分が晴れず、はっきりさせたい感じをいう。

❶いかなることと**いぶせく**思ひわたりし年頃よりも、〈源氏・椎本〉

訳（女三《おんなさん》の宮《みや》と柏木《かしわぎ》の不義の子である薫《かおる》は、自分の出生は）どういうことかと**気がかりに**思い続けていた年月よりも、

おもしろし ［面白し］ 形ク

❶ **心が晴れ晴れする・興味深い・趣がある**

類 17 **をかし** 形

コア 気が晴れて、楽しい

「面白《おもしろ》し」で、**目の前が明るく開ける感じ**を広くいう。「心が晴れ晴れする・興味深い・趣がある」などと訳す。現代語でも「あの芸人はおもしろい」「漱石《そうせき》の『こころ』はおもしろい」「枝振りがおもしろい」などと幅広く使われる。

❶十日あまりなれば、月**おもしろし**。〈土佐〉

訳 十日過ぎなので、月は**趣がある**。

□□□ 216

おもだたし

［面立たし］ 形 シク

1 名誉だ・晴れがましい

対 **面《おも》なし** 形 不名誉だ

関 **面起《おもておこ》こし** 名 名誉

関 **面伏《おもてぶ》せ** 名 不名誉

コア 名誉だ

「おも」は「面《おもて》(＝顔・面目)」で、現代語でも「顔が立つ」というように、**名誉で、面目が立つさま**をいう。入試 「面」の意味から関連語の意味も類推できる。

1 内裏《うち》の内侍《ないし》のすけなどいひて、折々内裏へ参り、祭《まつり》の使ひなどに出《い》でたるも、**面立たしから**ずやはある。〈枕・生ひさきなく、まめやかに〉

訳 宮中の内侍の司の次官などといって、折々宮中に参上し、(賀茂《かも》の)祭の使者などに出ているのも、**名誉で**はなかろうか。

□□□ 217

ゆくりなし

形 ク

1 突然だ・思いがけない・不意だ

コア 突然だ

予想していないのに、突然事態が発生するさまをいう。助詞「も」を挟んだ「ゆくりもなし」も同じ意味。「ゆくり(も)なく」の形で、副詞的に使われることが多い。

1 ゆくりなく風吹きて、漕《こ》げども漕げども、後《しり》へ退《しぞ》きに退きて、〈土佐〉

訳 **不意に**風が吹いて、漕いでも漕いでも、(船は)後ろにどんどん下がって、

□□□ 218

ことごとし

［事事し］

形 シク

1 大げさだ・仰々《ぎょうぎょう》しい

類 **おどろおどろし** 形 ①大げさだ ②気味が悪い

関 **ものものし** 形 重々しい

関 219 **こちたし** 形

コア 大げさだ

「事」を重ねてできた語で、**物事が多いことから、大げさなさま**をいう。

入試 「類おどろおどろし」は、驚くほど大げさだの意で、気味が悪いこともいう。「関ものものし」は重々しく立派な感じをいう。「ことごとし」も含め、同じ言葉をくり返して強調する語。

1 ゆゆしく**ことごとしく**斧《をの》を負ひ、法螺貝《ほらがひ》腰に付け、錫杖《しやくぢやう》つきなどしたる山伏の、ことごとしげなる入り来て、〈宇治・五〉

訳 たいそう**大げさに**斧を背負い、法螺貝を腰に付け、錫杖をつきなどした山伏で、大げさな感じの者が入って来て、

□□□ 219

こちたし

形 ク

1 ひどく多い・仰々《ぎょうぎょう》しい

関 218 **ことごとし** 形

関 **おどろおどろし** 形 ①大げさだ ②気味が悪い

関 **ものものし** 形 重々しい

コア 物事が多い

「言甚《こといた》し（＝人の口が多くわずらわしい）」がもとで、「事甚《こといた》し」となった。**物事が多い**ことや仰々しいことをいう。

1 殿上人《てんじやうびと》・四位《しゐ》・五位**こちたく**うち連れ、御供にさぶらひて並《な》みゐたり。〈枕・関白殿、二月二十一日に、法興院の〉

訳 殿上人・四位・五位（の人々）が**ひどく多く**連れだって、お供にお仕えして並んで座っている。

こよなし 形ク

1〔「こよなく」の形で〕**格段に・非常に**
2 非常にすぐれている
3 非常に劣っている

類21 **いみじ** 形
類31 **わりなし** 形
類108 **ゆゆし** 形

コア 格段に違う

格段に違うことをいう。「こよなく」の形で、**あとの言葉を強める1**。強めるべき言葉がない時は、優劣どちらの意味かを考えて、「**非常にすぐれている**」2、または「**非常に劣っている**」3などと訳す。（現代語では「こよなく」で、よいことを強める時のみ用いる。）入試「類いみじ」などと同じ考え方で訳す。

1 髪のうつくしげにそがれたる末《すゑ》も、なかなか長きよりも**こよなう**今めかしきものかなと、あはれに見給《たま》ふ。〈源氏・若紫〉

訳（尼君の）髪が美しい様子に切りそろえられている端も、かえって長いよりも**格段に**今風なものだなあと、（光源氏は）しみじみご覧になる。

▽「こよなう」は「こよなく」の音便形。

2 帥《そち》はいとものものしく、ありさまもよければ、「さ言へども、やむごとなき人のし給へることは、**こよなかりけり**」と喜ぶ。〈落窪・四〉

訳（娘の結婚相手となる）帥は非常に重々しく、様子もすばらしいので、（母君は）「何と言っても、高貴な方がなさったこと（＝婚儀）は、**非常にすぐれている**なあ」と喜ぶ。

3 限りなくめでたく見えし君たち、この今見ゆるにあはすれば、**こよなく**見ゆ。〈うつほ・嵯峨の院〉

訳 限りなくすばらしく見えた姫君たちが、この今見える姫君（＝あて宮）に比べると、**非常に劣っ**て見える。

□□□ 221

すごし ［凄し］ 形ク

❶ぞっとするほど気味が悪い・さびしい
❷ぞっとするほど美しい・すぐれている

コア ぞっとする感じ

ぞっとするような強い衝撃を感じさせる様子をいう。**気味が悪い、さびしい**❶の他、**すばらしい意**❷も表す。（現代語の「すごい」は単独では程度がはなはだしい意で使い、「すごく」は「非常に」の意で使う。ぞっとするような感じは失われている。）

❶あたりさへ**すごき**に、板屋のかたはらに堂建てておこなへる尼の住まひ、いとあはれなり。〈源氏・夕顔〉

訳 （夕顔《ゆうがお》を葬る場所は）あたりの様子までが**ぞっとするほど気味が悪い**うえに、板屋根の小屋のそばに堂を建てて勤行《ごんぎょう》をしている尼の住居は、たいそうしみじみとさびしい。

❷大将、次に横笛を声の出《い》づる限り吹き給《たま》ふ。おもしろき折にあひて、あはれ**すごう**、これも世になく聞こゆ。〈うつほ・楼の上下〉

訳 大将は、次に横笛を音が出る限り（大きな音で）お吹きになる。風流な時に合って、しみじみ**すぐれていて**、これもまたとなく聞こえる。

▽「すごう」は「すごく」の音便形。

□□□ 222

あへ《エ》なし ［敢へ無し］ 形ク

コア あっけない

下二段活用動詞の「関敢ふ」は「もちこたえる・こらえる」の意で、それがない「あへなし」は**もちこたえられず、どうしようもない感じ**、**張り合いがなくあっけない感じ**をいう。入試「関敢ふ」は下二段活用で、四段活用の「合ふ・逢ふ」とは異なる。

1 あっけない・張り合いがない

関 **敢《あ》ふ** 動 ①こらえる ②~しきる

関 **~あへず**…~しきれない

1 「夜半《よなか》うち過ぐるほどになむ、絶え果て給《たま》ひぬる」とて泣き騒げば、御使《つか》ひもいと**あへなく**て帰り参りぬ。〈源氏・桐壺〉

訳 「夜中を過ぎる頃に、(桐壺更衣《きりつぼのこうい》は)お亡くなりになった」と言って泣き騒ぐので、(帝《みかど》からの)ご使者もまったく**張り合いがなく**て帰参した。

□□□ 223

いぎたなし

［寝汚し］ 形ク

1 **寝坊だ・ぐっすり寝ている**

対 **寝《い》ざとし** 形 目を覚ましやすい

関 **寝《い》** 名 眠り

関 連③**寝《い》も寝《ね》られず**…寝ることもできない

コア 寝坊だ

見苦しいほど眠りこけている様子をいう。「関寝」は「眠り」の意の名詞で、「安寝《やすい》」「熟寝《うまい》」など複合語が多い。「対寝ざとし」は「寝」に「的確ですばやい」意の「さとし」が付いて、「目を覚ましやすい」意。入試「だらしない」「見苦しい」の意ではない。

1 空寝《そらね》をしたるを、我がもとにある者、**起こしに寄り来て**、**いぎたなし**と思ひ**顔に引きゆるがしたる**、**いとにくし**。〈枕・にくきもの〉

訳 寝たふりをしているのに、自分のもとで使っている者が、起こしに寄って来て、**寝坊だ**と思っている様子で引っ張って揺さぶったのは、ひどく憎らしい。

□□□ 224

さらなり【更なり】 形動 ナリ

❶〔「言ふもさらなり」「言へばさらなり」の形で〕**いまさら言うのもおかしい・言うまでもない・もちろんだ**

❷〔単独で〕**いまさら言うのもおかしい・言うまでもない・もちろんだ**

関連⑮ **言ふもおろかなり・言へばおろかなり**…〜では言い尽くせない

コア **いまさらだ**

時期を失っているのにいまさらだの意で、「言ふも」や「言へば」を伴って「**いまさら言うまでもない**」の意❶で用いる。「言ふも」や「言へば」を省略しても同じ意味❷を表す。

❶この春より生《お》ほす御髪《みぐし》、尼のほどにて、ゆらゆらとめでたく、頰《つら》つき、まみの薫《かを》れるほどなど、**言へばさらなり**。〈源氏・薄雲〉

訳 この春から伸ばしている御髪が、尼（が背中のあたりで切りそろえるのと同じ）くらいで、ゆらゆらとすばらしく、顔つきや、目元の美しいさまなどは、**いまさら言うまでもない**。

❷夏は夜。月の頃は**さらなり**。〈枕・春はあけぼの〉

訳 夏は夜（が趣がある）。月の（明るい）頃は**いまさら言うまでもない**。

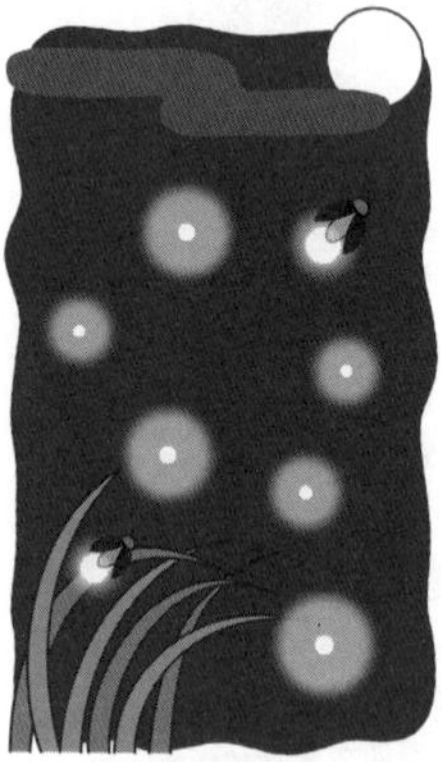

□□□ 225

ことなり【異なり・殊なり】 形動 ナリ

コア **他とは違う**

現代語の動詞「異なる」のもとだが、**異なる**意❶だけでなく、他と違って、**格別だ**の意❷も表す。入試 接頭語「異《こと》」も「ことなり」がもとで、名詞に付いて「他の〜・別の〜」の意の語を作る。「こと」という読みも問われる。

❶（他と）**違う・異なる**
❷**格別だ・特別だ**

類 **別《べち》なり** 形動 同じでない・特別だ
関 **異様《ことやう》なり** 形動 普通と違う・風変わりだ

❶唐土《もろこし》とこの国とは言《こと》**ことなる**ものなれど、月のかげは同じことなるべければ、〈土佐〉
訳 中国とこの国（＝日本）とは言葉は**違う**ものだけれども、月の光は同じことであるに違いないから、

❷**ことなる**顔かたちなき人は、ものまめやかにならひたるぞよき。〈落窪・一〉
訳 **格別な**容貌がない（＝格別美しくない）人は、真面目に（何かを）習っておくのがよい。

□□□ 226

かたほなり

形動 ナリ

❶**不完全だ・不十分だ・未熟だ**

対 **まほなり** 形動 完全だ

コア 不完全だ

「かた」は「片」で、**片方だけで不完全**なことをいう（「ほ」は稲穂のように先端にある所の意）。対義語は「対まほなり」で、完全で整っていることをいう。「ま」は「真」で真実で純粋な感じを表す。

❶**かたほなる**をだに、乳母《めのと》やうの思ふべき人はあさましうまほにみなすものを、〈源氏・夕顔〉
訳 **不完全な**子をさえ、乳母のようなかわいがるに決まっている人はあきれるくらい完全だと思い込むものだが、

□□□ 227

ねんごろなり

［懇ろなり］ 形動 ナリ

❶ 熱心だ・丁寧だ
❷ 親しい・親密だ

コア 心がこもっている

古くは「ねもころなり」で、「根」が絡みつくように、**心がこもっているさま**をいう。行動なら、**熱心だ❶**、関係なら、**親密だ❷**の意となる。（「ねむごろなり」も同じ意味。）

❶ 狩りは**ねむごろに**もせで、酒をのみ飲みつつ、やまと歌にかかれりけり。〈伊勢・八二〉

訳 狩りは**熱心に**もしないで、酒ばかり飲んでは、和歌に熱中していた。

❷ **ねんごろに**あひ語らひ侍《はべ》る尼の、わづらふよしうけたまはりし、とぶらひ侍らんとて、〈狭衣〉

訳 **親しく**付き合っております尼が、病《や》んでいると聞きましたのを、見舞いましょうと思って、

□□□ 228

こまやかなり

［細やかなり］ 形動 ナリ

❶ きめ細かい・緻密だ・綿密だ

コア きめ細かい

きめ細かく整ったさま❶をいう。感情や愛情が細かく行き届いていることは「**親密だ**」❷などと訳す。

❶ 聖教《しやうげう》の**こまやかなる**理《ことわり》、いと弁《わきま》へずもやと思ひしに、〈徒然・一四一〉

訳 仏典の**緻密な**道理を、そんなにわかっていないだろうかと思っていたが、

2 親密だ・心をこめている

類 **こまかなり** 形動 ①きめ細かい ②親密だ

2 世の常のうちつけのけさうびてなども言ひなさず、世の中のあはれなることどもなど、**こまやかに**言ひ出《い》でて、〈更級・宮仕えの記〉

訳 ありがちな露骨な恋愛めいたふうになども言わず、世の中のしみじみしたことなどを、**心をこめて**言い出して、

□□□ 229

なほ《オ》ざりなり

［等閑なり］ 形動 ナリ

1 いいかげんだ・おろそかだ

類 41 **おろかなり** 形動

類 114 **なのめなり** 形動

類 **おろそかなり** 形動 いいかげんだ

コア いいかげんだ

深く気にとめず、通り一遍な様子をいう。入試 男の愛情がいいかげんであることをいう例も多い。

1 昔よりすきずきしき御心にて、**なほざりに**通ひ給《たま》ひける所どころ、みな思《おぼ》し離れにたなり。〈源氏・蓬生〉

訳 (光源氏は)昔から色めいたお心で、**いいかげんに**通っていらっしゃった所々は、みんなお心が離れておしまいになったそうだ。

すずろなり

形動 ナリ

❶ **漫然としている・あてもない**
❷ **むやみだ**
❸ **思いがけない・つまらない**
関 **そこはかとなし**…とりとめもない

コア はっきり意識していない

現代語で「気もそぞろ(＝心が落ち着かない)」「そぞろ歩き(＝あてもなくぶらぶら歩くこと)」などの言い方があるのに通じて、はっきり意識したり考えたりしていない状態をいう、**漫然としている**の意❶がもと。その状態で物事を進めるのが、**むやみだ**❷。それは**予想外で、つまらない**❸事態にもなる。(「すずろなり」「そぞろなり」も同じ意味。)

❶ **昔、男、陸奥《みち》の国にすずろに行《ゆ》き至りにけり。**〈伊勢・一四〉
訳 昔、男が、陸奥の国(＝東北地方)に**あてもなく**行き着いた。

❷ **大方は知りたりとも、すずろに言ひ散らすは、さばかりの才《ざえ》にはあらぬにやと聞こえ、おのづからあやまりもありぬべし。**〈徒然・一六八〉
訳 おおよそは知っていても、**むやみに**言い散らすのは、それほどの才能ではないのだろうかと思われ、自然と失敗も犯すに違いない。

❸ **蔦《つた》・楓《かへで》は茂り、もの心細く、すずろなる目を見ることと思ふに、**〈伊勢・九〉
訳 蔦・楓は茂り、何となく心細く、**思いがけない**目にあうことだと思っていると、

231

おいらかなり 形動 ナリ

1 おっとりしている・**穏やかだ**

類 **おほどかなり** 形動 おっとりしている

コア おっとりしている

穏やかでおっとりしているさま、落ち着いているさまをいう。平安時代の貴族社会では、女性は穏やかで素直であることが理想とされたので、女性について、ほめて使う例が多い。

1 「ともかくも、思う給《たま》へられずなむ」と、聞こえ給ふさまの、いと、**おいらかなれ**ば、〈源氏・胡蝶〉

訳 (玉鬘《たまかずら》が)「なんとも、判断がつきませんで」と、申し上げなさる様子が、とても、**おっとりしている**ので、

232

あらは《ワ》なり 形動 ナリ

1 **丸見えだ・明白だ**

コア 覆い隠すものがない

動詞「あらはる」や「あらはす」と同語源で、**覆い隠すものがないさま**をいう。物事がむき出しで丸見えなさまや、事態が明白ではっきりしているさまなどをいう。

1 宮**あらはなれ**ば、御屏風《びやうぶ》取り出《い》でて立つれば、〈うつほ・蔵開中〉

訳 宮が**丸見えな**ので、御屏風を取り出して立てると、

あからさまなり

形動 ナリ

1 ちょっと・仮に

関 **あからめ** 名 ちょっと目を離すこと・浮気

関 **かりそめなり** 形動 一時的だ・本格的でない

コア ちょっと

離れるの意の動詞「あかる」からできた語で、ちょっと離れるさまをいったのがもとで、**時間が短い**ことをいう。「あからさまに」の形で用いることが多い。打消表現を伴う時には「仮にも・まったく(〜ない)」と訳す。(のちに「明から様」だと解釈されて「明白に・はっきりと」の意が生じ、現代語につながる。)

1 「恋しう侍《はべ》るにまかでむ」と奏すれど、暇《いとま》許させ給《たま》はぬを、しひて申して**あからさまに**まかでぬ。〈うつほ・忠こそ〉

訳 「(父が)恋しゅうございますので退出したい」と帝《みかど》に申し上げるが、休暇をお許しにならないのを、しいて申し上げて**ちょっと**退出した。

みそかなり

形動 ナリ

[密かなり]

1 こっそり・ひそかだ

類 **ひそかなり・しのびやかなり** 形動 こっそり・ひそかだ

コア こっそり

人目に付かないように、こっそり、ひそかにする様子をいう。

入試 「三十日・月の末日」の意の名詞「みそか」もある。

1 あさましくさぶらひしことは、人にも知らせさせ給《たま》はで、**みそかに**花山寺《くわさんじ》におはしまして、御出家入道せさせ給へりしこそ。〈大鏡・花山院〉

訳 (花山天皇に関して)驚きあきれましたことは、人にもお知らせにならずに、**こっそり**花山寺にいらっしゃって、ご出家入道なさったことです。

235

はつかなり

形動 ナリ

❶かすかだ・ほのかだ・わずかだ

コア かすかだ

「はつか」は「初か」で、物事の初めの部分がちらりと見える意がもと。**かすかで、少ないさま**をいう。

❶海の中に**はつかに**山見ゆ。〈竹取・蓬莱の玉の枝〉

訳 海の中に**かすかに**山が見える。

236

とみなり

［頓なり］ 形動 ナリ

❶急だ・急ぎだ・にわかだ

コア 急だ

「頓挫《とんざ》（＝急にだめになること）」「頓死《とんし》（＝急死）」などの「頓《とん》」が変化したもので、**時間的に間がなく、急であること**をいう。「とみに」は多くは打消表現を伴って「すぐには（〜ない）」の意で用いる。

❶明くるまでも試みむとしつれど、**とみなる**召使ひの、来あひたりつればなむ。〈蜻蛉・上〉

訳 夜が明けるまででも（戸を開けてくれるまで）様子をみようとしたけれど、**急な**召使いが、来合わせたのでね。

かげ ［影・陰］ 名

❶光
❷姿・面影
❸かげ・物陰

関 **月かげ** 名 月光
関 **日かげ** 名 日光

コア 光

太陽や月、灯火の光❶をいい、光が当たることで見える物の**姿❷**もいう。光が物に当たって反対側にできる**かげ❸**もいう。現代語では、「光」と「かげ」は対義語だが、もとは同じ言葉である。

❶**庭燎《にはび》も<u>かげ</u>しめりたるに、なほ「万歳《まんざい》、万歳」と榊葉《さかきば》をとり返しつつ、祝ひきこゆる御世の末、**〈源氏・若菜下〉

訳 庭火も**光**が消えかけているのに、まだ「万歳、万歳」と榊の葉を振りながら、祝福申し上げるご寿命の長さは、

❷**暁《あかつき》近き月、隈《くま》なくさし出《い》でて、ふと人の<u>かげ</u>見えければ、「またおはするは誰《た》そ」と問ふ。**〈源氏・空蟬〉

訳 明け方近い月が、曇りなく出て、ちょっと人の**姿**が見えたので、「もう一人いらっしゃるのは誰だ」と尋ねる。

❸**我が子どもの、<u>かげ</u>だに踏むべくもあらぬこそ、口惜《くちを》しけれ。**〈大鏡・道長上〉

訳 私の子供たちが、(藤原公任《ふじわらのきんとう》の)**影**さえ踏めそうにもない(くらい劣っている)のは、残念だ。

て ［手］ 名

❶手
❷取っ手・柄《え》
❸手下・部下
❹文字・筆跡・曲・奏法・手傷

関 男手《をとこで》・男文字 名 漢字
関 女手《をんなで》・女文字 名 平仮名

コア 手ですること

「手」は、「足」と対になる人体の一部❶。そこから、手のような形のもの❷、手で人を象徴する意❸、手で行うさまざまなことの意❹も表す。

入試 「文字・筆跡」の意が多く問われる。

❶子になり給《たま》ふべき人なめりとて、**手**にうち入れて家へ持ちて来《き》ぬ。〈竹取・かぐや姫の生い立ち〉

訳 我が子におなりになるはずの人であるようだと思って、**手**の中に入れて家へ持って来た。

❷南の遣《や》り戸《ど》のそばの、几帳《きちやう》の**手**のさし出《い》でたるにさはりて、〈枕・職の御曹司の西面の立蔀のもとにて〉

訳 南の引き戸のそばの、几帳の**取っ手**が出ているのにつかえて、

❸これは一年《ひととせ》平治の合戦の時、故左馬頭義朝《さまのかみよしとも》が**手**に候《さうら》ひて、〈平家・四・大衆揃〉

訳 この者は先年平治の合戦の時、故左馬頭義朝の**手下**でございまして、

❹**手**よく書き、歌よく詠みて、ものの折ごとにもまづ取り出でらるる、うらやまし。〈枕・うらやましげなるもの〉

訳 **文字**をうまく書き、和歌をうまく詠んで、何かの時にはいつも最初に取り上げられる人は、うらやましい。

❹あまたの**手**を片時《かたとき》の間《ま》に弾き取りつ。〈夜の寝覚〉

訳 たくさんの**曲**をわずかな時間に弾き覚えてしまった。

□□□ 239

つとめて 名

❶早朝
❷翌朝
類 朝《あした》 名 ①朝 ②翌朝

コア **早朝**

現代語の「つとに(＝早くから)」と関連が深い語で、**朝早いこと❶**をいう。何か事があった場面では、「**翌朝**」❷と訳す。入試「類あした」は「明日」の意味ではない。

❶九日の**つとめて**、大湊《おほみなと》より奈半《なは》の泊《とまり》を追はむとて、漕《こ》ぎ出《い》でけり。〈土佐〉

訳 九日の**早朝**、大湊から奈半《なわ》の港を目指そうといって、漕ぎ出した。

❷その夜は内裏《うち》に参り給《たま》ひて、えおはせず。**つとめて**御文《ふみ》あり。〈落窪・一〉

訳 (少将は)その晩は宮中に参上なさって、(姫君のもとへは)いらっしゃることができない。**翌朝**お手紙がある。

□□□ 240

とのゐ《イ》 [宿直] 名

❶夜間の勤務・夜に貴人の相手をすること

コア **夜間の勤務**

「殿居《とのゐ》」の意で、**宮中などに泊まって、警備などをすること**をいう。**夜、貴人のそばで相手をすること**もいう。入試 読み方が問われる。

❶職《しき》の御曹司《みざうし》の西面《にしおもて》に住みし頃、大殿の新中将**とのゐ**にて、ものなど言ひしに、〈枕・大蔵卿ばかり耳とき人はなし〉

訳 職の御曹司の西側の部屋に住んでいた頃、大殿の新中将が**夜間の勤務**で、話などをしていたが、

□□□ 241

みゆき［行幸・御幸］ 名

❶ **天皇などのお出かけ・天皇などのお出まし**

関 **御幸《ごかう》** 名 上皇・法皇・女院のお出かけ

関 **行啓《ぎやうけい》** 名 皇后・皇太子などのお出かけ

コア 天皇などのお出かけ

「御行《みゆ》き」がもとで、「行くこと」の尊敬語。**天皇や上皇・法皇・女院のお出かけ**をいう。入試「行幸」は「ぎやうかう」「ぎやうがう」という読み方もあるが、「みゆき」という読みと、「天皇のお出かけ」という意味が問われる。

❶ 小倉山峰《をぐらやまみね》のもみぢ葉心あらばいま一《ひと》たびの**みゆき**待たなむ
〈百人一首〉〈拾遺・雑秋・藤原忠平〉

訳 小倉山の峰の紅葉よ、もし心があるならば、もう一度の**天皇のお出まし**を（散らずに）待っていてほしい。

□□□ 242

うち［内］ 名

❶ **内側・内部**

❷ **宮中・内裏《だいり》**（「内裏」とも書く）

❸ **帝《みかど》・天皇**（「内裏」とも書く）

コア 宮中・天皇

家、国、心、時間など、いろいろなものの内側❶をいうのは現代語と同じだが、国の内の、囲まれ守られた場所ということで、**宮中、内裏**の意❷となり、そこに住む人の代表を婉曲《えんきょく》にいって、**帝、天皇**の意❸にもなる。

❶ 屋《や》の**内**は暗き所なく光満ちたり。
〈竹取・かぐや姫の生い立ち〉

訳 家の**内側**は暗い所がなく光が満ちている。

❷ 太郎国経《くにつね》の大納言、まだ下臈《げらふ》にて**内裏《うち》**へ参り給《たま》ふに、
〈伊勢・六〉

訳 長男の国経の大納言が、まだ身分が低くて**宮中**に参上なさる時に、

❸ **内裏《うち》**にも思《おぼ》し嘆きて、行幸《ぎやうがう》あり。
〈源氏・賢木〉

訳 **帝**も思い嘆きなさって、お出ましになる。

うへ《エ》［上］ 名

❶**うえ・上の方・表面**

❷**貴人がいる所（宮中・殿上《てんじょう》の間《ま》など）**

❸**身分が高い人（天皇・貴人の妻など）**

❹［「関身の上」「関人の上」の形で］**ある人の身に起きること・その人に関すること**

対 244 **した** 名

関 **身の上**…我が身に起きること

関 **人の上**…他人の身に起きること

コア 上の方、上の人

空間的に高い所や表面の意❶がもとで、**貴人のいる所**、特に**宮中、殿上の間**❷をいう。**高貴な人**❸もいう。帝《みかど》をいうことも多いが、貴人の妻などもいう。ある人の上に起きること、その人に関することの意❹もある。入試 ❸は帝と決めつけずに、文脈から考える。

❶黒雲一《ひと》むら立ち来たって、御殿《ごてん》の**上**にたなびいたり。〈平家・四・鵺〉

訳 黒雲が一かたまり立って来て、御殿の**上の方**にたなびいた。

❷局《つぼね》して、このたびは日頃さぶらふ。**上**には時々、夜々《よるよる》ものぼりて、知らぬ人の中にうちふして、つゆまどろまれず。〈更級・宮仕えの記〉

訳 お部屋をもらって、今回は何日かお仕えする。（祐子《ゆうし》内親王のいらっしゃる）**御座所**には時々、夜ごとにものぼって、知らない人の中で横になって、少しも眠ることができない。

❸朝餉《あさがれひ》のおまへに、**上**おはしますに、御覧じていみじうおどろかせ給《たま》ふ。〈枕・上にさぶらふ御猫は〉

訳 朝餉の間《ま》（＝天皇が食事をする部屋）に、**帝**がいらっしゃるが、ご覧になってたいそうびっくりなさる。

❹ものうらやみし、**身の上**嘆き、**人の上**言ひ、つゆ塵《ちり》のこともゆかしがり、聞かまほしうして、〈枕・にくきもの〉

訳 あれこれうらやましがり、**我が身に起きること**を嘆き、**他人のこと**をあれこれうわさし、ほんのわずかなことも知りたがり、聞きたがって、

□□□ 244

した［下］ 名

❶した・下の方
❷心の中・内心
対 243 うへ 名

コア 下の方、内心

空間的に低いことから、抽象的に、身分、年齢、能力などが低いこと❶を幅広くいう。心の中は下に隠れて表面に見えないことから、**内心**の意❷もある。

❶浄衣《じやうえ》の**下**に薄色のきぬを着て、〈平家・三・医師問答〉
訳 浄衣の**下**に薄紫色の着物を着て、

❷上には事なきやうなれども、**下**には用心して、苦笑ひでのみぞありける。〈平家・三・赦文〉
訳 表面上は何でもないようだが、**内心**は用心して、苦笑いでのみ過ごした。

□□□ 245

なにがし［某］ 名

❶何とか・誰それ・どこそこ
❷私
類 それがし 名 ①何とか・誰それ・どこそこ ②私

コア 某《ぼう》

人や場所、物事の名前がわからない時、言うのが遠慮される時、言う必要がない時などに**ぼかしていう言葉❶**。そこから、**謙遜をこめた男性の一人称❷**にもなった。

❶北山になむ、**なにがし**寺といふ所に、かしこきおこなひ人侍《はべ》る。〈源氏・若紫〉
訳 北山に、**何々**寺という所に、すぐれた修行者がおります。

❷「御返し、はや」とあれど、とみにも聞こえ給《たま》はぬを、「**なにがし**が見侍れば書き給はぬなめり」〈枕・淑景舎、春宮に参り給ふほどのことなど〉
訳 「(春宮《とうぐう》(＝皇太子)への)お返事を、早く」と言うが、(妃《きさき》である淑景舎《しげいしゃ》は)すぐにもお書き申し上げなさらないのを、(父の関白は)「**私**が見ておりますのでお書きにならないのであるようだ」

ぬし ［主］ 名

1 主人・主君・夫
2 持ち主・当人・本人
3 〔「～のぬし」の形で〕～さん・～様
（敬称）
4 あなた

類 247 **あるじ** 名

コア 支配する人

さまざまな物事や人を支配、所有する人をいう。主従関係なら、**主人1**、物事なら、**所有者・行為者2**、主人に対する尊敬の意から、「～のぬし」の形で**軽い敬称3**、二人称なら、**あなた4**の意で用いる。入試 3を「～の主人」の意と誤らないようにする。

1 うたてある**ぬし**の御許《みもと》につかうまつりて、すずろなる死にをすべかめるかな。〈竹取・龍の頸の玉〉

訳 情けない**主人**のおそばにお仕えして、思いがけない死に方をするに違いないようだなあ。

2 その他の君達《きんだち》は、みな浦々にてかくれ給《たま》ひにける、いとかなしく、いかにあはれに、**ぬし**も人も思ほしけん。〈今鏡・五・飾り太刀〉

訳 その他のお子様たちは、みんな浦々でお亡くなりになったことは、とても悲しくて、どんなにつらく、**当人**も（他の）人もお思いになっただろう。

3 かくやむごとなくおはします殿の、貫之《つらゆき》の**ぬし**が家におはしましたりしこそ、〈大鏡・師輔〉

訳 このように高貴でいらっしゃる殿（＝藤原師輔《ふじわらのもろすけ》）が、貫之**さん**の家にお出ましになったことで、

4 さても**ぬし**の御名《みな》はいかにぞや。〈大鏡・序〉

訳 それにしても**あなた**のお名前は何というのか。

あるじ［主］ 名

1 主人・家などの長

2 (主人としての客への)もてなし・ごちそう

類 246 **ぬし** 名

類 **あるじまうけ** 名 もてなし

関 176 **もてなす** 動

コア 主人

一家の主人をいう言葉**1**が、**主人として客をもてなすこと2**もいうようになった。（「まうけ」は準備の意で、あるじが準備して客をもてなすことから、「類あるじまうけ」も「もてなし」の意になった。）

1 やまと歌、**あるじ**もまらうども異人《ことひと》も言ひあへりけり。〈土佐〉

訳 和歌を、**主人**も客も他の人も詠み合っていた。

2 日も高うなれば、この女の親、少将に**あるじ**すべきかたのなかりければ、〈大和・一七三〉

訳 日も高くなると、この女の親は、少将に**もてなし**をすることができるすべがなかったので、

うしろみ［後見］ 名

1 世話(する人)・補佐(する人)

関 **うしろみる・かへりみる・あつかふ** 動 世話する

コア 後ろから見守る

人の後ろにいて、見守ることや、その人をいう。日常の世話にも、政治的な補佐にも用いる。「後見」を音読みして、「こうけん」という言葉もできた。

1 いかで、いやしからざらむ人の女子《をんなご》一人《ひとり》取りて、**後見**もせむ。〈蜻蛉・下〉

訳 何とかして、身分の低くないような人の娘を一人迎え取って、**世話**もしたい。

1 ただ人《うど》にて、おほやけの御**後見**をするなむ、行く先も頼もしげなめることと、〈源氏・桐壺〉

訳 臣下として、朝廷の御**補佐**をするのが、将来も安心な様子に見えることだと、

□□□ 249

こころおとり

［心劣り］ 名

1 **幻滅・期待外れ**

対 **心まさり** 名 予想よりすぐれていること

関 **心後れ** 名 愚かなこと・臆病

コア がっかり

予想したよりも実態が劣っていることをいう。 入試 「関 心後れ」は、心が劣っていることで、愚かなことや臆病なことをいう。

1 めでたしと見る人の、**心劣り**せらるる本性見えんこそ、口惜《くちを》しかるべけれ。〈徒然・一〉

訳 すばらしいと思っている人が、**幻滅**してしまう本性を見せるようなことは、残念に違いない。

□□□ 250

こころづくし

［心尽くし］ 名

1 **あれこれ悩むこと・物思いをし尽くすこと**

関 **物思ひ** 名 思い悩むこと・心配

コア 物思いをし尽くす

あれこれ気を揉《も》んで、**物思いをし尽くすこと**をいう。（現代語では、相手のために真心をこめることをいう。）

1 木《こ》の間《ま》よりもりくる月のかげ見れば**心づくし**の秋は来《き》にけり　〈古今・秋上・読人知らず〉

訳 木の間からもれてくる月の光を見ると、**物思いをし尽くす**秋は来たのだなあ。

□□□ 251

すき［好き・数寄］ 名

1 恋愛を好むこと・色好み
2 風流を好むこと

類 **色好み** 名 ①恋愛を好むこと（や人） ②風流を好むこと（や人）
関 **好く** 動 ①恋愛を好む ②風流を好む
関 **すきずきし** 形 ①好色だ ②風流だ

コア 深い愛着

深い愛着を抱《いだ》くことをいう。**恋愛1**や、和歌や管弦などの**風流事2**について用いる。現代語の「すき」よりも対象への気持ちが強く、しばしば自分の不幸も顧みず愛着するさまを表す。そのあり方をほめる意を含むことも多く、「好色」と訳しても、現代語のような否定的な意味合いはない。

1 寝覚《ねざ》めがちにつれづれなるを、少しは**すき**もならはばやなど思ふに、〈源氏・蜻蛉〉
訳 （薫《かおる》は）夜も寝覚めがちで手持ち無沙汰なので、少しは**色好み**もまねてみたいなどと思うが、

2 「歌枕ども見ん」とて、**すき**に寄せて東《あづま》のかたへ行《ゆ》きけり。〈無名抄〉
訳 「歌枕を見よう」と言って、**風流を好むこと**を口実にして東の方に行った。

□□□ 252

ほだし［絆］ 名

1 束縛・自由を妨げるもの・係累《けいるい》

コア 束縛

束縛する意の動詞「ほだす」の名詞形で、**心身を束縛するもの**をいう。
入試 出家を妨げる親や妻子などの係累を指して使うことが多い。

1 うしろめたき**ほだし**だにまじらぬ御身なれば、あながちにかけとどめまほしき御命とも思《おぼ》されぬを、〈源氏・御法〉
訳 （紫《むらさき》の上《うえ》は）心配な**係累**（ここでは、子供）さえいない御身なので、むやみに生き長らえたいお命ともお思いにならないが、

□□□ 253

つもり［積もり］

名

❶ 積もったもの・**積もった結果**

コア **積もったもの**

動詞「つもる」の名詞形で、**積もったものや積もった結果**をいう。（あらかじめ見積もることから、現代語の「つもり（=意図）」につながる。）入試「つもり」のままにせず、必ず訳す。

❶ 人の心をのみ動かし、恨みを負ふ**つもり**にやありけむ、いとあつしくなりゆき、〈源氏・桐壺〉

訳 人の心をかきたてるだけで、恨みを負うことが**積もった結果**であったのだろうか、ひどく病気がちになってゆき、

□□□ 254

よろづ《ズ》［万］

名

❶ たくさん・**すべて・さまざま**

コア **たくさん**

数が非常に多いことをいう。**種類が多いこと**もいう。

❶ 野山にまじりて竹を取りつつ、**よろづ**のことに使ひけり。〈竹取・かぐや姫の生い立ち〉

訳 野や山に分け入って竹を取っては、**さまざま**なことに使っていた。

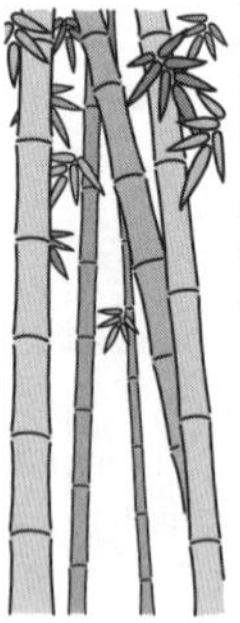

しるし［印］ 名

❶ しるし・目印
❷ 前兆・きざし
❸ 証拠
❹ 効き目・御利益《ごりやく》・霊験

関 **著《しる》し** 形 はっきりしている・予想通りだ
関 **しるす** 動 書き表す

コア はっきり示すもの

物事をはっきり示すもの、**目印**❶をいう。それを、物事が起きるしるしなら「**前兆**」❷、証明するためのしるしなら「**証拠**」❸、神仏に祈った効果なら、特に「**御利益**」❹と訳す。入試「御利益」は「霊験」とも訳される。

❶ **大江殿と言ひける所は、いたう荒れて、松ばかりぞしるしなる。** 〈源氏・須磨〉
訳（難波《なにわ》の）大江殿と言った所は、ひどく荒れて、松だけが**目印**である。

❷ **菅家《くわんけ》の御夢に広相《ひろみ》来たりて、そのよろこびを申して、三つの金笏《きんさく》を授け奉りけり。「我、三公にのぼるしるしなり」とぞ仰せられける。** 〈十訓抄・四・一六〉
訳 菅原道真《すがわらのみちざね》公の御夢に橘広相《たちばなのひろみ》が現れて、その（＝道真が広相をかばった）お礼を申し上げて、三つの金の笏《しゃく》をお授けした。「私が、大臣の位にのぼる**前兆**だ」と（道真公は）おっしゃった。

❸ **亡き人の住《す》み処《か》尋ね出《い》でたりけむしるしのかむざしならましかば、と思《おも》ほすも、いとかひなし。** 〈源氏・桐壺〉
訳 亡くなった人（＝楊貴妃《ようきひ》）の（あの世での）住み処を尋ね出したとかいう**証拠**のかんざしであったなら、とお思いになるのも、まったくかいがない。

❹ **よろづの神仏《かみほとけ》に祈り申されけれども、そのしるしなし。** 〈平家・一〇・海道下〉
訳 すべての神仏にお祈り申し上げなさったが、その**御利益**がない。

Cランク100語 名詞

□□□ 256

ためし

［例］ 名

❶前例・先例・手本

類 257 れい 名

コア **前例**

「試してみたこと」から、**前例**の意になった。それがよいものなら、「**手本**」と訳す。「類例《れい》」も似た意味の語だが、前例は習慣となることから、こちらは「いつも・普通」の意が中心。

❶楊貴妃《やうきひ》の**ためし**も引き出《い》でつべくなりゆくに、〈源氏・桐壺〉

訳 楊貴妃の**先例**も引き合いに出しそうになっていくので、

□□□ 257

れい

［例］ 名

❶前例・先例

❷いつも・普通・普段

コア **前例・普通**

過去になされて、人々が拠《よ》り所にするもの❶をいう。人々がその通りにして習慣となることから、**いつも・普通・普段**の意❷となる。❷の意が重要。

入試「関例の」は、「いつもの」の意①と、「いつものように」の意②があり、②が重要。

❶賀茂《かも》のいつきには、孫王《そんわう》のゐ給《たま》ふ**例**多くもあらざりけれど、〈源氏・賢木〉

訳 賀茂神社の斎院には、天皇の孫がお就きになる**先例**は多くもなかったが、

類256 **ためし** 名
関連31 **例ならず**…①普段とは違っている ②体の調子が悪い
関連32 **例の**…①いつもの ②いつものように

❷にはかにわづらふ人のあるに、験者《げんざ》求むるに、**例**ある所になくて、他に尋ねありくほど、いと待ち遠に、〈枕・にくきもの〉
訳 急に病気をする人がいる時に、(祈禱《きとう》のために)修験者《しゅげんじゃ》を探すと、**いつも**いる所にいなくて、他の所を尋ねまわる間は、ひどく待ち遠しく、

ものがたり【物語】 名

❶**話・話をすること**
❷**(文学作品としての)物語**

コア 話をすること

話をすること❶をいう。誰がどんなふうに話しているかで、「雑談・おしゃべり・子供の片言・男女の愛の語らい」など、さまざまに訳し分ける。「世間の物語」は「世間話」、「日頃の物語」は「この何日かの話」の意。**文学作品としての物語❷**もいう。

❶例の宰相、兵衛《ひやうゑ》の君《きみ》を呼びて、**物語**などし給《たま》ふ。〈うつほ・藤原の君〉
訳 例の宰相は、兵衛の君を呼んで、**話**などをなさる。

❷世の中に**物語**といふもののあんなるを、いかで見ばやと思ひつつ、〈更級・上洛の旅〉
訳 世の中に**物語**というものがあるとかいうのを、何とかして読みたいと思いながら、

かぎり【限り】 名

❶ **限度・限界**
❷ **あいだ**
❸ **全部・全員**
❹ **最期・臨終**

類 340 **きは** 名
関 **限りある道**…死出の旅路
関 **今は限り**…もうおしまいだ

コア 限界

動詞「限る(＝範囲を決める)」の名詞形で、**区切った境界の内側**をいう。「**限度・限界**」❶、時間的な限度は「**あいだ**」❷、数量の限度は「**全部**」❸、命の限度は「**最期**」❹と訳す。

❶ **いみじき絵師といへども、筆限りありければ、** 〈源氏・桐壺〉
訳 すぐれた絵師といっても、筆力には**限度**があったので、

❷ **昼は日暮らし、夜は目の覚めたる限り、灯《ひ》を近くともして、これを見るより他のことなければ、** 〈更級・家居の記〉
訳 昼は一日中、夜は目が覚めている**あいだ**、灯火を近くにともして、これ(＝源氏物語)を読むこと以外のことはしないので、

❸ **「ここなる物取り侍《はべ》らむ」など言ひ寄りて、走りうちて逃ぐれば、ある限り笑ふ。** 〈枕・正月一日は〉
訳「ここにある物を取りましょう」などと(嘘《うそ》を)言って寄って来て、走ってたたいて逃げるので、そこにいる**全員**が笑う。

❹ **姫宮重くわづらはせ給《たま》ひて腹ふくれて限りにおはすなれば、** 〈今昔・五・一九〉
訳 姫宮が重い病気におなりになって腹が腫《は》れて**臨終**でいらっしゃるということなので、

さた ［沙汰］ 名

❶評議・訴訟
❷処置・始末
❸命令・指図《さしず》
❹うわさ・評判・音信

コア 考え、実行すること

「沙」は「砂」と同じで「すな」の意、「汰」は「淘汰《とうた》」の「汰」で「選び分ける」意。砂金などを選別することをいった。そこから、**物事を判定すること❶**、それに**対応すること❷**、上位者がその**実行を命じること❸**、そこから幅広く知らせることとして、**うわさ・評判・音信❹**の意でも使う。

❶ **鎌倉中書王《かまくらのちゅうしょわう》にて、御鞠《おんまり》ありけるに、雨降りてのち、いまだ庭の乾かざりければ、いかがせんと沙汰ありけるに、**〈徒然・一七七〉

訳 鎌倉幕府の将軍であった中書王の御所で、御蹴鞠《けまり》があった時に、雨が降ってのち、まだ庭が乾かなかったので、どうしようかと**評議**があったが、

❷ **大事《だいじ》を思ひ立たん人は、去りがたく、心にかからん事の本意《ほい》を遂げずして、さながら捨つべきなり。「しばし、この事果てて」、「同じくは、かの事沙汰しおきて」、**〈徒然・五九〉

訳 大事（＝出家）を思い立つような人は、避けがたく、心にかかるような事の目的を遂げないで、すべて捨てるべきである。「もうちょっと、この事が終わってから」、「どうせなら、あの事を**処置**しておいて」、

❸ **「忠盛《ただもり》が咎《とが》にあらず」とて、かへって叡感《えいかん》にあづかっしうへは、あへて罪科の沙汰もなかりけり。**〈平家・一・殿上闇討〉

訳 「忠盛の罪ではない」と言って、かえって（鳥羽《とば》院の）おほめにあずかった以上、まったく罪に処するという**命令**もなかった。

❹ **「この歌のゆゑにや」と、時の人沙汰しけるとぞ。**〈著聞・一六六〉

訳 （実綱《さねつな》が実守《さねもり》に官位を越されたのは）「この歌のためであろうか」と、当時の人は**うわさ**をしたということだ。

よし［由］ 名

❶理由・わけ
❷手段・方法
❸縁・ゆかり
❹由緒《ゆいしょ》・風情《ふぜい》・趣
❺こと・旨《むね》・趣旨

コア 物事の拠(よ)り所

動詞「寄す」と同語源で、**物事の拠り所**をいう。そういうことになる**理由・わけ**❶、そこに至るまでの事情・**由緒**❹、そこに至るためのもの・**手段**❷、関わりがあること・**縁**❸、そうなる事情・**こと**❺などの意に広がった。入試❺は引用の「と」に近い例も多い。

❶**月を弓張《ゆみはり》と言ふは何の心ぞ。そのよしつかうまつれ。**〈大和・一三二〉

訳 月を弓張月と言うのはどういう意味か。その**理由**を歌にお詠みせよ。

❷**月の明《あ》かきに、御かたちは言ふよしなく清らにて、ただかの大臣《おとど》の御けはひにたがふところなくおはします。**〈源氏・真木柱〉

訳 月の明るい所に、（冷泉帝《れいぜい》の）お顔立ちは言い表す**方法**もなく美しく、ただあの大臣（＝光源氏）のご様子と違うところがなくていらっしゃる。

❸**昔、男、初冠《うひかうぶり》して、奈良の京《きやう》、春日《かすが》の里にしるよしして、狩りにいにけり。**〈伊勢・一〉

訳 昔、男が、元服《げんぷく》して、奈良の都、春日の里に領有する**縁**で、狩りに出かけた。

❹**清げなる屋《や》、廊《らう》など続けて、木立いとよしあるは、「何人《なにびと》の住むにか」と問ひ給《たま》へば、**〈源氏・若紫〉

訳 小ぎれいな建物や、渡り廊下などを連ねて、木立が非常に**風情**がある所は、「どんな人が住んでいるのだろうか」と（光源氏が）お尋ねになると、

❺**御文《ふみ》、不死の薬の壺《つぼ》並べて、火を付けて燃やすべきよし仰せ給ふ。**〈竹取・かぐや姫の昇天〉

訳 お手紙、不死の薬の壺を並べて、火を付けて燃やせという**旨**を命令なさる。

□□□ 262

ひがこと 名

1 間違い・道理に外れた悪事

関 **ひが耳・ひが聞き** 名 聞き間違い

関 **ひが覚え** 名 覚え間違い

コア **間違い**

現代語の「ひがむ」にあるように「ひが」は道理に合わなくて間違っていることをいい、名詞の前に付いて、「間違った〜」の意の言葉を作る。「ひがこと」は**間違ったこと、間違い**の意。

1 いかでなほ少し**ひがこと**見つけてを止まむ。〈枕・清涼殿の丑寅の隅の〉

訳 何とかしてやはり少しでも**間違い**を見つけてね、（そこで）終わりにしよう。

□□□ 263

ついで 名

1 順序・順番

2 機会・折

コア **順序・機会**

「継ぎて」または「次ぎて」が変化した語で、つぎつぎという**順序**の意1。そこから、あることをするのにちょうどよい順序、**機会**の意2も表す。入試 2が、ちょうどよいから一緒に行う意で、現代語の「ついで」につながるが、1または2で必ず訳す。

1 四季はなほ定まれる**ついで**であり。死期《しご》は**ついで**を待たず。〈徒然・一五五〉

訳 四季はやはり決まった**順序**がある。（しかし人の）死ぬ時は**順序**を待たない。

2 年頃、うれしく面立《おもだ》たしき**ついで**にて立ち寄り給《たま》ひしものを、かかる御消息《せうそこ》にて見奉る、返すがへすつれなき命にも侍《はべ》るかな。〈源氏・桐壺〉

訳 数年来、うれしく名誉な**機会**に立ち寄ってくださったのに、このような（＝お見舞いの）お便りでお目にかかるのは、返すがえす薄情な命でもございますなあ。

□□□ **264**

いにしへ《エ》

名

1 昔・過去・過ぎ去った頃

類 129 **さきざき** 名

関 **いぬ**［往ぬ・去ぬ］動 行く・去る

関連39 **昔の人**…①昔の時代に生きた人 ②亡くなった人 ③昔親しくした人

コア 過ぎ去った頃

「去る・行ってしまう」意の動詞「いぬ」がもとで、**過ぎ去った頃**をいう。

入試「関いぬ」はナ行変格活用で、その意味から「往ぬ」または「去ぬ」という漢字を当てる。「住」ではない。

1 歌の道のみ、**いにしへ**に変はらぬなどいふこともあれど、いさや。〈徒然・一四〉

訳 歌の道だけは、**昔**と変わらないなどということもあるけれど、さあ、どうであろうか。

□□□ **265**

つま［端］

名

1 端・へり

2 きっかけ・手がかり

コア 端《はし》

物の端1をいう。そこから、**物事が起こるはじめ2**もいう。

1 殿の三位《さんみ》の君《きみ》、簾《すだれ》の**つま**引き開けてゐ給《たま》ふ。〈紫式部日記〉

訳 殿の三位の君（＝藤原頼通《ふじわらのよりみち》）が、簾の**端**を引き開けてお座りになる。

2 この人ぞ、また例のかの御心乱るべき**つま**なめる。〈源氏・蜻蛉〉

訳 この人（＝式部卿《しきぶきょう》の宮《みや》の姫君）が、またいつものようにあの（匂宮《におうのみや》の）お心を乱すに違いない**きっかけ**であるようだ。

いかで 副

❶〔疑問〕どうして（～か）
❷〔反語〕どうして（～か、いや～ない）
❸〔願望〕どうにかして・**何とかして**

類 148 **など** 副

コア どうして・どうにかして

「いか」は「いかが」「いかに」などとあるように、「どう」「どう～」の意。「いかで」も、**「どうして(～か)」**という**疑問**の意❶や、**「どうして(～か、いや～ない)」**という**反語**の意❷、**「どうにかして」**という**願望**の意❸を表す。入試 ❶❷は推量、❸は願望や意志の表現を伴うのが基本。助動詞「む」は推量と意志の用法があるので注意する。

❶**いかで**さる田舎人の住むあたりに、かかる人落ちあぶれけむ。〈源氏・手習〉

訳 **どうして**そんな田舎人が住んでいるあたりに、このような（身分ありげな）人（＝浮舟《うきふね》）がさまよっていたのだろうか。

❷朽ちもせぬこの川柱残らずは昔のあとを**いかで**知らまし〈更級・上洛の旅〉

訳 朽ちることもないこの川の中の柱が残っていなかったら、昔の（屋敷の）跡を**どうして**知ることができたろうか、いや知ることはできなかったろう。

❸男も女も、**いかで**とく京へもがなと思ふ心あれば、〈土佐〉

訳 男も女も、**どうにかして**早く都へ帰りたいと思う気持ちがあるので、

□□□ 267

うたて

副

1 異様に・不快に・**情けなく**

コア　不快

事態が悪い方にどんどん進む異様なさまや、それを嫌だと思う気持ちを表す。形容詞「うたてし」、連語「うたてあり」（ともに、嫌だ、情けないの意）の形にもなった。

1 ものに襲はるる心地して、おどろき給《たま》へれば、灯《ひ》も消えにけり。**うたて**思《おぼ》さるれば、太刀を引き抜きて、〈源氏・夕顔〉

訳 何かに襲われる気持ちがして、目をお覚ましになると、灯火も消えてしまった。**異様に**お思いになるので、太刀を引き抜いて、

□□□ 268

さすがに

副

コア　それはそうだが

「そう」の意の副詞「さ」がもと。前に述べたことを受けつつ、それとは違う事態であることを表し、**「そうはいってもやはり」**と訳す。入試 現代語の「さすが」は、他に、賞賛の意をこめて「評判通り」の意で用いるので、「さすが」のままにせず、必ず訳す。

❶ **そうはいってもやはり・それはそうだがしかし**

関 **さすがなり** 形動 そうはいってもそのままにできない・そうもいかない

❶「祇王《ぎわう》とうとうまかり出《い》でよ」とお使ひ重ねて三度までこそ立てられけれ。祇王もとより思ひまうけたる道なれども、**さすがに**昨日今日とは思ひよらず。〈平家・一・祇王〉

訳「祇王さっさと退出せよ」とご使者を重ねて三回までお出しになった。祇王はもとから予想していたことだけれども、**そうはいってもやはり**昨日今日とは考えが及ばない。

□□□ 269

なほ《オ》［猶］ 副

❶ **やはり・それでもやはり**

コア やはり

現代語の「なお」と同じ意味もあるが、古文では、否定されかけているものを、改めて肯定する気持ちで用いる「それでもやはり」の意の例が多い。

入試「やはり」と訳させる設問が多い。

❶貧しく経《へ》ても、**なほ**、昔よかりし時の心ながら、世の常のことも知らず。〈伊勢・一六〉

訳（紀有常《きのありつね》は）貧しく過ごしても、**やはり**、昔栄えていた時の心のままで、普通の暮らしのことも知らない。

□□□ 270

さだめて［定めて］

副

❶必ず・きっと

コア　必ず・きっと

「決める」の意の動詞「さだむ」に助詞「て」が付いてできた語で、**確信をもっているさま**を表す。入試「定めて」が副詞か、動詞＋助詞かは、前に目的語が想定できるかどうかで判断する。

❶この稚児《ちご》、「**定めて**おどろかさんずらん」と、待ちゐたるに、〈宇治・一二〉

訳 この稚児は、「**きっと**起こすだろう」と、(寝たふりをして) 待っていたところ、

□□□ 271

やをら《オ》

副

❶そっと・静かに・おもむろに

コア　そっと

静かに、また、徐々に物事を行うさまをいう。同じ意味の語に「やはら」があり、「柔らか」「和らぐ」と同語源。

❶日もやうやう暮れぬれば、**やをら**すべり入《い》りて、〈大和・一七三〉

訳 日もだんだん暮れてしまったので、(少将は女のいる御簾《みす》の中に) **そっと**すべるように入って、

272 わざと 副

1 わざわざ・特別に

類 348 ことさら 副

関 わざとならず…さりげない

コア わざわざ

こうしようと、意識して物事を行う様子をいう。本格的に、正式に、という感じを伴うため、肯定的な事柄について使うことが多い。入試 現代語の「わざと」は、しない方がいいことをするさまをいうので、「わざと」のままにせず、必ず訳す。

1 人のもとに**わざと**清げに書きてやりつる文《ふみ》の返り事、今はもて来《き》ぬらむかし、あやしう遅きと待つほどに、〈枕・すさまじきもの〉

訳 人のもとに**わざわざ**きれいに書いて届けた手紙の返事を、もう持って来ているだろうよ、妙に遅いと待っている時に、

273 てづ《ズ》から【手づから】 副

1 自分の手で・自分で

関 **みづから** 副 自分自身で

関 **口づから** 副 自分の口で

関 **心づから** 副 自分の意志で

コア 自分の手で

他人にさせないで、直接自分が手をくだしてするさまをいう。貴人は召使いにさまざまなことをさせた時代に、あえて自分で、ということをいう。（「関 みづから」は「自ら」と書かれるが、「身づから」がもと。「～づから」はそのもの自身を源とすることで、「～で」の意。）

1 物食ひて、**手づから**水飯《すいはん》などする心地、いと立ち憂《う》きまであれど、〈蜻蛉・中〉

訳 （旅先で）物を食べて、**自分の手で**水飯などを作る気持ちは、本当に出立したくないとまで思うが、

□□□ 274

ひひとひ［日一日］副

1 一日中・朝から晩まで・終日

類 ひ275 **ひねもす** 副
類 **日暮《ひぐ》らし** 副 一日中
対 **夜一夜《よひとよ》** 副 一晩中・終夜

コア 一日中

日が出てから没するまで、一日中の意。反対に、日が沈んでから日が出るまで、一晩中は「対夜一夜」。（この「一《ひと》」はひとつまるごとの意で、「一家《ひといへ》（＝家中）」「一庭《ひとには》（＝庭中）」などと使う。）入試 漢字の読みも問われる。

1 呼ばれて至りて、**日一日**、夜一夜、とかく遊ぶやうにて明けにけり。〈土佐〉

訳（新任の国守に）招かれて行って、**終日**、終夜、あれこれ詩歌《しいか》管弦を楽しむようで（夜が）明けてしまった。

□□□ 275

ひねもす［終日］副

1 一日中・朝から晩まで

類 ひ274 **ひひとひ** 副
類 **日暮《ひぐ》らし** 副 一日中
対 **夜《よ》もすがら** 副 一晩中

コア 一日中

日が出てから没するまで、一日中の意。（「ひめもす」も同じ意味。）

1 御堂《みだう》のつとめ、**ひねもす**よもすがらおこたらせ給《たま》はず。〈栄花・うたがひ〉

訳（藤原道長《ふじわらのみちなが》は）御堂での勤行《ごんぎょう》を、**一日中**一晩中怠りなさらない。

Dランク75語

わたる［渡る］ 動ラ行四段

❶ **行く・来る・移動する**

❷ 〔動詞に付いて〕**ずっと～する**

コア 移動する

現代語の「川を渡る」「横断歩道を渡る」などと同じように、**ある所から別の所へ、一定の空間を経て行く**ことをいうのがもとで、**移動する**ことを広くいう❶。動詞に付くと、時間的に、または空間的に「**ずっと～する**」意❷となる。（「わたす」は移動させる意。現代語では物について使うことが多いが、古文では人に対しても使い、「行かせる」と訳す。）

❶親の家にこの夜《よ》さりなむ**渡り**ぬる。〈源氏・帚木〉

訳 親の家に今夜**行っ**てしまった。

❷さりとも人となさせ給《たま》ひてむとたのみ**わたり**侍《はべ》りつるに、〈源氏・少女〉

訳 それでも（母上が雲居雁《くもいのかり》を）一人前にしてくださるに違いないと**ずっと**あてにしておりましたが、

うつろふ《ウ》［移ろふ］ 動ハ行四段

❶ **移っていく・移動する**

コア 変わっていく

「うつる」に継続を表す「ふ」が付いてできた語で、**移り変わり続ける**ことをいう。**場所が移る**意❶がもと。**花の色が移る**意❷は、美しく色付くさまと色があせて散るさまの両方を表すが、衰える方向で使うことが多い。**人の容貌や愛情などが衰える**意❸も表す。

❶九月《ながつき》には、やがて野宮《ののみや》に**うつろひ**給《たま》ふべければ、〈源氏・葵〉

訳 （斎宮《さいぐう》は）九月には、すぐに野宮に**移動し**なさらなければならないので、

②花の色が変わる・(花が)散る
③変わり果てる・衰える・心変わりする

②久しかれあだに散るなと桜花瓶《かめ》に挿《さ》せれど**うつろひ**にけり 〈後撰・春下・紀貫之〉

訳 長く咲いてくれ、はかなく散るなと桜の花を、万年の寿命を保つという亀ではないが瓶に挿していたけれど、**散っ**てしまったなあ。

③色見えで**うつろふ**ものは世の中の人の心の花にぞありける 〈古今・恋五・小野小町〉

訳 (花なら色あせてゆくのが見えるが)色が見えないで**変わり果てる**ものは、世の中の人の心の花であったよ。

やすら《（ロ）》ふ《ウ》 [休らふ]

動 ハ行四段

①立ち止まる・たたずむ
②ためらう・ぐずぐずする

コア しばらく休む

「語らふ・住まふ・呼ばふ」などと同じく「ふ」は継続を表し、「休らふ」は、**しばらく休む**ことをいう。移動するのを休むことは「**立ち止まる**」①、判断を休むことは「**ためらう**」②と訳す。

①前栽《せんざい》のいろいろ乱れたるを過ぎがてに、**やすらひ**給《たま》へるさま、げにたぐひなし。 〈源氏・夕顔〉

訳 (光源氏が)植え込みの木がいろいろに咲き乱れているのを行き過ぎにくそうに、**立ち止まっ**ていらっしゃるさまは、本当にまたとない(くらい美しい)。

②**やすらは**で寝なましものを小夜《さよ》ふけてかたぶくまでの月を見しかな 〈百人一首〉〈後拾遺・恋二・赤染衛門〉

訳 **ためらわ**ないで寝てしまえばよかったのに。(あなたを待って)夜がふけて西に傾くまでの月を見てしまったよ。

すう ［据う］ 動ワ行下二段

1 **置く（備え付ける・座らせる・住まわせる・位に就ける　など）**

コア **しっかり置く**

現代語の「据える」と同じで**ふさわしい場所にきちんと置く**ことをいう。物なら「**備え付ける**」、人なら「**座らせる**」「**住まわせる**」、地位・官職なら「**位に就ける**」などと具体的に訳す。

1 かきつばた、といふ五文字《いつもじ》を句の上《かみ》に**すゑ**て、旅の心を詠め。〈伊勢・九〉

訳 かきつばた、という五文字を（和歌の）各句の頭に**置い**て、旅の思いを詠め。

おきつ ［掟つ］ 動タ行下二段

1 **予定する・取り決める**

2 **指図《さしず》する・命令する**

関 **掟《おきて》** 名 決まり・指図・心構え

関 **心掟《こころおきて》** 名 心構え・性格

コア **決める・命じる**

あらかじめ決めておくこと1をいう。決めたことを他人に**指図する**意2も表す。（1は「思ひおきつ」の形で使われることが多い。名詞形「関掟」は現代語でも使う。）

1 戌亥《いぬゐ》の町は明石《あかし》の御方と思《おぼ》し**おきて**させ給《たま》へり。〈源氏・少女〉

訳（六条院の）西北の町は明石の御方（の住まい）とお**決め**になっていた。

2 高名《かうみやう》の木登りといひし男《をのこ》、人を**おきて**て、高き木に登《のぼ》せて梢《こずゑ》を切らせしに、〈徒然・一〇九〉

訳 有名な木登りといった男が、人を**指図し**て、高い木に登らせて梢を切らせた時に、

□□□ 281

とらす ［取らす］ 動サ行下二段

❶ **与える・やる**

コア **与える**

動詞「取る」に使役の助動詞「す」が付いて、相手に受け取らせる意から、**与える**意の一語になったもの。下の者に与える場面で使うことが多い。類語「得《え》さす」も同じようにしてできた語で、同じく与える意。

❶「さらば、一人をば我に得させ給《たま》へ」と言へば、「いとうれしきことなり」と言ひて、**取らせ**てければ、〈今昔・一九・四三〉

訳「それでは、一人を私に与えてください」と言うと、「たいへんうれしいことだ」と言って、**与え**たので、

□□□ 282

まが《（ゴ）》ふ《ウ》 ［紛ふ］ 動ハ行四段

❶ **入り乱れる・間違える・似ている**

コア **区別がつかない**

「目交《まが》ふ」で視線が交錯するほどに**入り乱れる**ことをいうのがもと。似ていて見間違えること、さらには聞き間違えることもいう。

❶弁《べんの》少将拍子うち出《い》でて、しのびやかに歌ふ声、鈴虫に**まがひ**たり。〈源氏・篝火〉

訳 弁少将が拍子を打ち出して、小声で歌う声は、（とても美しく）鈴虫（＝今の松虫）と**聞き間違え**（るほどだっ）た。

□□□ 283

わづ《ズ》ら《(ロ)》ふ《ウ》 〔煩ふ〕 動 八行四段

1 苦しむ・苦労する
2 病気になる・病《や》む
3 〔動詞に付いて〕〜しかねる・〜できない

類 69 **なやむ** 動

コア 苦しむ

さまざまなことに悩み苦しむ意 1 から、**病気で苦しむ**意 2 も表す。動詞に付くと、その動作をするのに苦しむことから、「**しようとして〜できない**」意 3 となる。

1 こなたかなた、心をあはせて、はしたなめ**わづらは**せ給《たま》ふ時も多かり。〈源氏・桐壺〉
訳 こちらあちらが、示し合わせて、(桐壺更衣《きりつぼのこうい》に)恥をかかせ**苦しま**せなさる時も多い。

2 一昨年《をととし》の八月に**わづらひ**て、はかなう失《う》せ給ひにしかば、〈栄花・さまざまのよろこび〉
訳 一昨年の八月に**病気になっ**て、あっけなくお亡くなりになったので、

3 中将、言ひ**わづらひ**て帰りにければ、〈源氏・手習〉
訳 中将は、(浮舟《うきふね》にこれ以上)話をすることが**できなく**て帰ってしまったので、

□□□ 284

うれふ《ウ》 〔憂ふ・愁ふ〕 動 八行下二段

1 (つらさを)**訴える・嘆願する・嘆く**

関 **うれへ** 名 嘆願・嘆き

コア つらさを訴える

つらさを訴えて、理解や救いを求めることをいう。のちに、他者には訴えず、自らの心を痛める意になっていった。

1 なほしのびがたきことを誰《たれ》にかは**うれへ**侍《はべ》らむ。〈源氏・柏木〉
訳 やはり隠しきれないことを他の誰に**訴え**ましょうか。

おづ《ズ》［怖づ］

動ダ行上二段

❶怖がる・恐れる

コア 怖がる

怖がり、恐れることをいう。（現代語の「おずおずと（＝おそるおそる）」や「おじけづく（＝恐怖心がわく）」などの語にも残っている。）

❶燕《つばくらめ》も人のあまたのぼりゐたるに**おぢ**て、巣にものぼり来《こ》ず。〈竹取・燕の子安貝〉

訳 燕《つばめ》も人がたくさん登っているのに**怖がっ**て、巣にも上がって来ない。

およすく

動カ行下二段

❶成長する・大人になる

❷大人びる・ませる

関 **ねぶ** 動 ①年をとる ②大人びる

関24 **おとなし** 形

コア 成長する・大人びる

動詞「老《お》ゆ」と同語源で、**成長する**意❶。**実際の年齢よりも大人びている**こと❷もいう。（文中では「およすけ」の形で用いられる。）

❶東宮やうやう**およすけ**させ給《たま》ふままに、いみじくうつくしうおはしますにつけても、〈栄花・月の宴〉

訳 東宮（＝皇太子）はだんだん**成長し**なさるにつれて、たいへんかわいらしくていらっしゃるにつけても、

❷「世こそ定めなきものなれ」と、いと**およすけ**のたまふ。〈源氏・帚木〉

訳「世の中はどうなるかわからないものだ」と、（光源氏は）ひどく**大人び**ておっしゃる。

□□□ 287

こしら《(ロ)》ふ《ウ》

動 ハ行下二段

1 **準備する・作る**
2 **なだめる・説得する**

コア 準備する・なだめる

現代語で「弁当をこしらえる」「資金をこしらえる」などと使うように、**整えて準備する**こと**1**をいう。これを人の気持ちについて、**なだめる**意**2**で用い、気持ちを一定の方向にもっていこうとする時は「説得する」と訳す。

1 さて、宇治の里人を召して、**こしらへ**させられければ、〈徒然・五一〉

訳 そこで、宇治の村人をお呼びよせになって、(水車を)**作ら**せなさったところ、

2 西八条へ出《い》でし時、この子が、我もゆかうど慕ひしを、やがて帰らうずるぞと**こしらへ**おきしが、〈平家・三・僧都死去〉

訳 西八条へ出た時に、この子が、私も行きたいと慕ったのを、すぐに帰るよと**なだめ**ておいたのが、

□□□ 288

やぶる 〔破る〕

動 ラ行四段／ラ行下二段

1 〔ラ四〕**壊す・傷つける・負かす・やぶる**

コア 壊す／壊れる

現代語では、「紙をやぶる」「約束をやぶる」などと使うが、古文では、家・身体・法など、具体的な物から抽象的な物事まで、**損ない壊す**こと**1**をさらに幅広くいう(四段活用)。下二段活用は、壊れる意**2**で広く用いる。

1 身を**やぶる**よりも、心を傷《いた》ましむるは、人をそこなふことなほはなはだし。〈徒然・一二九〉

訳 体を**傷つける**よりも、心を痛めつけることは、人を害することがさらにひどい。

②〔ラ下二〕壊れる・傷つく・負ける・やぶれる

類 こほつ 動 壊す

類 こほる 動 壊れる

類 破《や》る 動〔ラ四〕壊す 〔ラ下二〕壊れる

②家に至りて、門《かど》に入るに、月明《あ》かければ、いとよくありさま見ゆ。聞きしよりもまして、言ふかひなくぞ、こぼれ**やぶれ**たる。〈土佐〉

訳 家に着いて、門《もん》を入ると、月が明るいので、とてもよく様子が見える。聞いていたよりもさらに、言いようもなく、ぼろぼろになって**壊れ**ている。

なゆ［萎ゆ］

動 ヤ行下二段

❶ **ぐったりする・しおれる**

❷ **着慣れて柔らかくなる**

コア 柔らかくなる

現代語の「なえる」。「なよなよ」などと同語源で、**弱って柔らかくなる**ことをいう。体なら、力がなくなって「**ぐったりする**」、植物なら「**しおれる**」❶、衣服なら「**着慣れて柔らかくなる**」❷と訳す。（❷は着古してよれよれになった衣類にもいうが、貴人がくつろいで着ている衣類にもいう。）

❶弓矢を取り立てむとすれども、手に力もなくなりて、**なえ**かかりたり。〈竹取・かぐや姫の昇天〉

訳 弓矢を取って持ち上げようとするけれども、手に力もなくなって、**ぐったりし**て（物に）寄りかかっている。

❷御直衣《なほし》などのいたう**なえ**たるしも、をかしう見ゆ。〈和泉式部日記〉

訳 （宮は）御直衣《のうし》などがずいぶん**着慣れて柔らかくなっ**ているのも、すばらしく思われる。

ふす ［臥す・伏す］ 動サ行四段

❶**うつむく・うつぶす**
❷**横になる・寝る**

類 **寝**《ぬ》・**寝**《い》**ぬ** 動 寝る・眠る
関 **ふすま** 名 夜具

コア 姿勢を低くする

頭を下げて**姿勢を低くする**ことを広くいう。嘆き悲しんだり、祈りを捧げたりして、**うつむく**こと、腹ばいになって**うつぶす**こと❶、寝る時や病気になった時に**横になる**こと❷もいう。男女が共寝をすることもいう。

❶「具して率《ゐ》ておはせね」と泣きて**ふせ**れば、〈竹取・かぐや姫の昇天〉
訳（竹取の翁《おきな》は）「（私を）連れて行ってください」と泣いて**うつぶし**ているので、

❷乳母《めのと》はうちも**ふさ**れず、ものもおぼえず起きゐたり。〈源氏・若紫〉
訳（若紫《わかむらさき》の）乳母は**寝る**こともできず、呆然《ぼうぜん》として起きていた。

まどろむ 動マ行四段

❶**うとうとする・浅く眠る**

関 **寝**《ぬ》・**寝**《い》**ぬ** 動 寝る・眠る

コア うとうとする

「ま」は「まぶた・まつげ」などというように「目」、「とろむ」は「とろける・とろとろ」と同じで緊張がゆるむこと。**眠気を催してちょっと眠る**ことをいう。

❶御胸のみつとふたがりて、つゆ**まどろま**れず、明かしかねさせ給《たま》ふ。〈源氏・桐壺〉
訳（桐壺《きりつぼ》帝は退出した桐壺更衣《きりつぼのこうい》を思い）お胸がずっとふさがるばかりで、少しも**うとうとする**こともできず、夜を明かしかねていらっしゃる。

□□□ 292

たゆむ

動マ行四段

❶ **怠る・緊張がゆるむ・油断する**

コア 気がゆるむ

張り詰めていたものがゆるむことをいう。（現代語では「たゆみない」「たゆまず」の形で打消表現を伴って用いる。）

❶まださるべきほどにもあらずと、皆人《みなひと》も**たゆみ**給《たま》へるに、にはかに御気色《けしき》ありて、〈源氏・葵〉

訳 まだそうであるはずの時でもないと、誰もかれもが**油断し**ていらっしゃる時に、急に（出産の）ご兆候があって、

□□□ 293

なづ《ズ》む

［泥む］ 動マ行四段

❶ **行き悩む・難渋する・悩み苦しむ**

コア 滞って苦しむ

前に進もうとしても**障害物に妨げられて進まない**ことをいう。心情的に、**悩み苦しむ**こともいう。（現代語の「暮れなずむ（＝なかなか日が暮れない）」もこれがもとである。）

❶八日。なほ、川のぼりに**なづみ**て、鳥飼《とりかひ》の御牧《みまき》といふほとりに泊まる。〈土佐〉

訳 八日。やはり、川のぼりに**難渋し**て、鳥飼の御牧というあたりに泊まる。

294

こふ《ウ》 [乞ふ・請ふ] 動ハ行四段

1 **求める・ほしがる・神仏に祈願する**

関 **乞食**《こつじき》 名 僧が経《きょう》を唱えながら家々で食物などをもらい受ける修行

コア **願い、求める**

他者に対して、**物を与えてくれるよう真剣に願う**ことをいう。神仏に向けてなら、願いを叶《かな》えてくれるよう祈る意になる。

1 硯《すずり》を**こひ**て文《ふみ》を書く。〈大和・一四八〉

訳 硯を**求め**て手紙を書く。

295

ゆるす [許す・赦す] 動サ行四段

1 ゆるめる・**許す・許可する**

2 (能力を)認める・(**すぐれていると)評価する**

コア **許し、認める**

「ゆるむ」などと同語源で、**きつく締めていたものをゆるめる**こと **1** をいう。相手のあり方を許し認めることから、**すぐれていると評価する**意 **2** も表す。(「ゆる」は「ゆるす」に受身の意が加わった語で、許される・認められる意。)

1 今年ばかりの暇《いとま》を申しつれど、さらに**ゆるさ**れぬによりてなむ、かく思ひ嘆き侍《はべ》る。〈竹取・かぐや姫の昇天〉

訳 (月世界の王に)今年一年だけの猶予をお願い申し上げたが、まったく**許さ**れないために、このように嘆き悲しんでいます。

2 躬恒《みつね》が和歌の道に**ゆるさ**れたるとこそ思ひ給《たま》へしか。〈大鏡・道長下〉

訳 凡河内《おおしこうちの》躬恒が和歌の道において**認め**られていると思いました。

□□□ 296

いなぶ ［否ぶ］

動 バ行上二段／バ行四段

❶ **断る・拒む**

類 79 **すまふ** 動

関 **いな・いなや** 感 いいえ・嫌だ

コア 断る

否定・拒絶する時に使う「いな(=いいえ)」が動詞になったもので、**断る**意を表す。(「いなむ」も同じ意味。)

❶ さすがに、人の言ふことは、強うも**いなび**ぬ御心にて、〈源氏・末摘花〉

訳 (末摘花《すゑつむはな》は)そうはいってもやはり、人の言うことは、強くも**断ら**ないご気性で、

□□□ 297

いさむ ［諫む］

動 マ行下二段

❶ **禁止する・忠告する**

コア 禁じ、止《と》める

他者に忠告したり、意見してやめさせたりすることをいう。上位の者に意見して悪事をやめさせる意もある。

❶ 親の**いさめ**し言の葉も返すがへす思ひ出《い》でられ給《たま》ひてかなしければ、〈源氏・総角〉

訳 (大君《おおいぎみ》は)親(=八《はち》の宮《みや》)が(結婚について)**忠告し**た言葉もくり返し思い出されなさって悲しいので、

たが《(ゴ)》ふ《ウ》 ［違ふ］

動 八行四段／八行下二段

1〔八四〕**食い違う・行き違う**

2〔八四〕**普通でなくなる・正常でなくなる**

3〔八下二〕**間違える・背く**

コア **ちがう／ちがえる**

類語「ちがふ」と重なる部分が多い。**物事が予想や希望とちがう**意**1**や、**気分などが普通とちがう**意**2**を表す(四段活用)。下二段活用は「ちがえる」意で、**物事を間違える**ことや**言いつけなどに背く**こと**3**をいう。

1 おほやけのかためとなりて天《あめ》の下を助くるかたにて見れば、またその相《さう》**たがふ**べし。〈源氏・桐壺〉

訳 (光源氏の人相を)朝廷の支えとなって天下を助ける方向で見ると、またその相は**食い違う**だろう。

2 寝られぬままに、心地も悪《あ》しく、みな**たがひ**にたり。〈源氏・浮舟〉

訳 眠ることができないまま、気分も悪く、すっかり**普通でなくなっ**てしまった。

3 かの遺言を**たがへ**じとばかりに、〈源氏・桐壺〉

訳 あの遺言を**違え**ないようにしよう(＝**背く**まい)とだけ思って、

うかぶ ［浮かぶ］

動バ行四段／バ行下二段

1〔バ四〕**浮かぶ・浮いている**

2〔バ四〕**不安定だ・確かでない**

3〔バ四〕**出世する・救われる**

4〔バ下二〕**浮かべる**

5〔バ下二〕**暗記する・暗唱する**

類 **浮《う》く** 動 ①浮かぶ ②落ち着かない ③根拠がない

対 **沈《しづ》む** 動 ①沈む ②落ちぶれる

コア 浮かぶ／浮かべる

水などの表面に出て浮いていること**1**をいうのがもと。悪い意味で使えば、**不安定で確かでない2**、よい意味で使えば、**出世する、救われる3**意となる（四段活用）。下二段活用は、**浮かぶ状態にする**こと**4**をいい、**意識の上に思い浮かべる**こと**5**もいう。

1 淀《よど》みに**浮かぶ**うたかたは、かつ消え、かつ結びて、〈方丈記〉

訳 流れの淀んだ所に**浮いている**泡は、一方では消え、一方では現れて、

2 世の中といふもの、さのみこそ、今も昔も定まりたること侍《はべ》らね。中にても、女の宿世《すくせ》はいと**浮かび**たるなむあはれに侍る。〈源氏・帚木〉

訳 男女の仲というものは、そうばかり、今も昔も決まっていることはありません。中でも、女の運命はとても**不安定である**ことは気の毒でございます。

3 御子《みこ》どもなど沈むやうにものし給《たま》へるを、みな**浮かび**給ふ。〈源氏・澪標〉

訳 （もとの左大臣の）お子様方などは落ちぶれた様子でいらっしゃったが、みんな**出世し**なさる。

4 山をば広き海に**浮かべ**おきて、小さき舟に乗りて、西のかたをさして漕《こ》ぎ行《ゆ》くとなむ見侍りし。〈源氏・若菜上〉

訳 山（＝須弥山《しゅみせん》）を広い海に**浮かべ**ておいて、小さい舟に乗って、西の方を目指して漕いで行くと（いう夢を）見ました。

5 古今《こきん》の歌二十巻をみな**浮かべ**させ給ふを御学問にはせさせ給へ。〈枕・清涼殿の丑寅の隅の〉

訳 古今和歌集の歌二十巻を全部**暗記し**なさることを御学問にはしなさい。

300

しる［痴る］ 動ラ行下二段

❶ぼんやりする・ぼける

関 しれごと 名 愚かなこと
関 しれもの 名 愚か者
関 しれじれし 形 愚かだ
関 57 しる［知る］動〔ラ四〕

コア ぼんやりする

判断力が働かず、ぼんやりすること、愚かな状態になることをいう。

入試 知識がある意の「知る」〔ラ行四段〕とは活用の違いで区別できる。

❶文《ふみ》の返事を、**しれ**たる者にて、懐《ふところ》に入れて持たりけるを、この少将の君の前に落としたりければ、〈落窪・二〉

訳 手紙の返事を、**ぼんやりし**た者で、懐に入れて持っていたのを、この少将の君の前に落としたので、

301

そしる 動ラ行四段

❶悪口を言う・非難する・けなす

関 しりうごつ 動 陰口を言う
関 しりうごと 名 陰口・悪口
関 そしり 名 悪口

コア 悪口を言う

他人を悪く言ってけなすことをいう。「関しりうごつ」は似た意味だが、特に当人がいない所で悪口を言う意。（「しり」は後ろ、「ごつ」は「言《こと》」が動詞化したもの。）

❶ほむる人、**そしる**人、ともに世に留まらず、伝へ聞かん人、またまたすみやかに去るべし。〈徒然・三八〉

訳 ほめる人も、**けなす**人も、ともにこの世に留まらず（死に）、伝え聞くような人も、また同様にすみやかに世を去るだろう。

□□□ 302

こころゆく［心行く］

動 カ行四段

❶ **満足する・心が晴れ晴れする**

関 連㉗ **心(を)やる**…気晴らしをする・得意がる

関 **心やり** 名 気晴らし

コア 満足する

心が停滞せず、行きたい所に行く意で、**満足して、心が晴れ晴れする感じ**をいう。

❶ **心ゆく**もの。よくかいたる女絵《をんなゑ》の、言葉をかしう付けて多かる。〈枕・心ゆくもの〉

訳 **心が晴れ晴れする**もの。巧みに描いてある大和絵《やまとゑ》で、文章をおもしろく付けてたくさん書いてある(もの)。

□□□ 303

ぬかづ《ズ》く

動 カ行四段

❶ **丁寧に拝礼する・額《ひたい》を地面について礼をする**

コア 丁寧に拝礼する

「ぬか」は「額《ぬか》(=ひたい)」で、神仏や、強大な力をもつものに対して、**額を地面について丁寧に礼をする**ことをいう。

❶ 念仏する僧の、暁《あかつき》に**ぬかづく**音の尊く聞こゆれば、〈更級・家居の記〉

訳 念仏をする僧が、夜明け前に**丁寧に拝礼する**音が尊く聞こえるので、

□□□ 304

さがなし

形ク

1 **性格が悪い(口が悪い・いたずらだなど)**

類 **腹悪《あ》し** 形 意地が悪い・短気だ

コア 性格が悪い

性格が悪いさまをいう。「さが」は「生まれつきの性質・もって生まれた運命」の意だが、「世のさが」が「どうにもならない世の習い」の意であるように、おもに悪い意味で使われる。これに形容詞を作る要素「なし」が付いたものが「さがなし」である。ものの言い方なら「口が悪い」、子供についてなら「いたずらだ」などと訳してもよい。

1 この姑《しうとめ》の、老いかがまりてゐたるを、常ににくみつつ、男にもこの伯母《をば》の御《み》心《こころ》の**さがなく**悪しきことを言ひ聞かせければ、〈大和・一五六〉

訳 この姑《しゅうとめ》が、年老いて腰が曲がっているのを、いつも憎み憎みして、男にもこの伯母(=姑)のお心が**意地が悪く**てひどく悪いことを言い聞かせたので、

□□□ 305

ひとわろし

[人悪し]

形ク

1 **みっともない・外聞が悪い**

コア みっともない

「人」**に見られて**「**よくない**」意で、外聞を気にする気持ちを表し、「**みっともない**」と訳す。(現代語の「人が悪い(=意地が悪い)」とは異なる。)

1 思ひしづめむかたもなき心地して、涙のこぼるるも**人わろけれ**ば、〈源氏・宿木〉

訳 (薫《かおる》は、中《なか》の君《きみ》への)思いを静めるようなすべもない気がして、涙がこぼれるのも**みっともない**ので、

まさなし 【正無し】 形ク

❶ よくない・みっともない

コア よくない

「まさなし」は「正無し」で、**あるべきさまでない**こと、**好ましくない**ことをいう。

❶ 声高《こわだか》になのたまひそ。屋《や》の上にをる人どもの聞くに、いと**まさなし**。〈竹取・かぐや姫の昇天〉

訳 大声でおっしゃるな。屋根の上にいる人たちが聞くと、ひどく**みっともない**。

からし 【辛し】 形ク

❶ ひどい・残酷だ
❷ つらい・切ない

類 28 **うし** 形
類 29 **つらし** 形
関 **からくして** 副 やっとのことで・かろうじて

コア ひどい・つらい

味を表現する言葉が、**状態が過酷であるさま**❶や、それが心情的に**耐えがたいさま**❷を表すようになった。「からき目」は「ひどい目」、「からき目を見す」は「ひどい目にあわせる」、「からき命」は「かろうじて助かった命」の意の慣用句である。

❶ これほど文覚《もんがく》に**からい**目を見せ給《たま》ひつれば、思ひ知らせ申さんずるものを。〈平家・五・文覚被流〉

訳 これほど文覚に**ひどい**目をお見せになったのだから、思い知らせて差し上げるつもりだぞ。

▽「からい」は「からき」の音便形。

❷ **からし**や。眉はしも、かは虫だちためり。〈堤中納言・虫めづる姫君〉

訳 **つらい**なあ。(私たちが仕える姫君の)眉は、毛虫のように見える。

あやなし 【文無し】 形ク

❶ 道理に合わない・わけがわからない

類 31 わりなし 形

関 あやめ 名 模様・筋道

関連⑧ あやめも知らず・あやめもわかず …物事のけじめもわからない

コア 道理に合わない

「あや」は「綾織物《あやおりもの》・あやとり」などの「あや」で、きれいに織り出された模様の意から、物事の筋目・道理の意も表す。これがないのが「あやなし」で、**道理が通らずわけがわからない**ことをいう。理由がないこと、つまらないこともいう。

❶ 春の夜《よ》の闇は**あやなし**梅の花色こそ見えね香《か》やは隠るる 〈古今・春上・凡河内躬恒〉

訳 春の夜の闇は**道理に合わない**ものだ。(夜の闇で)梅の花の色は見えないが、香りは隠れるだろうか、いや、隠れるはずもない。

あぢ《ジ》きなし 形ク

❶ どうしようもない・おもしろくない・無益だ

コア どうしようもない

自分ではどうしようもない状態や、それに対する、**苦々しい気持ち**、**あきらめの気持ち**などを表す。

❶ **あぢきなき**もの。わざと思ひ立ちて宮仕へに出《い》で立ちたる人の、もの憂《う》がり、うるさげに思ひたる。養子《とりこ》の顔にくげなる。 〈枕・あぢきなきもの〉

訳 **どうしようもない**もの。わざわざ思い立って宮仕えに出た人が、おっくうがり、面倒くさそうに思っている(こと)。養子の顔がかわいくない(こと)。

□□□ 310

え《ヨ》う《ウ》なし 【要無し】 形ク

1 役に立たない・必要がない・つまらない

コア 役に立たない

「えうなし・やうなし・ようなし・やくなし」は同じ意味の語で、必要がなくて**役に立たない**意を表す。（仮名書きの「えう・やう・よう・やく」、漢字の「要・用・益」は音や意味が似通っており、区別できないものが多い。）

1 昔、男ありけり。その男、身を**えうなき**ものに思ひなして、京にはあらじ、東《あづま》のかたに住むべき国求めにとて行《ゆ》きけり。〈伊勢・九〉

訳 昔、男がいた。その男は、自分の身を**役に立たない**ものと思い込んで、京にはいないつもりだ、東国の方に住むべき国を求めにと思って出かけた。

□□□ 311

こちなし 【骨無し】 形ク

1 無作法だ・無風流だ

コア 無作法だ・無風流だ

「大切（たいせつ／たいせち）」「節分（せつぶん／せちぶん）」などと同じく、「こち」は「こつ」ともいい、「骨《こつ》（＝骨組み・礼儀作法）」のこと。「骨無し」で、**無作法だ**の意。平安貴族の価値観では、無作法でたしなみに欠けることは、風流心がないことにも通じるので、**無風流だ**の意にもなる。

1 さるべき人々参りつどひてのちに、日高く待たれ奉りて参り給《たま》ひければ、少し**こちなく**思《おぼ》しめさるれど、〈大鏡・実頼〉

訳 （佐理《すけまさ》は）しかるべき人々が参集してのちに、日が高く（なるまで）待たれ申し上げて（＝人々をお待たせして）参上なさったので、（我ながら）少し**無作法だ**とお思いになるが、

□□□ 312

むくつけし

形ク

❶気味が悪い・恐ろしい
❷無風流だ・無骨だ

コア　気味が悪い

「むくむくし(=気味が悪い)」「むくめく(=気味悪く動く)」などという語もあるように「むく」は気味が悪いさまをいう。「むくつけし」も、**気味が悪いさまや、それを恐ろしく思う気持ち❶**をいう。平安貴族の価値観では、無風流は理解を超えた気味の悪いことなので、**無風流だ**の意❷も表す。

❶一の宝倉《ほくら》といふ宝倉の戸、すずろに、きと鳴りて開けば、それにぞ少し頭《かしら》の毛太りて、**むくつけく**おぼえける。〈今昔・二六・八〉

㊟一の祠《ほこら》という祠の戸が、思いがけず、きいっと鳴って開くので、それで少し頭の毛が太るように、**気味が悪く**思われた。

❷大夫監《たいふのげん》とて、肥《ひ》後国《ごのくに》に族《ぞう》広くて、かしこにつけてはおぼえあり、勢ひいかめしき兵《つはもの》ありけり。**むくつけき**心のうちに、いささか好きたる心混じりて、〈源氏・玉鬘〉

㊟大夫監といって、肥後国(=今の熊本県)に一族が多く、そこでは人望もあり、勢いが盛んな武士がいた。**無風流な**心の中にも、少し好色な心が混じって、

□□□ 313

うるさし

形ク

コア　細心で、わずらわしい

こまごまと行き届いた状態に対する、敬意を表す感情と、行き届きすぎて圧迫を感じる感情を表したのがもとで、**すぐれている**意❶と、**わずらわしい**意❷で用いる。現代語でも「コーヒーにうるさい」というと、コーヒーに詳しいが、相手にするとちょっと面倒な感じを表す。(現代語では音などがやかましい意でも使う。)「関うるせし」は肯定的な意味でのみ使う。

❶**細心だ・すぐれている**
❷**わずらわしい・いやみだ**
関**うるせし** 形 巧みだ・気が利く

❶織女《たなばた》の手にも劣るまじく、そのかたも具して、**うるさく**なむ侍《はべ》りし。〈源氏・帚木〉

訳（裁縫の神だという）織女《しょくじょ》の技量にも劣るはずがなく、その方面も備わって、**すぐれてい**ました。

❷歯黒め、「さらに**うるさし**、汚《きたな》し」とて付け給《たま》はず、〈堤中納言・虫めづる姫君〉

訳お歯黒は、「まったく**わずらわしい**、汚い」としてお付けにならず、

しどけなし 形ク

❶**だらしない・しまりがない**
❷**くつろいでいる・無造作だ**

コア きちんとしていない

現代語の「しどけない」と同じく、**いいかげんでだらしないさま**❶をいう。型にはまっていないさまを好意的に捉えれば、**くつろいでいる**意❷になる。

❶大隅守《おほすみのかみ》なる人、国の政《まつりごと》をしたためおこなひ給《たま》ふ間《あひだ》、郡司《ぐんじ》の**しどけなかり**ければ「召しにやりて、戒めん」と言ひて、〈宇治・一一二〉

訳大隅国（＝今の鹿児島県の東部）の長官である人が、国の政治を執り行っていらっしゃる間、郡司が**だらしなかっ**たので「呼びにやって、罰しよう」と言って、

❷君たちをかしづき給ふ御心ばへに、直衣《なほし》のなえばめるを着給ひて、**しどけなき**御さまいとはづかしげなり。〈源氏・橋姫〉

訳（八《はち》の宮《みや》は）姫君たちをお世話なさるお心づかいから、直衣《のうし》の柔らかくなったのをお召しになって、**くつろいでいる**ご様子はこちらがひどく恥ずかしくなるくらいすばらしい。

□□□ 315

ら《ロ》う《ウ》がは《ワ》し

形 シク

1 乱雑だ・騒々しい・無作法だ

類 **みだりがはし** 形 乱雑だ・乱暴だ

類 316 **かしかまし** 形

コア 乱れている

「乱《らん》がはし」がもとで、**乱雑で乱れたさま**をいう。物が乱雑なさま、音がうるさいさま、秩序が乱れたさまなどをいう。

1 無礼《むらい》をもえはばからず、かく**らうがはしき**かたに案内《あない》申しつるなり。〈大鏡・道兼〉

訳 失礼をも顧みることができないで、このように**乱雑な**所にご案内申し上げたのだ。

□□□ 316

かしかまし

形 シク

1 やかましい・うるさい

類 315 **らうがはし** 形

関 連㊺ **あなかま**…しっ、静かに・ああ、やかましい

コア やかましい

音や声が耳障《みみざわ》りで騒々しいさまをいう。(「かしまし」「かまびすし」も同じ意味。) 入試 連語「関あなかま」は「ああ、やかましい」の意で、「しっ、静かに」と訳されることも多い。

1 篳篥《ひちりき》はいと**かしかましく**、秋の虫を言はば、くつわ虫などの心地して、うたてけ近く聞かまほしからず。〈枕・笛は〉

訳 篳篥(=管楽器の一つ)はとても**やかましく**て、秋の虫を例にとるなら、くつわ虫などのような心地がして、不愉快で身近で聞きたくはない。

317

まだし 形シク

1 まだ早い・まだその時期でない

2 未熟だ・不十分だ

類 **いまだし** 形 まだその時期でない

関 **まだき** 副（まだその時期でないのに）早く・もう

コア まだだ

副詞「まだ」が形容詞になったもので、**まだその時期にならないさま1**をいう。成熟した時期になっておらず、**未熟だ**の意2も表す。

1 山の錦は**まだしう**侍《はべ》りけり。野辺の色こそ盛りに侍りけれ。〈源氏・松風〉

訳 山の錦（＝紅葉）は**まだ早う**ございます。野辺の（花の）色は盛りでございますよ。

▽「まだしう」は「まだしく」の音便形。

2 琴、笛などならふ、また、さこそは、**まだしき**ほどは、これがやうにいつしかとおぼゆらめ。〈枕・うらやましげなるもの〉

訳 琴、笛などを習う場合、また、そのように、**未熟な**うちは、この人のように早く（なりたい）と思われるだろう。

318

またし［全し］ 形ク

1 完全だ・無事だ

コア 完全だ

のちに「まったし」となる語で、現代語の「全《まった》く（＝完全に）」や「全《まっと》うする（＝完全に果たす）」につながる。**物事が完全であるさま、命が完全で無事であるさま**をいう。

1 女一人《ひとり》住む所は、いたくあばれて築地《ついひぢ》なども**またから**ず、〈枕・女一人住む所は〉

訳 女が一人で住んでいる所は、ひどく荒れて土塀なども**完全で**なくて、

いかめし〔厳めし〕 形シク

1 おごそかだ・荘厳だ
2 盛大だ・堂々としている
3 激しい・厳しい

類 **いかし** 形 おごそかだ・盛んだ・激しい

コア 勢いが盛んだ

「怒《いか》る」「いかづち(=雷)」と同語源で、**勢いが盛んな**ことをいう。**仏事などが重々しく荘厳なさま1**がもとで、一般的に、**立派なさま2**や、**激しいさま3**も表すようになった。

1 亀山のふもと、慈心寺《じしんじ》といふわたりに、故宮《こみや》の**いかめしき**寺建てさせ給《たま》ひて、〈狭衣〉

訳 亀山のふもと、慈心寺というあたりに、亡くなった宮が**荘厳な**寺をお建てになって、

2「既に守《かう》の殿おはしましたり」とて、この郡司《ぐんじ》の家にも騒ぎあひて、菓子《くだもの》、食《くひ》物《もの》など**いかめしく**調《ととの》へたてて、館《たち》へ運びけるに、〈今昔・三〇・四〉

訳「もう国守殿がいらっしゃった」と言って、この郡司の家でも騒ぎ合って、菓子、食物などを**盛大に**整えたてて、国守の邸宅に運んだが、

3 **いかめしき**雨風、雷《いかづち》のおどろかし侍《はべ》りつれば、〈源氏・明石〉

訳 **激しい**雨風、雷《かみなり》が(夢のお告げのことを)はっと気付かせましたので、

むなし 【虚し・空し】 形 シク

1 空っぽだ・中に何もない
2 無駄だ・無益だ・はかない
3 事実無根だ・根拠がない
4 死んでいる・命がない

類 37 **いたづらなり** 形動
関 **むなしくなる**…死ぬ
→p.306「死ぬ」の婉曲《えんきょく》表現

コア 空っぽだ

中味がなく、空っぽなさまを広くいう。**空間に中味がない1**、**効果がない2**、**事実・実態がない3**、**命がない4**という状態を表す。(現代語では、精神的に空疎なさまをいう。)

1 なほ**むなしき**地は多く、作れる屋《や》は少なし。〈方丈記〉
訳 (新都である福原は)まだ**何もない**土地が多く、建てている家は少ない。

2 ただ一声ももよほしきこえよ。**むなしくて**帰らむがねたかるべきを。〈源氏・末摘花〉
訳 ほんの一曲でも(琴を弾くように)促し申し上げよ。(何も聞かないで)**無駄に**帰るようなことが腹立たしいだろうから。

3 相人《さうにん》の言《こと》**むなしから**ず。〈源氏・澪標〉
訳 人相《にんそう》見《み》の言ったことは**事実無根で**ない。

4 **むなしき**御骸《から》を見る見る、なほおはするものと思ふがいとかひなければ、〈源氏・桐壺〉
訳 **死んでいる**ご遺体を何度も見ては、やはり生きていらっしゃると思うことがまったくかいがないので、

□□□ 321

かたじけなし

形ク

1 もったいない・恐れ多い・ありがたい

コア **もったいない・恐れ多い**

高貴なものに対して、卑しいことを恐れ屈服する気持ちをいう。**高貴なものが、卑しいものに接していることがもったいない**意、**分に過ぎた恩恵を受けて、ありがたくもったいない**意を表す。（現代語の「もったいない」は、おもに、無駄を惜しむ気持ちをいう。）

1 身に余るまでの御こころざしの、よろづに**かたじけなき**に、〈源氏・桐壺〉

訳 身に余るまでの（桐壺《きりつぼ》帝の）ご好意が、すべてにつけて**もったいない**ので、

□□□ 322

むつまし

［睦まし］ 形シク

1 親しい・親密だ・慕わしい

類 **したし** 形 親しい

対 204 **うとし** 形

コア **親しい**

うちとけて親しむの意の動詞「むつる・むつぶ」の形容詞形で、**親しいさま**をいう。**慕わしい気持ち**もいう。（現代語でも「仲睦まじい」などと使う。）

1 「いとしのびてものせむ」とのたまひて、御供に**むつましき**四五人ばかりして、まだ暁《あかつき》におはす。〈源氏・若紫〉

訳 （光源氏は）「本当にこっそり出かけよう」とおっしゃって、お供に**親しい**四、五人ほどを連れて、まだ夜明け前にいらっしゃる。

□□□ 323

むべむべし 形シク

1 もっともらしい・**ふさわしい・格式ばっている**

コア もっともらしい

「むべ」は事態を肯定することで、なるほど・もっともだの意。「むべ」を重ねて形容詞とした「むべむべし」は、当然だと思われるさまで「**もっともらしい**」と訳す。格式があることがもっともだと考えられたので、「**格式ばっている**」とも訳す。（「むべ」は「うべ」、「むべむべし」は「うべうべし」ともいう。）

1 消息文《せうそこぶみ》にも、仮名といふもの書き混ぜず、**むべむべしく**言ひまはし侍《はべ》るに、〈源氏・帚木〉

訳 手紙にも、平仮名というものを混ぜないで書き、**もっともらしく**（漢文で）言い表しますので、

□□□ 324

らうらう《ロウロウ》じ 形シク

1 洗練されている・**物慣れて巧みである・気高く美しい**

類 **らうあり**…洗練されている

コア 洗練されている

「らう」は「功労」の「労」で、**経験を積み、洗練されたさま**をいう。「らうらうじ」は「らう」を重ねて形容詞とした言葉。洗練された美しさも表す。

1 御手こまやかにはあらねど、**らうらうじう**、草《さう》などをかしうなりにけり。〈源氏・賢木〉

訳 （朝顔《あさがお》の斎院《さいいん》の）ご筆跡は繊細ではないが、**洗練されてい**て、草仮名などが風流になっていた。

▽「らうらうじう」は「らうらうじく」の音便形。

まばゆし

形ク

❶まぶしい
❷美しい・**華やかだ**
❸見ていられない・**不快だ**
❹恥ずかしい・**きまりが悪い**

コア　まぶしい

「ま」は「まぶた・まつげ」などと同じく、「目」の意。**目に照り映《は》えて、まぶしい**の意❶がもとで、まぶしいくらいに**美しい**❷、まぶしくて見ていられないくらい**不快だ**❸、**恥ずかしい**❹意を表す。

❶日のかげも暑く、車に差し入《い》りたるも**まばゆけれ**ば、扇《あふぎ》して隠し、〈枕・見物は〉
訳 日の光も暑く、牛車《ぎっしゃ》に差し込んでいるのも**まぶしい**ので、扇で(顔を)隠し、

❷誰《たれ》も誰も**まばゆき**まで装束《さうぞ》きたり。〈栄花・殿上の花見〉
訳 (女院《にょういん》の物詣《ものもう》でに仕える男たちは)誰もかれも(まぶしいほどに)**華やかに**装っている。

❸いと**まばゆき**人の御おぼえなり。唐土《もろこし》にも、かかる事の起こりにこそ世も乱れ悪《あ》しかりけれ。〈源氏・桐壺〉
訳 まったく**見ていられない**ご寵愛《ちょうあい》だ。中国でも、このような事が原因で世の中も乱れ不都合であった。

❹なかなかに艶《えん》にをかしき夜かな。月の隈《くま》なく明《あ》かからむも、はしたなく**まばゆかり**ぬべかりけり。〈更級・宮仕えの記〉
訳 (時雨が降るのも)かえって優美で風情《ふぜい》がある夜だなあ。月が曇りなく明るいようなことも、体裁が悪く**恥ずかしい**に違いないなあ。

326

きよらなり

［清らなり］ 形動ナリ

1 **（輝くように）美しい・（気品があって）美しい**

コア **第一級の美しさ**

「きよ」は「きよらか・きよめる」などの「清」で、**輝くような第一級の美しさ**をいう。類語の「きよげなり」は、「気《げ》（＝様子）」が付くことで、表面上の美を表す感じになり、普通の美しさをいう。入試「きよらなり」、「きよげなり」はともに「美しい」と訳してよいが、詳しく問われた時には違いがわかるようにしておきたい。

1 世になく**清らなる**玉の男御子《をのこみこ》さへ生まれ給《たま》ひぬ。〈源氏・桐壺〉

訳 世にまたとなく**美しい**玉のような皇子（＝光源氏）までお生まれになった。

327

ひたぶるなり

形動ナリ

1 **一途《いちず》だ・ひたすらだ・むやみだ**

コア **ひたすらだ**

「ひた」は「ひたむき・ひたすら・ひた走る」などの「ひた」と同じで「一《ひと》」がもと。**まっすぐ一つの方向に向かう様子**をいう。

1 灰になり給《たま》はむを見奉りて、今は亡き人と**ひたぶるに**思ひなりなむ。〈源氏・桐壺〉

訳 灰におなりになるのを拝見して、（娘は）もう亡き人だと**ひたすらに**思うようになろう。

□□□ 328

ただなり 形動ナリ

❶普通だ・当たり前だ
❷無駄だ・むなしい
関 **ただびと・ただうど** 名 (神仏でなく／皇族でなく／上流貴族でなく)普通の人
関連30 **ただならずなる**…妊娠する

コア ただそれだけだ

現代語の「ただ」と同様に、**ただそれだけで、何もない様子**をいう。**特別な能力などがない様子**❶、**特別な事態や出来事がない様子**❷などを表す。入試 打消表現を伴う「ただならず」は、「普通でない・すぐれている・妊娠している」の意。

❶声いと尊くめでたう聞こゆれば、「**ただなる**人にはよにあらじ。もし少将大徳《だいとく》にやあらむ」と思ひにけり。〈大和・一六八〉
訳 (読経《どきょう》の)声がとても尊くすばらしく聞こえるので、「**普通の**人では決してないだろう。もしかしたら出家した少将だろうか」と思った。

❷**御前《おまへ》の藤の花、いとおもしろう咲き乱れて、世の常の色ならず、ただに見過ぐさむこと惜しき盛りなるに、**〈源氏・藤裏葉〉
訳 おそば近くの藤の花が、とても風流に咲き乱れて、世間並みの風情《ふぜい》でなく、**むなしく**見過ごすようなことが残念な花盛りなので、

□□□ 329

むげなり [無下なり] 形動ナリ

❶最低だ・まったくひどい・ひどく身分が低い
❷まったくそうだ・疑いようもない・完全にそうだ
関 **むげに** 副 ひどく・むやみに

コア 最低だ・完全だ

それより「下」は「無」い意で、**まったくひどいさま**、**最低なさま**❶をいう。そこから、広く、**程度がはなはだしい**意、**まったくそうである**意❷も表す。「無下の」の形でも使う。

❶いかに殿ばら、殊勝のことは御覧じとがめずや。**無下なり**。〈徒然・二三六〉
訳 なんと皆様、すばらしいことはご覧になって気付かないのか。**まったくひどい**。

❷今は**無下**の親ざまにもてなして、あつかひきこえ給《たま》ふ。〈源氏・薄雲〉
訳 (光源氏は梅壺女御《うめつぼのにょうご》に対して)今では**まったく**の親代わりとして振る舞って、お世話し申し上げなさる。

かたくななり

［頑ななり］ 形動 ナリ

❶ 頑固《がんこ》だ・偏屈《へんくつ》だ

❷ 情趣がわからない・教養がない

類 **かたくなし** 形 頑固だ・みっともない

コア 凝り固まっている

かたよっていて、凝り固まっている様子❶をいう。これを風流という面から見ると、**情趣がわからない・教養がない**の意❷となる。

❶ 虞舜《ぐしゅん》は**かたくななる**父を敬ふと見えたり。〈平家・三・城南之離宮〉

訳（中国の伝説上の聖天子）虞舜は**頑固な**父を敬うと（古書に）見えている。

❷ 何事も辺土は、賤《いや》しく**かたくななれ**ども、天王寺《てんわうじ》の舞楽のみ都に恥ぢず。〈徒然・二二〇〉

訳 何事も田舎は、下品で**情趣がわからない**けれども、天王寺《てんのうじ》の舞楽だけは都にひけを取らない。

あらたなり

形動 ナリ

❶ あらたかだ・（神仏などの）霊験が著しい

コア 神仏の力が強い

神や仏が強い力を示したり、はっきり御利益《ごりやく》を与えたりする様子をいう。

❶ 仏の御中には、初瀬《はつせ》なむ、日本《ひのもと》のうちには**あらたなる**しるしあらはし給《たま》ふ。〈源氏・玉鬘〉

訳 仏様の中では、長谷寺《はせでら》（の観音）が、日本の中では**あらたかな**霊験をあらわしなさる。

□□□ 332

みやび［雅び］ 名

1 **優雅・風流**

関 **みやびかなり** 形動 優雅だ

関 **さとぶ** 動 田舎じみる・所帯じみる

関 **ひなぶ** 動 田舎じみる

コア 優雅

「宮」に「～のようになる」の意の「ぶ」が付いた動詞「宮ぶ」の名詞形。**宮廷風で優雅なこと**をいう。

1 三日がほど、かの院よりも、あるじの院がたよりも、いかめしくめづらしき**みやび**を尽くし給《たま》ふ。〈源氏・若菜上〉

訳 （光源氏と女三《おんなさん》の宮《みや》の婚儀の）三日間、あの院（＝朱雀院《すざくいん》）からも、主人の院（＝光源氏）の所からも、盛大ですばらしい**風流**を尽くしなさる。

□□□ 333

ゆかり［縁］ 名

1 **つながり・関わり**

2 **血縁・縁者**

コア 縁《えん》

つながりや関係1、**血のつながりがあることやその人**2をいう。（「縁《えん》」はよく似た意味の語。現代語の「縁もゆかりもない（＝何の関わりもない）」は類義語を重ねた強調表現。）

1 帝《みかど》、皇后宮《くわうがうぐう》をねむごろに時めかさせ給《たま》ふ**ゆかり**に、帥殿《そちどの》はあけくれ御前にさぶらはせ給ひて、〈大鏡・道長上〉

訳 帝（＝一条天皇）が、皇后宮（＝定子《ていし》）を熱心に寵愛《ちょうあい》していらっしゃる**つながり**で、帥殿（＝定子の兄伊周《これちか》）はいつも帝の御前に伺候なさって、

2 国の内は、守《かみ》の**ゆかり**のみこそは、かしこきことにすめれど、〈源氏・須磨〉

訳 国（＝播磨国《はりまのくに》）の内では、国守の**縁者**だけを、立派なことだとしているようだが、

□□□ 334

あらまし

❶予定・計画

名

コア 予定・計画

将来のことをあれこれ考えたり、願ったりすることをいう。**予定・計画**の意。

❶人に紙反故《ほぐ》など乞ひ集め、いくらも差図《さしづ》を書きて、家作るべき**あらまし**をす。「寝殿はしかしか、門は何か」など、これを思ひはからひつつ、尽きせぬ**あらまし**に心を慰めて過ぎければ、〈発心集〉

訳 (貧しい男が)人から書き損じの紙などを求め集めて、たくさん設計図を書いて、家を作ろうという**計画**をする。「寝殿はそれそれ、門は何で」など、これを考え思案しては、終わりのない**計画**に心を慰めて時が過ぎたので、

□□□ 335

しな [品]

❶身分・地位・品位

名

コア 身分・品位

種類や等級をいう語で、**人の身分や品位**を表す。(現代語では、物事の種類や状態をいうが、古文では人に対して用いることが多い。)

❶人の**品**高く生《む》まれぬれば、人にもてかしづかれて隠るること多く、〈源氏・帚木〉

訳 人が**身分**が高く生まれてしまうと、人に大切に世話されて(欠点も)隠れることが多く、

□□□ 336

かず［数］

名

❶**数・数量**

❷**数える価値があるもの**

「かず」の関連表現

連⑳ 数ならず	数えるだけの価値がない・取るに足りない
人数《ひとかず》	人数として数え入れること・一人前
数まふ	数に入れる・一人前に扱う
数知らず	数えきれないほど多い

コア 数える価値があるもの

数量の意❶で、**数える価値があるもの、一人前だと認めるもの**の意❷もある。関連表現が多くある。

❶おとな三十人、童《わらは》四人、下仕《しもづか》へ四人なむ、率《ゐ》て下《くだ》る**数**に定めたりける。〈落窪・四〉

訳 一人前の女房三十人、召使いの少女四人、下仕え四人を、連れて下る**数**に定めていた。

❷身のありさまを、口惜《くちを》しきものに思ひ知りて、「高き人は、我《われ》を何の**数**にも思《おぼ》さじ」〈源氏・須磨〉

訳 (明石《あかし》の君《きみ》は)自分自身の様子を、残念なものだと思い知って、「高貴な人は、私を何の**数える価値があるもの**にもお思いになるまい」

□□□ 337

かごと

名

❶**言い訳・口実**

❷**ぐち・不平**

コア 言い訳・ぐち

「仮言《かりごと》」「借言《かりごと》」がもとで、関係がないことを無理に結び付けて言うこと、**言い訳**や**口実**の意❶。しいて関係付けて恨み嘆くことは、**ぐち**の意❷にもなる。形容詞「かごとがまし」は、言い訳がましい・ぐちっぽい意。動詞「関かこつ」は、他のせいにする・ぐちを言う意。

❶御返り、口ときばかりを**かごと**にて、取らす。〈源氏・夕顔〉

関 193 **くどく** 動
関 **かこつ** 動 ①かこつける ②ぐちをこぼす
関 **かごとばかり**…申し訳程度に・形だけ

訳 (軒端荻《のきばのおぎ》は、光源氏への)ご返歌は、素早く詠んだというだけを(巧みでないことの)**言い訳**にして、(お使いに)与える。

2 かくさぶらふよし聞こえよ。いたう濡《ぬ》れにたる**かごと**も聞こえさせむかし。〈源氏・橋姫〉
訳 こうして伺っている旨《むね》を(姫君たちに)申し上げよ。ひどく濡れてしまった**ぐち**も申し上げたいよ。

□□□ 338

くま [隈] 名

1 奥まって目に付かない所
2 曇り・かげり
3 心に隠していること・秘密

関 **くまなし** 形 曇りがない

コア かげになった所

奥まって目に付かない所の意**1**がもと。そこから、**曇り・かげり2**、**心に隠していること・秘密3**などの意も表す。(現代語の「くまなく(=余す所なく)」、「目の下にくまができる」などに残っている。)

1 されど、さるべき**隈**にはよくこそ隠れありき給《たま》ふなれ。〈源氏・帚木〉
訳 けれども、(光源氏は)しかるべき**奥まって目に付かない所**にはよくこっそりあちこち通っていらっしゃるということだ。

2 月の**隈**もなう澄みのぼりてめでたきを見給ひて、〈栄花・月の宴〉
訳 月が**曇り**もなく澄みのぼってすばらしいのをご覧になって、

3 されど、まことには心に**隈**のなければ、いと心やすし。〈源氏・宿木〉
訳 けれども、(私=匂《におうのみや》宮は)本当には心に**秘密**がないので、まったく安心だ。

やう《ヨウ》 [様] 名

❶ **様子・形**
❷ **事情・わけ・理由**
❸ **手段・方法**

関 **あるやう**…ありさま・事情

コア 様子

物事のあり方・様子をいう。**目に見える様子・形**の意❶から、そのことの内側にある**事情**❷、あることを実行するための**手段**❸などもいう。入試「言ふやう」は「言うことには」の意。「思ふやう」は「思うことには」の意。ともに直後にその内容が続く。❷は「やうあり」の形で使うことが多い。

❶ **書きたる真名《まな》の<u>やう</u>、文字の、世に知らずあやしきを見つけて、**〈枕・雨のうちはへ降る頃〉

訳 書いてある漢字の<u>**様子**</u>、字体が、またとないくらい奇妙であるのを見つけて、

❷ **待ちきこえ給《たま》へど、こなたには御消息《せうそこ》だになければ、「さる<u>やう</u>こそはあらめ」と思《おぼ》して、**〈夜の寝覚〉

訳 お待ち申し上げなさるが、こちらにはご伝言さえないので、「そういう<u>**事情**</u>があるのだろう」とお思いになって、

❸ **その山、見るに、さらに登るべき<u>やう</u>なし。**〈竹取・蓬莱の玉の枝〉

訳 その山(＝蓬莱山《ほうらいさん》)は、見ると、まったく登ることができる<u>**方法**</u>がない。

きは《ワ》 [際] 名

1 限度・極み
2 端・境目
3 その折・時
4 身分・家柄

類 259 かぎり 名
関 きはやかなり 形動 際立っている

コア 限度・境目

現代語で「きわめる」「きわみ」などとあるように、ぎりぎりのところ、**限度、限界**の意**1**を表す。**空間的な限度2**、**時間的な限度3**などをいう。人の、他との境目は**身分**の意**4**となる。

1 君の御母君のかくれ給《たま》へりし秋なむ、世にかなしきことの**際**にはおぼえ侍《はべ》りしを、〈源氏・柏木〉
訳 あなたのお母上(＝葵《あおい》の上《うえ》)がお亡くなりになった秋は、この世で悲しいことの**極み**だとは思われましたが、

2 帝《みかど》の御むすめ、いみじうかしづかれ給ふ、ただ一人《ひとり》御簾《みす》の**際**に立ち出《い》で給ひて、〈更級・上洛の旅〉
訳 帝の御娘で、たいへん大切にされていらっしゃる方が、たった一人御簾の**境目**に出ていらっしゃって、

3 年月経《へ》てもつゆ忘るるにはあらねど、去る者は日々にうとしと言へることなれば、さは言へど、その**際**ばかりはおぼえぬにや。〈徒然・三〇〉
訳 年月が経《た》っても少しも忘れるのではないけれども、死んだ者は日ごとに遠くなると(古詩にも)言っていることなので、そうは言うが、その(＝死の)**時**ほどは(悲しく)思われないのだろうか。

4 何《なに》のやうごとなき**際**にもあらず。〈和泉式部日記〉
訳 何の高貴な**身分**でもない。

341

ようい［用意］ 名

1 心づかい・気配り
2 準備・したく
類 139 いそぎ 名
類 まうけ 名 準備

コア 心づかい

もともと漢語で、「意」を「用」いるの意味。**心づかい・気配り**の意1を表す。事が起きる前に心づかいをすることから、現代語と同じ**準備**の意2にもなった。

入試 1が問われる。

1 いとありがたくも見え給《たま》ふかたち、**用意**かな。〈源氏・若菜上〉

訳（夕霧《ゆうぎり》は）とてもめったにないほどにもお見えになる顔立ち、**心づかい**だなあ。

2 一度にときをどっとぞ作りける。**用意**したる白旗《しらはた》、ざっとさし上げたり。〈平家・六・横田河原合戦〉

訳 一度にときの声（＝士気を高めるためのかけ声）をどっと上げた。**準備**していた（源氏の）白旗を、ざっと高く上げた。

342

こころばへ《エ》［心ばへ］ 名

1 気立て・性質・心づかい
2 趣向・風情《ふぜい》
類 心ばせ 名 心づかい・性質

コア 性質・趣向

「こころばへ」は「心延へ」で、**心が動いて延びていくこと**をいい、**性質**の意1を表す。人の心の他、**物事の性質・趣向**の意2でも使う。（［類］「こころばせ」は「心馳せ」で、心を走らせることをいい、似た意味だが、人の心の働きのみを表す。）

1 **心ばへ**など、あてやかにうつくしかりつることを見ならひて、〈竹取・かぐや姫の昇天〉

訳（召使いたちもかぐや姫の）**気立て**などが、上品で愛らしかったことを見慣れて、

2 水の**心ばへ**など、さるかたにをかしくしなしたり。〈源氏・帚木〉

訳 水（ここでは、庭の遣《や》り水《みず》）の**風情**などが、それなりに風流に造ってある。

よろこび 名

1 喜び・うれしく思うこと
2 任官・昇進
3 (任官の)祝い事・お祝い
4 (任官の)お礼・礼を言うこと

関 **よろこび申《まう》し** 名 任官や昇進のお礼を申し上げること

コア 喜ぶ気持ち

広く**喜ぶ気持ち**など**1**をいうが、特に貴族の任官や昇進についていい、**任官すること2**、**任官のお祝い3**、**任官へのお礼4**の意も表した。(国司などは任期が四年で、求職活動をくり返す必要があった。貴族にとっては任官や昇進は生活に直結する最大の関心事であった。↓p.311付録(古文常識)⑦任官)

1 都近くなりぬる**よろこび**にたへずして、〈土佐〉
訳 都が近くなった**喜び**に我慢しきれないで、

2 正月の司召《つかさめし》に、さまざまの**よろこび**どもありて、九条《くでう》殿の御太郎伊尹《これまさ》の君《きみ》、大納言になり給《たま》ひて、〈栄花・月の宴〉
訳 正月の官職任命の儀式に、さまざまな**任官や昇進**があって、九条殿のご長男伊尹の君は、大納言におなりになって、

3 つひにおとどになり給ひにける御**よろこび**に、おほきおとど梅を折りてかざし給ひて、〈大和・一二〇〉
訳 (兄が)とうとう大臣におなりになったお**祝い事**に、(弟の)太政《だじょう》大臣は梅を折って冠におさしになって、

4 **よろこび**奏するこそをかしけれ。〈枕・よろこび奏するこそ〉
訳 **(任官や昇進の)お礼**を帝《みかど》に申し上げるさまは趣がある。

□□□ 344

わたくし［私］ 名

❶ **私的なこと・個人的なこと**

対 **おほやけ** 名 ①天皇 ②朝廷 ③公的なこと

コア 私的（してき）・個人的

私的、個人的であることをいい、公的であることをいう「公《おほやけ》」の対義語。

入試 のちに現代語と同じ一人称代名詞の用法が現れるが、そちらは問われない。「私」と訳すことはないと考えてよい。

❶年頃、おほやけ、**わたくし**御暇《いとま》なくて、〈源氏・明石〉

訳 何年もの間、公的にも、**私的**にもお暇がなくて、

□□□ 345

を《オ》こ 名

❶ **愚かなこと・ばかげたこと**

関 **をこがまし** 形 ①愚かだ ②差し出がましい

関 41 **おろかなり** 形動

コア 愚か

思慮が足りなくてばかげていること、愚かなことをいう。形容動詞「をこなり」は、愚かだ、形容詞「関をこがまし」は、愚かだ・差し出がましいの意。

❶かたはらにて聞く人は、はかるなりと、**をこ**に思ひて笑ひけるを、〈宇治・八六〉

訳 そばで聞く人は、だますのだと、**ばかげたこと**だと思って笑ったが、

□□□ 346

とりあへ《エ》ず

［取り敢へず］ 副

1 **すぐに・たちどころに**

類 48 **やがて** 副

類 **すなはち・たちまち** 副 すぐに

コア **すぐに**

「〜敢へず」は「〜しようとしてしきれない・〜できない」意で、「とりあへず」は**必要な物を手に取ることもできないくらいすぐに**、の意。入試 現代語の「まずさしあたって・間に合わせに」の意とは異なるので、必ず訳す。

1 「明日《あす》なむ四十九日《なななぬか》になり侍《はべ》る」と言ふを聞き給《たま》ふに、涙**とりあへず**こぼれ給ひぬ。〈狭衣〉

訳 「明日が(飛鳥井《あすかい》の女君《おんなぎみ》の)四十九日《しじゅうくにち》になります」と言うのを(狭衣《さごろも》は)お聞きになると、涙が**たちどころに**こぼれなさった。

□□□ 347

や《ヨ》う《ウ》や《ヨ》う《ウ》

［漸う］ 副

1 **だんだん・徐々に・次第に**

コア **徐々に**

物事が少しずつ移り変わるさまをいう。「やうやく」が変化したとされるが、現代語の「ようやく(＝やっとのことで)」とは異なる。

1 紅葉《もみぢ》の、**やうやう**色づくほど、絵に描《か》きたるやうにおもしろきを、〈源氏・夕顔〉

訳 紅葉が、**だんだん**色づくさまが、絵に描いたように風情《ふぜい》があるのを、

348

ことさら 副

1 わざわざ・特別に・格別に

類 272 わざと 副

コア 特別

特別に意図してするさまをいう。その仕方がきちんとして、**格別であるさま**もいう。

1 御前《おまへ》の草のいとしげきを、「などか。掻《か》き払はせてこそ」と言ひつれば、「**ことさら**露置かせて御覧ずとて」と宰相の君の声にていらへつるが、〈枕・殿などのおはしまさでのち、世の中に事出で来〉

訳 (中宮の)おそば近くの草がとても繁っているので、「どうして。刈り取らせなされればよいのに」と言ったところ、「(中宮は)**わざわざ**露を置かせてご覧になるということで(刈りません)」と宰相の君の声で返事をしたのが、

349

かまへ《エ》て [構へて] 副

1 ぜひとも・必ず

コア ぜひとも

動詞「かまふ」に「て」が付いた語。「かまふ」は現代語の「構える」と同じく、物事の実現を目指して、組み立てて作る・準備するの意。そこから、**手段を尽くしてぜひとも**という気持ちを表す副詞になった。

1 守《かみ》、伝へ聞きて、欲しと思ひければ、**かまへて**この池の魚《いを》を取らばやと思ふに、〈今昔・三一・二二〉

訳 国守は、（大きな鯉《こい》がいるという話を）伝え聞いて、欲しいと思ったので、**ぜひとも**この池の魚を取りたいと思うが、

□□□ 350

よに ［世に］ 副

❶ **非常に・実に**

❷ 〔打消表現を伴って〕**まったく（〜ない）・決して（〜ない）**

コア 非常に・まったく

世の中の意の名詞「世」に助詞「に」が付いて、**程度がはなはだしい**こと❶を表す副詞になった。打消表現を伴うと、**強い否定**の意❷となる。→p.298付録（文法）②呼応の副詞 入試 副詞か、名詞「世」と助詞「に」かは、文脈から判断する。

❶ おほやけにも重き御おぼえにて、いかめしき御願《ぐわん》ども多く立てて、**よに**かしこき聖《ひじり》なりける、〈源氏・薄雲〉

訳 帝《みかど》からも重いご信頼で、重大な御願をたくさん立てて、**非常に**すぐれた聖であった、

❷ すきがましきさまには**よに**見え奉ら**じ**。思ふこと少し聞こゆべきぞ。〈源氏・帚木〉

訳 好色めいた振る舞いは**決して**お目にかけ**ない**つもりだ。思うことを少し申し上げたいのだ。

連語・慣用表現

① ねをなく

[音を泣く]

❶ **声を出して泣く・声を上げて泣く**

「ね」は音・声の意で、「音《ね》を泣く」は**声を出して泣く**ことを表す。「音のみ泣く(＝声を上げて泣いてばかりいる)」などの強調の形で使うことも多い。

❶ 男《をのこ》もならはぬは、いとも心細し。まして女は、船底《ふなぞこ》に頭《かしら》をつきあてて、**音をのみぞ泣く**。〈土佐〉

訳 男も(船旅に)慣れない者は、とても心細い。まして女は、船底に頭をつけて、**声を上げて泣いてばかりいる**。

② おとにきく

[音に聞く]

❶ **うわさに聞く・人づてに聞く**

「おと」はうわさ、風聞の意で、「音に聞く」は**うわさに聞く**意を表す。**評判が高くて有名だ**の意にもなる。

❶ **音に聞き**つる御ありさまを見奉りつる、げにこそめでたかりけれ。〈源氏・帚木〉

訳 **うわさに聞い**た(光源氏の)お姿を拝見したのは、本当にすばらしかったなあ。

③ いもねられず

[寝も寝られず]

❶ **寝ることもできない・眠ることもできない**

「寝《い》」は睡眠の意、「寝《ぬ》」は寝るの意。「寝《い》を寝《ぬ》」は眠りを眠るという表現で、「寝る」の意。打消の「寝も寝ず(＝眠りもしない)」や不可能の「寝も寝られず(＝**眠ることもできない**)」の形で使うことが多い。

❶ 庵《いほ》なども浮きぬばかりに雨降りなどすれば、恐ろしくて**寝も寝られず**。〈更級・上洛の旅〉

訳 粗末な家なども浮いてしまうくらいに雨が降りなどするので、恐ろしくて**眠ることもできない**。

4

あかず

［飽かず］

1 満足しないで・**物足りなく・名残惜しく**
2 飽きないで

関 16 **あく** 動

関 **飽かぬ別れ**…名残惜しい別れ

満足する意の「飽く」に打消の助動詞「ず」が付いたもので、**満足しないで1**、**飽きないで2**の意を表す。入試 **1**が問われる。

1 帝《みかど》、かぐや姫をとどめて帰り給《たま》はむことを、**飽かず**口惜《くちを》しく思《おぼ》しけれど、〈竹取・かぐや姫の昇天〉

訳 帝は、かぐや姫を残してお帰りになるようなことを、**名残惜しく**残念だとお思いになったが、

2 ものうち言ひたる、聞きにくからず、愛敬《あいぎやう》ありて、言葉多からぬこそ、**飽かず**向かはまほしけれ。〈徒然・一〉

訳 何かを言ったのが、聞きにくくなく、やさしく穏やかなところがあって、口数の多くない人は、**飽きないで**向かい合っていたいものだ。

5

あからめもせず

1 わき目もふらない・**よそ見もしない**
2 浮気もしない・**心変わりもしない**

「あからめ」はちょっと目をそらすことで、助動詞「ず」などの打消表現を伴って使われることが多い。**よそ見もしない**の意**1**を表す。他の異性をちょっと見ることもしない、ということから、**浮気もしない**の意**2**も表す。

1 花の本《もと》には、ねぢ寄り立ち寄り、**あからめもせず**まもりて、〈徒然・一三七〉

訳 花のもとには、にじり寄って近寄り、**わき目もふらずに**見つめて、

2 物かきふるひ去《い》にし男なむ、しかながら運び返して、もとのごとく、**あからめもせで**添ひゐにける。〈大和・一五七〉

訳 物を全部持って去った男が、そのまま全部運び返して、もとのように、**浮気もせずに**連れ添って暮らした。

6 なでふ《ジョウ》ことかあらむ《ン》

1 どれほどのことがあろうか（いや、どれほどのこともない）・何の問題もない

「なでふ」は「なにといふ」がもと、「か」は反語（＝疑問の形で強い否定を表す表現）で、「なでふことかあらむ」は、**どれほどのことがあろうか、いや、どれほどのこともない**の意。（「なでふことなし」も同じ意味。）入試「何の問題もない」という訳し方で反語の理解を問われることが多い。

1 わななくわななく「ここに人」とのたまへど、「まろは、皆人《みなひと》に許されたれば、召し寄せたりとも、**なでふことかあらむ**」〈源氏・花宴〉

訳（女は）震え震え「ここに人（がいる）」とおっしゃるが、（光源氏は）「私は、すべての人に許されているので、（人を）お呼び寄せになったとしても、**何の問題もない**」

7 なに（に）かはせむ《ン》

［何（に）かはせむ］

1 何になろうか（いや、何にもならない）・何の価値もない

関連⑪ **いかが（は）せむ**

「かは」は反語の意で、「何（に）かはせむ」は、**何になろうか、いや、何にもならない**の意。入試「何にもならない」「何の価値もない」という訳し方で反語の理解を問われることが多い。

1 逢《あ》ふことも涙に浮かぶ我が身には死なぬ薬も**何にかはせむ**〈竹取・かぐや姫の昇天〉

訳（かぐや姫に）逢うこともないので、悲しみの涙に浮かぶ我が身には死なない薬も**何の価値があろうか、いや、何の価値もない**。

8 あやめもしらず あやめもわかず

［文目も知らず］［文目も分かず］

「あや」は、きれいに織り出された綾織物《あやおりもの》の模様の意から、物事の筋目・道理の意も表す。「あやめも知らず」「あやめもわかず」は、**分別がなく、わけがわからない**意。

❶物事のけじめもわからない・分別がない・わけがわからない

❶ほととぎす鳴くや五月《さつき》のあやめ草**あやめも知らぬ**恋もするかな
〈古今・恋一・読人知らず〉

訳 ほととぎすの鳴く五月のあやめ草ではないが、**分別がない**(無我夢中の)恋をすることだなあ。

⑨ あれ(か)にもあらず

❶**呆然《ぼうぜん》としている・呆然自失のさまだ**

類 **あれか人か**…呆然としている

「あれ」は我、「に」は断定・「ず」は打消の助動詞で、「あれ(か)にもあらず」は、自分でもない、つまり、**自分が自分であるような気がせずぼんやりしているさま、呆然自失のさま**をいう。類「あれか人か」も似た意味の表現。

❶立ち出《い》づるほどの心地**あれかにもあらず**、うつつともおぼえで、暁《あかつき》にはまかでぬ。
〈更級・宮仕えの記〉

訳 (宮中に)出仕する時の気持ちは**呆然としていて**、現実のこととも思われなくて、夜明け前には退出した。

⑩ ものもおぼえず

[物も覚えず]

❶**どうしたらよいかわからない・正気でない・無我夢中だ**

「おぼゆ」はここでは、考えることができる・意識する意で、打消の助動詞「ず」を伴う「ものもおぼえず」は、ものも考えられないということから、**どうしたらよいかわからない**意となった。入試 記憶がない意ではない。

❶右近《うこん》は、**ものもおぼえず**、君につと添ひ奉りて、わななき死ぬべし。
〈源氏・夕顔〉

訳 右近は、**正気でなく**、君(=光源氏)にぴったり付き申し上げて、震えて死にそうだ。

11 いかが(は)せむ《ン》

❶〔疑問〕どうしようか・どうしたらよいだろうか

❷〔反語〕どうしようか(いや、どうしようもない)・仕方がない

関連⑦何(に)かはせむ

「いかが」はどう・どのようにの意、「せ」はサ変動詞「す」、「む」は推量・意志の助動詞。疑問の意の時は、**どうしようか❶**と迷う気持ち、反語の意の時は、**どうしようか、いや、どうしようもない❷**と諦める気持ちを表す。

❶しばしかなでてのち、抜かんとするに、大方抜かれず。酒宴ことさめて、**いかがはせん**とまどひけり。〈徒然・五三〉

訳〈金属製の釜をかぶって〉しばらく舞を舞ってのち、抜こうとするが、まったく抜くことができない。酒宴はしらけて、**どうしようか**と途方に暮れた。

❷さらば**いかがはせむ**。かたきものなりとも、仰せ言に従ひて求めにまからむ。〈竹取・龍の頸の玉〉

訳それでは**仕方がない**。困難なものであっても、ご命令に従って〈龍《りゅう》の頸《くび》の玉を〉探しに行きましょう。

12 せむ《ン》かたなし

［せむ方無し］

❶なすべき方法がない・どうしようもない

「せ」はサ変動詞「す」、「む」は仮定・婉曲《えんきょく》の助動詞、「かた」は手段・方法の意、「なし」は無い意で、**なすべき方法がない、どうしようもない**の意を表す。

❶乳母《めのと》も三月朔日《ついたち》に亡くなりぬ。**せむかたなく**思ひ嘆くに、〈更級・家居の記〉

訳乳母も三月一日に亡くなってしまった。**どうしようもなく**て嘆き悲しんでいると、

⑬ やるかたなし やらむ《ン》かたなし

［遣る方無し］［遣らむ方無し］

❶心を晴らす方法がない・どうしようもない

「遣る」はつらさなどを払いのける意、「かた」は手段・方法の意、「なし」は無い意で、**心を晴らす方法がない**意を表す。「やらむかたなし」は仮定・婉《えん》曲《きょく》の助動詞「む」を挟んだ形。入試「やらむかたなし」は「やるかたなし」と同じに訳してよい。

❶いかにせむと思《おぼ》しわづらへど、なほ、悲しさの**やるかたなく**、〈源氏・夕顔〉

訳 （光源氏は）どうしようと思い悩みなさるが、やはり、（夕顔《ゆうがお》を死なせてしまった）悲しさは**どうしようもなく**、

❶などてかくはかなき宿りは取りつるぞと、悔しさも**やらむかたなし**。〈源氏・夕顔〉

訳 どうしてこんなつまらない所に泊まったのかと、悔しさも**どうしようもない**。

⑭ いふ《ウ》かひ《イ》なし

［言ふ甲斐無し］

❶言ってもどうしようもない・言っても何にもならない

❷言う価値がないほどつまらない・子供っぽい・身分が低いなど

言葉にして言うかいがないことから、**言っても取り返しも付かずどうしようもない**意❶、**口にする価値がないほどつまらない、子供っぽい、身分が低い**などの意❷を表す。入試「言ふかひなくなる」は死ぬことの婉曲《えんきょく》表現。→p.306「死ぬ」の婉曲表現

❶**言ふかひなし**。その男《をのこ》を罪《つみ》しても、今はこの宮をとり返し都に返し奉るべきにもあらず。〈更級・上洛の旅〉

訳 **言ってもどうしようもない**。その男を罰しても、今となってはこの宮（＝帝《みかど》の愛娘）をとり返して都にお戻しすることができるわけでもない。

❷いで、あな、幼《をさな》や。**言ふかひなう**ものし給《たま》ふかな。〈源氏・若紫〉

訳 いやもう、ああ、幼いなあ。**子供っぽく**ていらっしゃるなあ。

▽「言ふかひなう」は「言ふかひなく」の音便形。

15 いふ《ウ》もおろかなり いへ《エ》ばおろかなり

［言ふもおろかなり］［言へばおろかなり］

1 **～では言い尽くせない・～どころではない・言うまでもない**

「おろかなり」は、いいかげんだの意。「～と言ふも／言へばおろかなり」の形で、「～」が表現として**いいかげんで、不十分であること**をいう。

入試 訳語の「～どころではない」は強調表現で、否定ではないことに注意する。

1 博士の才《ざえ》あるは、めでたしと**言ふもおろかなり**。〈枕・めでたきもの〉

訳 博士で学識がある人は、すばらしいことは**言うまでもない**。

1 かくてよろづのこと、たのもしと**言へばおろかなり**。〈宇治・一八〉

訳 こうして万事が、裕福**どころではない**。

16 いふ《ウ》かたなし いは《ワ》む《ン》かたなし

［言ふ方無し］［言はむ方無し］

1 **何とも言いようがない・たとえようもない**

「言ふ」に、方法・手段の意の「かた」、無い意の「なし」が付いて、**表現する方法がない、何とも言いようがない**意を表す。よいことにも悪いことにも使う。

入試「言はむかたなし」は仮定・婉曲《えんきょく》の助動詞「む」を挟んだ形。

1 ある時は、**言はむかたなく**むくつけげなるもの来て、食ひかからむとしき。〈竹取・蓬莱の玉の枝〉

訳 ある時は、**何とも言いようがなく**恐ろしそうなものが来て、食いかかろうとした。

17 えもいは《ワ》ず

［えも言はず］

「え～打消」は「～できない」（不可能）の意を表す。「えも言はず」は、**言葉で言うことができないほど、程度がはなはだしい**意。よい意味でも悪い意味でも使われる。

❶ **何とも言いようがない（ほどすばらしい／ほどひどい）**

類 **えならず**…何とも言いようがないほどだ

❶ あるいは角生《つのお》ひたり。頭も**えも言はず**恐ろしげなる者どもなり。〈宇治・一七〉

訳 あるいは角が生えている。頭も**何とも言いようがなく**恐ろしげな者たちである。

18 めもあやなり

［目もあやなり］

❶ **まぶしいほど立派だ・はなやかで正視できない**

❷ **見るに堪えない・意外で驚きあきれるほどだ**

「あや」は「あやし」に通じ、「目もあやなり」は**見ていて不思議な様子、驚くばかりなさま**をいう。よいこと❶にも悪いこと❷にも用いる。

❶ 木のうつほを住みかとして生《お》ひ出《い》でたれど、**目もあやなる**光添ひてなむありける。〈うつほ・俊蔭〉

訳 木の中が空洞になった所を住みかにして成長したが、（その子供には）**まぶしいほど立派な**光が備わっていた。

❷ 舟の端《はた》を押さへて放ちたる息などこそ、まことにただ見る人だに、しほたるるに、落とし入れてただよひありく男《をのこ》は、**目もあやに**あさましかし。〈枕・うちとくまじきもの〉

訳 （海女《あま》が）舟端《ふなばた》を押さえて吐き出した息などは、本当にただ見る人でさえ、涙が出るのに、（海女を海に）落とし入れて（舟で）漕《こ》ぎまわる男は、**見るに堪えず**あきれるよ。

19 ひとかたならず

［一方ならず］

❶ **一通りでない・並々でない**

「ひとかた」が一通り・並の意で、打消の助動詞「ず」を伴う「一方《ひとかた》ならず」は**一通りでない・並々でない**の意。

❶ **一方ならず**心深くおはせし御ありさまなど、つきせず恋ひきこえ給《たま》ふ。〈源氏・薄雲〉

訳 **並々でなく**思慮深くていらっしゃった（藤壺《ふじつぼ》の）ご様子などを、（光源氏は）限りなく恋しがり申し上げなさる。

20 かずならず

［数ならず］

❶ **数えるだけの価値がない・取るに足りない・つまらない**

関 **数知らず**…数えきれないほど多い

「数」は、数え入れる価値があるものの意で、「数ならず」はそれを否定して、**数えるだけの価値がない**意を表す。
↓336 かず

❶ この山に籠《こ》りゐてのち、やむごとなき人のかくれ給《たま》へるもあまた聞こゆ。まして、その**数ならぬ**たぐひ、尽くしてこれを知るべからず。〈方丈記〉

訳（私が）この山に籠もってのち、高貴な人がお亡くなりになったこともたくさん聞こえる。まして、その**取るに足りない**たぐい（の人々について）は、全部はこれを知ることができない。

21 けしう《シュウ》はあらず

❶ **悪くはない・かなりよい**

異様だの意の「けし」を否定した表現。「悪くはない」が直訳だが、**かなりよい**ことをいう。控えめにほめる意を表す。

❶ この歌をかのたぐひにせんとなん思う給《たま》ふる。いとかれらにも劣らず、**けしうはあらず**こそ侍《はべ》れ。〈無名抄〉

訳 この歌をあの類（＝代表的な秀歌）にしようと思います。それほどあれらの歌にも劣らず、**悪くはない**です。

22 けしからず

❶ **異様だ・不都合だ**

異様だの意の「けし」に打消の助動詞「ず」が付いたもので、**「けし」どころではないという強調表現**。「異様でない」の意ではない。現代語の「けしからん」のもと。

❶ 和泉《いづみ》は**けしからぬ**かたこそあれ、うちとけて文《ふみ》走り書きたるに、そのかたの才《ざえ》ある人、はかない言葉のにほひも見え侍《はべ》るめり。〈紫式部日記〉

訳 和泉式部は**不都合な**部分はあるが、くつろいで手紙を走り書きした時に、その方面の才能がある人で、ちょっとした言葉の美しさも見えるようです。

23 さるべき

［然るべき］

❶そうであるべき・適当な
❷立派な・えらい
❸そうなる因縁《いんねん》の・そうなる運命の

関 さるべきにやありけむ…そうなる宿命であったのだろうか

「そう」の意の副詞「さ」に、動詞「あり」、助動詞「べし」が付いた「さあるべき」がもとで、**そうであるべき**の意❶。あるべきさまは、よい状態なので、**立派な**の意❷となる。また、仏教的な宿命観と結びついて、**前世からそうであると決まっている**の意❸ともなる。

❶むすめをば**さるべき**人に預けて、北の方をば率《ゐ》て下《くだ》りぬべしと、〈源氏・夕顔〉

訳 娘を**適当な**人に預けて（＝結婚させて）、妻を連れて（任国へ）下ろうと、

❷**さるべき**人は、とうより御心魂《こころだましひ》のたけく、〈大鏡・道長上〉

訳（藤原道長《ふじわらのみちなが》のように）**立派な**人は、若いうちからご思慮才覚がすぐれ、

❸かしこく恐ろしと思ひけれど、**さるべき**にやありけむ、負ひ奉りて下《くだ》るに、〈更級・上洛の旅〉

訳 恐れ多く恐ろしいと思ったが、**そうなる運命で**あったのであろうか、（男は、帝《みかど》の娘を）背負い申し上げて（東国へ）下ると、

24 さればこそ

［然ればこそ］

❶予想通りだ・やっぱりそうだ

類 さればよ…予想通りだ

予想通りの結果になった時に言う。「されば」はだからの意。「こそ」のあとに「言ひつれ」などが省略されている。だから言ったのだ、がもと。

❶火の中にうちくべて焼かせ給《たま》ふに、めらめらと焼けぬ。「**さればこそ**。異物《こともの》の皮なりけり」と言ふ。〈竹取・火鼠の皮衣〉

訳 火の中に（皮衣《かわごろも》を）くべて焼かせなさると、めらめらと焼けた。「**予想通りだ**。（火《ひ》鼠《ねずみ》とは）他のものの皮だったのだ」と言う。

25

こころあり

［心有り］

❶思いやりがある・人情がある
❷思慮分別がある・道理がわかる
❸風流心がある・情趣を解する

類 **情けあり**…①思いやりがある ②風流心がある

対 205 **なさけなし** 形

対 **心なし** 形 ①思いやりがない ②思慮分別がない ③風流心がない

どんな心が話題になっているかで、訳し分ける。人間的な優しい心なら「**思いやりがある**」❶、理性的に考える心なら「**思慮分別がある**」❷、風流を理解できる心なら「**風流心がある**」❸と訳す。

❶ 守《かみ》がらにやあらむ、国人《くにびと》の心の常として、今はとて見えざんなるを、**心ある**者は、恥ぢずになむ来《き》ける。〈土佐〉

訳 国司の人柄のせいだろうか、任国の人の心の常として、今は(お別れだ)といって姿を見せないそうなのに、**人情がある**者は、遠慮せずにやって来た。

❷ おろかなる人の目を喜ばしむる楽しみ、またあぢきなし。大きなる車、肥えたる馬、金玉《きんぎょく》の飾りも**心あら**ん人は、うたておろかなりとぞ見るべき。〈徒然・三八〉

訳 愚かな人が目を喜ばせる楽しみは、またつまらない。大きな車、肥えた馬、金や宝玉の飾りも**思慮分別がある**ような人は、ひどくばかばかしいと思うだろう。

❸ 罪なくして、配所《はいしょ》の月を見んといふことは、**心ある**際《きは》の人の願ふことなれば、〈平家・三・大臣流罪〉

訳 罪がなくて、配流《はいる》された(さびしい)土地の月を見たいということは、**風流心がある**くらいの人が願うことなので、

26

こころにもあらず

［心にもあらず］

「に」は断定の助動詞。打消の助動詞「ず」が付いて「心でもない」が直訳。「心」が意識の意なら「**無意識だ**」❶、意志の意なら「**不本意だ**」❷と訳す。

❶無意識だ・思わず
❷不本意だ・気が進まない

類 心ならず…①無意識だ　②不本意だ

類 我にもあらず…①無意識だ　②不本意だ

❶いたう困《こう》じ給《たま》ひにければ、**心にもあらず**うちまどろみ給ふ。〈源氏・明石〉

訳 （光源氏は）ひどくお疲れになってしまったので、**思わず**うとうととお眠りになる。

❷雨風はしたなくて、帰るに及ばで、山の中に**心にもあらず**泊まりぬ。〈宇治・三〉

訳 雨風が激しくて、帰ることができず、山の中に**不本意ながら**泊まった。

27 こころ（を）やる

［心（を）遣る］

❶**気晴らしをする・得意がる**

関 **心やり** 名 気晴らし

つらさやわだかまりの心を遠くに手放すことを表し、「**気晴らしをする**」、「**（心を満足させて）得意がる**」等と訳す。

❶文《ふみ》作り韻ふたぎなどやうのすさびわざどもをもしなど**心をやりて**、宮仕へをもをさをさし給《たま》はず。〈源氏・賢木〉

訳 漢詩を作り韻ふたぎ（＝漢詩を用いた文学的な遊び）などといった慰みごとをもするなど**気晴らしをし**て、出仕もほとんどなさらない。

28 ひとやりならず

［人遣りならず］

❶**自分の意志でする・自分のせいだ**

「人やり」は人を行かせること、強制することの意。打消表現が付いた「人やりならず」は、**強制でなく、自分の心からする**ことをいう。

❶**人やりならぬ**わざなれば、とひとぶらはぬ人ありとも、ゆめにつらくなど思ふべきならねば、〈蜻蛉・中〉

訳 （今回、山寺に籠《こ》もったのは）**自分の意志でする**ことなので、訪ねてくれない人がいても、決して薄情だなどと思うことはできないので、

29

ひととなる

［人となる］

❶ **一人前になる・大人になる**

❷ **正気に戻る・人心地を取り戻す**

関 **人となす**…一人前に育てる

関 **人となり** 名 生まれつきの性格

きちんとした人になることから、**一人前になる**意❶や、**しっかり意識がある**意❷を表す。

❶ 二人の子やうやう**人となり**てのち、父先立ちて病《やまひ》を受けて、〈発心集〉

訳 二人の子が次第に**大人になっ**てのち、父は（母より）先に病気にかかって、

❷ やうやう、生き出《い》でて、**人となり**給《たま》へりけれど、〈源氏・夢浮橋〉

訳（浮舟《うきふね》は）だんだん、生気をとり戻して、**正気に戻り**なさっていたが、

30

ただならずなる

❶ **妊娠する**

「ただならず」は、よい意味でも悪い意味でも普通でないことをいう。「ただならずなる」は体が普通でなくなることで、**妊娠する**意を表す。

❶ 男夜《よ》な夜な通ふほどに、年月《としつき》も重なるほどに、身も**ただならずなり**ぬ。〈平家・八・緒環〉

訳 男が毎晩通ううちに、年月も積もっていくうちに、（女の）身も**妊娠し**た。

31

れいならず

［例ならず］

「例」はいつも・普通の意で、打消の助動詞「ず」を伴った「例ならず」は**普通でない**こと❶、体が普通でなく**病気である**こと❷をいう。

❶**普段とは違っている・いつものようでない**
❷**体の調子が悪い・病気である**

❶五、六日ばかりになりぬるに、音《おと》もせず。**例ならぬ**ほどになりぬれば、〈蜻蛉・上〉

訳（夫の訪れから）五、六日くらいになったが、何の音沙汰もない。（夫の来ない日数が）**普段とは違う**くらいになってしまったので、

❷親などの心地悪《あ》しとて、**例ならぬ**けしきなる。〈枕・胸つぶるるもの〉

訳 親などが気分が悪いと言って、**体の調子が悪い**様子である（こと）。

32 れいの

［例の］

❶**いつもの・普通の**
❷**いつものように・例によって**

「例」はいつも・普通の意。「例の」は**いつものの**意❶と、**いつものように**の意❷を表す。入試 ❷が、「の」の文法的な用法を問う設問で出題される。

❶心うつくしく**例の**人のやうに恨みのたまはば、我も裏なくうち語りて慰めきこえてむものを、〈源氏・紅葉賀〉

訳（葵《あおい》の上《うえ》が）素直に**普通の**人のように恨んでおっしゃるならば、私（＝光源氏）も隠さずに語ってお慰めするのに、

❷女君《をんなぎみ》、**例の**、しぶしぶに心も解けずものし給《たま》ふ。〈源氏・若紫〉

訳 女君（＝葵の上）は、**いつものように**、気が進まない様子で心もうちとけないでいらっしゃる。

33 ときしもあれ

［時しもあれ］

1 よりによってこんな時に・折悪《あ》しく

関 **折しもあれ**…ちょうどその時

「時」に強意の助詞「しも」、動詞「あれ」が付いて、時は他にもあるのにの意で、**時期が悪い**ことを表す。「時しもこそあれ」はこれをさらに強めた表現だが、同じように訳してよい。

1 出《い》だし立てたれば、例の、**時しもあれ**、雨いたく降り、〈蜻蛉・中〉

訳 (息子を)送り出したところ、例によって、**折悪しく**、雨がひどく降り、

34 とばかりありて

1 しばらく経《た》って・少しして

類 **しばらくありて**…しばらく経って

「とばかり」は、しばらく・ちょっとの間、「あり」は時間が経過することで、「**しばらく経って**」の意となる。

1 **とばかりありて**、「男《をのこ》どもは参りにたりや」など言ひて、起き出《い》でて、〈蜻蛉・下〉

訳 **しばらく経って**、「従者たちは参上しているか」などと言って、起き出して、

35 ありとある

［有りと有る］

1 (そこに存在する)すべての・あらんかぎりの

関 **生きとし生ける**…生きているすべての

動詞「あり」を重ねて強調した表現。そこに存在する**すべての**の意。

1 **ありとある**上下《かみしも》、童《わらは》までゑひしれて、〈土佐〉

訳 **すべての**身分が高い者低い者、童姿の召使いまで酔って正体をなくして、

36

よにあり

［世に有り］

❶ **生きている・生き長らえる**

❷ **世間で評判が高い・栄える**

「よ」は「世」、「に」は助詞で、この世にいるの意で、**生きている**意❶を表す。単に存在するだけでなく、しっかり目立って存在することが、**栄える**意❷である。

❶この女見では、**世にある**まじき心地のしければ、〈竹取・仏の御石の鉢〉

訳 この女(＝かぐや姫)と結婚しないでは、**生きている**ことができそうもない心地がしたので、

❷ただ今**世にある**上達部《かんだちめ》、親王《みこ》たち、この殿の婿《むこ》になるを、〈うつほ・藤原の君〉

訳 今**世間で評判が高い**上達部、親王たちが、この殿の婿になるが、

37

よにふ

［世に経］

❶ **この世に生き長らえる・俗人として生きる**

「経《ふ》」は時が経過する意で、「世に経」は**この世で生き続ける**ことをいう。出家しないで俗人として生きる意も表す。

❶すべて**世に経《ふ》る**ことかひなく、あぢきなき心地、いとする頃なり。〈蜻蛉・中〉

訳 まったく**この世に生き長らえる**ことがかいがなく、つまらない心地が、ひどくする頃である。

38

ありし

❶ **昔の・かつての・生前の**

関 **ありつる**…さっきの

関 **あらぬ**…①別の ②意外な ③不都合な

動詞「あり」に過去の助動詞「き」の連体形「し」が付いたもので、**昔の・生前の**の意。「あり」に完了の助動詞が付いた「関ありつる」は「ありし」より近い過去にあったことをいう。入試「あった」という訳が当てはまらない時に、❶のように訳す。

❶大人になり給《たま》ひてのちは、**ありし**やうに御簾《みす》の内にも入れ給はず。〈源氏・桐壺〉

訳 (光源氏が)大人におなりになってからは、(帝《みかど》は)**かつての**ように(藤壺《ふじつぼ》がいる)御簾の中にもお入れにならない。

39

むかしのひと

［昔の人］

❶昔の時代に生きた人
❷亡くなった人・故人
❸昔親しくした人・昔なじみの人

類 **故人** 名 ①亡くなった人 ②昔親しくした人

昔の時代に生きていた人の意❶。そこから、**既に亡くなった人**の意❷にもなる。**昔親しくした人**の意❸も表す。❸は今は離れてしまった意を含む。

❶**昔の人**は、ただいかに言ひ捨てたる言草《ことぐさ》も、みないみじく聞こゆるにや。〈徒然・一四〉

訳 **昔の時代に生きた人**（について）は、ただもうどんなに無造作に言った言葉でも、みなすばらしく聞こえるのであろうか。

❷**昔の人**ものし給《たま》はましかばと、思ひきこえ給はぬ折なかりけり。〈源氏・橋姫〉

訳 **故人**（＝亡くなった妻）が生きていらっしゃったらと、思い申し上げなさらない時はなかった。

❸五月《さつき》待つ花橘《はなたちばな》の香《か》をかげば**昔の人**の袖の香ぞする 〈古今・夏・読人知らず〉〈伊勢・六〇〉

訳 五月を待って咲く橘の花の香りをかぐと、**昔親しくした人**の袖にたきしめた薫《た》き物と同じ香りがする。

40

さらぬわかれ

［避らぬ別れ］

❶死別

「避る」は避ける意、「ぬ」は打消の助動詞で、「避らぬ別れ」は避けられない別れということから、**死別**の意を表す。

❶老いぬれば**避らぬ別れ**のありといへばいよいよ見まくほしき君かな 〈伊勢・八四〉

訳 年老いてしまったので、**死別**という避けられない別れがあるというので、いよいよ会いたいあなただなあ。

41 またの〜

1 次の〜・翌〜

名詞の上に付いて、「**次の〜・翌〜**」の意を表す。「またの日(＝翌日)」「またの月(＝翌月)」、「またの年(＝翌年)」などと使う。入試「あした」は「朝・翌朝」の意。「またのあした」は「翌朝」の意。

1 野分《のわき》の**またの**日こそ、いみじうあはれにをかしけれ。〈枕・野分のまたの日こそ〉

訳 野分(＝秋に吹く暴風)の翌日は、たいそうしみじみとして風情《ふぜい》がある。

42 〜のがり 〜がり

1 〜のもとに・〜の所へ

人を表す名詞に付いて、「**〜のもとに・〜の所へ**」の意を表す。入試「のがり」の形でも、「の」を伴わない「がり」のみの形でも用いる。

1 雪のおもしろう降りたりし朝《あした》、人**のがり**言ふべきことありて文《ふみ》をやるとて、〈徒然・三一〉

訳 雪が風流に降っていた朝、ある人**のもとに**言ってやらなければならないことがあって手紙をやるということで、

1 昔、紀有常《きのありつね》**がり**行きたるに、〈伊勢・三八〉

訳 昔、(男が)紀有常**の所へ**行った時に、

連語・慣用表現

43

さは《ワ》れ

［然はれ］

1 どうにでもなれ・ままよ

「そう」の意の副詞「さ」に、助詞「は」、動詞「あり」の命令形が付いた「さはあれ」が変化したもので、「そうはあれ」「そうであってもよい」意から、**どうにでもなれ**の意を表す。入試 訳語の「ままよ」は「なるがままよ」の意。

1 つごもりより、何心地にかあらむ、そこはかとなくいと苦しけれど、**さはれ**とのみ思ふ。〈蜻蛉・中〉

訳 月末から、何の病気であろうか、どことなくひどく苦しいけれど、**どうにでもなれ**とだけ思う。

44

いざ（させ）たまへ《エ》

［いざ（させ）給へ］

1 さあいらっしゃい・さあ行きましょう

「いざ」は「さあ」の意。「給《たま》へ」は尊敬の補助動詞で、上に、「行く」や「来《く》」などの語が省略されている。**人を誘う言葉**。「いざさせ給へ」も同じ意味。

1 **いざ給へ**よ、をかしき絵など多く、雛遊《ひひな》びなどする所に。〈源氏・若紫〉

訳 **さあいらっしゃい**よ、風流な絵などがたくさんあって、人形遊びなどをする所に。

45

あなかま

1 しっ、静かに・ああ、やかましい

「あな」は「ああ」、「かま」は「やかましい」の意で、「あなかま」は「ああ、やかましい」と、人の声や物音をとがめて制止する時に用いる。入試「**しっ、静かに**」と訳されることが多い。

1 **あなかま**、人に聞かすな。〈更級・家居の記〉

訳 **しっ、静かに**、人に聞かせるな。

46 あなかしこ

❶ああ、恐れ多い・ああ、恐ろしい

❷〔禁止の表現を伴って〕決して（〜するな）

「あな」は「ああ」の意、「かしこ」は形容詞「かしこし」がもと。相手に対して、恐れ慎む気持ちを表して、恐れ多い、**ああ、恐ろしい**の意❶。あとに禁止の表現を伴うと、相手に行動を慎むように促す気持ちも表し、**決して（〜するな）**の意❷。

❶「**あなかしこ**や、一日《ひとひ》召し侍《はべ》りしにやおはしますらむ」〈源氏・若紫〉

訳（修行者が、訪れた光源氏に）「**ああ、恐れ多い**なあ、先日お呼びになりました方でいらっしゃるだろうか」

❷このこと、**あなかしこ**、人に披露すな。〈平家・五・咸陽宮〉

訳このことは、**決して**、人に言いふらす**な**。

47 みか《コ》う《ウ》しまゐ《イ》る

［御格子参る］

❶御格子をお上げ申し上げる

❷御格子をお下ろし申し上げる

格子を上げる／下ろす意の謙譲語。「格子」は、角材を縦横に組み合わせたものを板に張った建具《たてぐ》で、窓などに付ける。↓p.318付録(古文常識)⑯住居・調度

「参る」は「す」の謙譲語。格子は下ろすと屋内が真っ暗になるので、朝には上げ、日が暮れたら下ろすのが基本。「御格子参る」はどちらの動作もいうので、場面から判断する。

❶つとめて、いととく**御格子参り**わたして、〈枕・淑景舎、春宮に参り給ふほどの事など〉

訳翌朝、とても早くすっかり**御格子をお上げ申し上げ**て、

❷**御格子参り**ね。もの恐ろしき夜のさまなめるを。〈源氏・若紫〉

訳**御格子をお下ろし申し上げ**てしまえ。何となく恐ろしい夜の様子であるようだから。

48 いとしも

1 〔打消表現を伴って〕**それほどには（〜ない）・あまり（〜ない）・たいして（〜ない）**

「いと」は非常にの意、「しも」は強意の助詞。「いとしも」は多くはあとに打消表現を伴って、**それほどには（〜ない）・たいして（〜ない）**意を表す。入試「いとしもなし」は「わざわざ言うほどでもない・たいしたことでもない」の意。

1 思ひ知れとにや、この度の司召《つかさめし》にも漏れぬれど、**いとしも**思ひ入《い》れ**ず**。〈源氏・賢木〉

訳 思い知れというのだろうか、今回の都の官職の任命にも漏れ（て昇進しなかっ）たが、**たいして**気にしてい**ない**。

49 てふ《チョウ》

1 という

「と言ふ」が変化したもので、「ちょう」と読む。和歌に多く用いられ、終止形と連体形の用法がある。

1 うたた寝に恋しき人を見てしより夢**てふ**ものはたのみそめてき〈古今・恋二・小野小町〉

訳 うたた寝（の夢）に恋しい人を見てしまった時から、夢**という**（はかない）ものはあてにしはじめてしまった。

50 やらん

1 〜であるのだろうか・〜だろうか

「〜であるのだろうか・〜だろうか」の意の「にやあらむ」が変化したもの。**疑念**の意を表す。入試「や」と「らん」で係り結びだと考えてはならない。

1 あまりに思へば夢**やらん**。また天魔《てんま》波旬《はじゅん》の、我が心をたぶらかさんとて言ふ**やらん**。〈平家・三・足摺〉

訳 あまりに思うので夢（を見ているの）**だろうか**。また天の魔王が、私の心をたぶらかそうとして言うの**だろうか**。

付録

語彙を増やすための文法知識

❶ 指示の副詞

「さ・しか」は**「そう・そのように」**、**「かく(音便形は「かう」)」**は**「こう・このように」**の意で、多くは前に書かれていることを指示する働きをする。文章を読む時には、指示内容を確認しながら読む。「さ・しか・かく」がもとになった派生語も、指示する働きがあるので、内容を確認して読解に生かす。(**「と」**は**「あのように・そのように」**の意だが、指示する働きは弱く、おもに**「かく」と組み合わせて連語を作る。**)

◎派生語の例

派生語	訳	派生語	訳
さり(さ＋あり) **しかり**(しか＋あり)	そうである	**とにかくに・とかく(とかう)**	あれやこれや・いろいろ
かかり(かく＋あり)	こうである	**とありかかり**	ああだこうだ
さらば(さ＋あら＋ば) **しからば**(しか＋あら＋ば)	そうであるならば・それでは・そうしたら	**と見かう見**	あっちを見たりこっちを見たり
されば(さ＋あれ＋ば) **しかれば**(しか＋あれ＋ば)	そうであるから・だから		
されど(も)(さ＋あれ＋ど(も)) **しかれども**(しか＋あれ＋ども)	そうではあるけれども・けれども・しかし		

■「さ」

例「いと率《ゐ》ておはしましがたくや侍《はべ》らむ」と奏す。帝《みかど》、「などか**さ**あらむ、なほ率ておはしまさむ」とて、〈竹取・かぐや姫の昇天〉

訳（かぐや姫は）「まったく連れていらっしゃりにくいでしょうか」と帝に申し上げる。帝は、「どうして**そう**であろうか、やはり連れていらっしゃろう」と言って、

▽「さ」は、かぐや姫を連れて行くのが難しいことを指す。

■「しか」

例「ここは常陸《ひたち》の宮《みや》ぞかしな」「**しか**侍る」と聞こゆ。〈源氏・蓬生〉

訳（光源氏が）「ここは常陸の宮（の邸《やしき》）だな」（とおっしゃると、惟光《これみつ》が）「**そう**でございます」と申し上げる。

▽「しか」は、ここが常陸の宮（の邸）であることを指す。

■「かく」

例おほかた、さし向かひてもなめきは、「など**かく**言ふらむ」と、かたはらいたし。〈枕・文ことばなめき人こそ〉

訳だいたい、面と向かい合っても無礼な人については、「どうして**このように**言うのだろうか」と、苦々しい。

▽「かく」は、無礼であることを指す。

■「さらば」

例和歌一つづつかうまつれ。**さらば**許さむ。〈紫式部日記〉

訳和歌を一首ずつお詠みせよ。**そうしたら**許してやろう。

▽「さ」は、和歌を一首詠むことを指す。

■「されど」

例逢《あ》はじとも思へらず。**されど**、人目しげければ、え逢はず。〈伊勢・六九〉

訳（女は男と）逢うまいとも思っていない。**けれども**、人目が多いので、逢うことができない。

▽「さ」は、逢うまいとも思っていないことを指す。

■「とありかかり」

例押しあひつつ、一事《ひとこと》も見もらさじとまぼりて、「**とありかかり**」と物ごとに言ひて、〈徒然・一三七〉

訳（田舎者が賀茂祭《かもまつり》を見物する時は）押し合いながら、一つのことも見落とすまいと見つめて、「**ああだこうだ**」といちいちについて言って、

▽「と」と「かく」を組み合わせて連語を作っている。あれこれ言うことを表し、具体的な指示内容はない。

2 呼応の副詞

あとに特定の表現を要求する副詞を**呼応の副詞**という。(「呼応」は「呼ぶ・応じる」という名称の通り、ある語句のあとに、決まった語句が現れることで、現代語では「決して(〜ない)」「たとえ(〜ても)」などがわかりやすい例である。)呼応の副詞は、仮定・推量・願望などと呼応するものもあるが、**打消**や**禁止**の表現と呼応するものが特に重要である。日本語では文意を左右する否定語が文の終わりに置かれるが、これらの副詞が現れれば、早くに打消や禁止という文意がわかるからである。

◎おもな呼応の副詞

◎打消表現(ず・じ・まじ・で・なし)と呼応するもの

あへて・おほかた・さらに・たえて・つゆ・よに……まったく(〜ない)
をさをさ……ほとんど(〜ない)・めったに(〜ない)
え……〜でき(ない)
よも〜じ……まさか〜ないだろう　※「よも」は「じ」と呼応する。
いさ〜知らず……さあ〜わからない　※「いさ」は「知らず」と呼応する。

※訳す時は、**呼応している語の意味**にも注意する。例えば「で」は「ないで」の意なので、「え見で」は「見ることができない」でなく、「見ることができ**ないで**」と訳す必要がある。

◎禁止の表現(な)と呼応するもの

ゆめ・ゆめゆめ……決して(〜するな)
な〜そ……〜(する)な　※「な」は「そ」と呼応する。

※禁止の表現には「な」の他に、「べからず」や「まじ」もある。

■ **「さらに」は、打消表現と呼応して、「まったく(〜ない)」の意を表す。**

例 この男、「あな、わびしや。**さらに**さもあら**ず**」と言ひけれど、**さらに**聞か**ず**。〈平中〉

訳 この男は、「ああ、困ったなあ。**まったく**そうでも**ない**」と言ったが、(相手は)**まったく**聞か**ない**。

例 ことさらに寝入り給《たま》へど、**さらに**御目もあは**で**、暁方《あかつきがた》になりにけり。〈源氏・明石〉

訳 (光源氏は)わざわざ寝入ろうとなさるけれども、**まったく**お眠りになれ**ないで**、夜明け前になってしまった。

▽ 打消表現は「ず」だけでないことに注意する。ここでは、打消接続の助詞「で」と呼応している。

■ **「よも」は「まさか」の意で、打消推量を表す「じ」と呼応する。**

例 いまだ、**よも**遠くは行か**じ**。〈十訓抄・六・三六〉

訳 まだ、**まさか**遠くには行か**ないだろう**。

例 その声、盤渉調《ばんしきてう》に調べて気高く澄みわたりけり。「あなゆゆしの、人のしわざには**よも**」などと思ひながら、〈住吉〉

訳 その音は、盤渉調に調律して気高く澄みわたっていた。「ああすばらしい(音色だ)、人間のすることでは**まさか**ないだろう」などと思いながら、

▽「よも」は通常「じ」を伴うので、「よも」のみで「まさか〜ないだろう」の意味になる(「よもあらじ」の省略)。

■ **「な」は「そ」と呼応して、「〜(する)な」という禁止の意を表す。**

例 月**な**見給ひ**そ**。〈竹取・かぐや姫の昇天〉

訳 月をご覧になる**な**。

例 いづかたにも、若き者ども酔《ゑ》ひすぎ立ち騒ぎたるほどのことはえしたためあへず。おとなおとなしき御前《ごぜん》の人々は、「かく**な**」など言へど、えとどめあへず。〈源氏・葵〉

訳 (葵《あおい》の上《うえ》と六条御息所《ろくじょうのみやすんどころ》の)どちら側にも、若い召使いたちが酔いすぎて騒いでいる時のことは静めきることができない。年長で分別があるお供の人々は、「このようにはする**な**」などと言うが、制しきれない。

▽「な」は通常「そ」を伴うので、「な」だけで「〜するな」の意味になる(「かくなせそ」の省略)。

3 代名詞

代名詞には、人を指す**人称代名詞**と、事物を指す**指示代名詞**がある。人称代名詞は、話し手自身を指す**一人称**、聞き手を指す**二人称**、話し手・聞き手以外を指す**三人称**、わからないものを指す**不定称**がある。指示代名詞は、話し手に近いものを**近称**、聞き手に近いものを**中称**、どちらからも遠いものを**遠称**、わからないものを**不定称**で示す。

こうした大枠は現代語と古語で共通するが、古語では、代名詞が指すものが、人か事物か場所か方向かの使い分けが、現代語よりもゆるやかである。例えば、近い場所を表す「ここ」には、近い場所にいる人、すなわち「私」を指す用法もある。現代語と異なる用法には注意が必要である。

◎注意の必要な代名詞

ここ・これ	**「私」**の意味もある。▽話し手から近いものを表す語が、話し手自身を指して使われた。
そこ・それ	**「あなた・おまえ」**の意味もある。
かれ	❶あれ。▽事物を指す。　❷あの人。▽人を指す。男女とも使い、男性を指していても「彼」とは訳さない。
おのれ・われ	❶私。（一人称）　❷自分。（その人自身）　❸おまえ。そなた。（二人称） ▽❷が重要。現代語でも「私は自分を奮い立たせた。」と言う時、「自分」は「私」を指すが、「彼は自分を奮い立たせた。」と言えば、「自分」は「彼」を指す。「自分」は人称に関係なくその人自身を指す。

■「ここ」

例「**ここ**へ入《い》らせ給《たま》へ」とて、所を去りて呼び入れ侍《はべ》りにき。〈徒然・四一〉

訳「**ここ**にお入りください」と言って、場所を空けて呼び入れました。

▽「ここ」が場所を指す例。

例 御乳母《めのと》小式部《こしきぶ》の君《きみ》は、「**ここ**をば捨てさせ給ひつるか。御供に参らむ、御供に参らむ」と泣きののしる。〈栄花・楚王の夢〉

訳（藤原道長《ふじわらのみちなが》の娘嬉子《きし》が死去した時）御乳母の小式部の君は、「**私**をお捨てになったのか。お供に参上したい、お供に参上したい」と泣き騒ぐ。

▽「ここ」が私の意の例。

■「かれ」

例 つねにつかうまつる人を見給ふに、かぐや姫のかたはらに寄るべくだにあらざりけり。異人《ことひと》よりはけうらなりと思《おぼ》しける人も、**かれ**に思しあはすれば、人にもあらず。〈竹取・かぐや姫の昇天〉

訳 普段お仕えする人をご覧になると、かぐや姫のそばに寄ることができそうでさえなかった。他の人よりは美しいとお思いになった人も、**あの人**とお比べになると、人並みでもない。

▽「かれ」があの人の意で女性の例。「かぐや姫」を指している。

■「われ」

例 **我**亡くなりぬとて口惜《くちを》しう思ひくづほるな。〈源氏・桐壺〉

訳 **私**が死んだといって残念にあきらめるな。

▽「われ」が私の意の例。

例 昔、いやしからぬ男、**我**よりはまさりたる人を思ひかけて、年経《へ》ける。〈伊勢・八九〉

訳 昔、身分が低くはない男が、**自分**よりは高い身分の女を恋して、年が経《た》った。

▽「われ」が自分の意の例。「男」を指している。

例 この僧に問ふ。「**我**は京の人か。いづこへおはするぞ」と問へば、〈宇治・一二三〉

訳 この僧に尋ねる。「**おまえ**は京の人か。どこにいらっしゃるのか」と問うと、

▽「われ」がおまえの意の例。「僧」を指している。

4 接頭語・接尾語

接頭語は、単独では用いられず、語の前に付いて新しい語を構成する。意味を添えたり、調子を整えたりするが、訳しにくいものも多い。例えば、「うち」は「打つ」がもとで、「ちょっと」「すっかり」などの意を添え、「かき」は「搔く」がもとで、意味を強めるなどの働きをするが、訳出しにくい。こういう接頭語は**無理に訳さなくてよい。**

接尾語も、語（の一部）の末尾に付いて新しい語を構成する。接頭語はもとの語の品詞を変えないが、接尾語には**付いた語の品詞を変える**ものもある。例えば、名詞「子」は、複数を表す接尾語「ども」が付いても名詞だが、形容詞「かなし」に接尾語「さ」が付いた「かなし**さ**」は名詞、「む」が付いた「かなし**む**」は動詞である。

また、**あまり強い意味をもたないものもある。**例えば、「なし」は否定の意を表す「無し」とは別に、形容詞を構成する役割の接尾語がある。「いはけ**なし**（＝幼い）」「おぼつか**なし**（＝ぼんやりしている）」などの「なし」に否定の意味はない。「うしろめた**なし**（＝心配だ）」は「うしろめたし」と同じ意味である。また、「やか」「らか」「はか」は「なり」とともに用いられて形容動詞を作る接尾語で、あまり強い意味をもたない。例えば、「あてなり」と「あて**やか**なり」「あて**はか**なり」は似た意味を表す。

◎あまり強い意味をもたない接頭語の例

接頭語	語例
うち〜	うち出《い》づ・うち置く
かき〜	かき暗す・かき抱《いだ》く
もの〜	もの悲し・ものさびし
もて〜	もてかしづく・もて興《きよう》ず
とり〜	とりつくろふ・とりしたたむ
さし〜	さし向かふ・さし仰《あふ》ぐ
たち〜	たち隠る・たち後《おく》る

◎あまり強い意味をもたない接尾語の例

接尾語	語例
なし	しどけなし・ゆくりなし
らか	荒らかなり・安らかなり
やか	匂ひやかなり・ひそやかなり
ら	清らなり・さかしらなり
か	豊かなり・のどかなり

■**接頭語「うち〜」**

例 いみじく老いたる入道の、おこなひ**うちし**てありけるが、 〈宇治・一二三〉

訳 たいそう年老いた入道が、仏道修行を**し**ていたが、

例 男、**うちおどろき**て見れば、月もやうやう山の端《は》近くなりにたり。 〈堤中納言・はいずみ〉

訳 男は、**目が覚め**て見ると、月もだんだんと山の稜線《りょうせん》に近くなってしまっている。

■**接頭語「かき〜」**

例 今朝はさしも見えざりつる空の、いと暗う**かき曇り**て、雪の**かき暗し**降るに、 〈枕・常に文おこする人の〉

訳 今朝はそうも見えなかった空が、ひどく暗く**曇っ**て、雪が**あたりを暗くし**て降る時に、

※接頭語と動詞の間に助詞が入ることがある。

例 乳母《めのと》は**うち**も**ふさ**れず、 〈源氏・若紫〉

訳 乳母は**寝る**こともできず、

■**接尾語を含む語例** 左記の傍線部は、どれも高貴で上品なさまをいう。

■**「あてなり」**

例 四十余《よそぢよ》ばかりにて、いと白う**あてに**痩せたれど、 〈源氏・若紫〉

訳 四十歳ちょっとぐらいで、たいそう色白で**上品で**痩せているけれども、

■**「あてやかなり」**

例 紫苑《しをん》の衣《きぬ》のいと**あてやかなる**を引きかけて、 〈枕・病は〉

訳 紫苑色の上着のとても**上品なもの**を引っかけて、

■**「あてはかなり」**

例 いとらうたげにて、頭《かしら》つきをかしげにて、様体《やうだい》いと**あてはかなり**。 〈蜻蛉・下〉

訳 とてもかわいらしくて、頭の格好がかわいらしくて、様子がとても**上品だ**。

語彙を増やすための 古文常識

▽収録語の読みを、現代仮名遣いで示した。入試で読みを問われやすい語が多いので、読めるようにしておくとよい。

1 仏教・出家

古文には、人々が出家して僧や尼になる話がたくさんある。

紀元前五世紀頃、現在のネパールにあった小国の王子として生まれたゴータマ・シッダールタ（釈迦《しゃか》）は、何不自由ない生活をしていながら、心満たされず、厳しい修行をして悟りを開いた。「すべての物事は移ろい、留まらないから、執着を捨てて心を整えよ。」「世俗の生活を捨てて、ともに修行しよう。」この言葉通り、俗世のすべてを捨てて仏門に入ることが、釈迦の説いた出家であった。

日本では、初め、仏教は国を安定させるもの（鎮護《ちんご》国家）として取り入れられたが、医療技術が未発達で社会保障もなく、生きることがきわめて不安定であった時代に、釈迦の教えは人々を救うものとして広まっていった。執着を捨てて心の平安を目指す出家は、一つの生き方となり、悲しみや病、老い、虚《むな》しさなどを理由として、多くの人々が出家した。あらゆる欲望を悪と捉え、現世を穢《けが》れたものだとする考えも起こり、将来を約束された若い貴族が出家することもあった。家族などを捨てて出家することは容易ではないので、出家した人は尊敬された。

◎**「出家」を表す慣用表現**　「出家する」という意味の言葉は二つに分類できる。

❶「俗世間を捨てる」という形のもの……出家は俗世を捨てることである。
世《よ》を背《そむ》く・世《よ》を遁《のが》る・世《よ》を離《はな》る・世《よ》を捨《す》つ・（世《よ》を）厭《いと》ふなど

僧正《そうじょう》・僧都《そうず》・律師《りっし》・阿闍梨《あじゃり・あざり》・聖《ひじり》・上人《しょうにん》・聖人《しょうにん》・大徳《だいとく・だいとこ》・法師《ほうし》・入道《にゅうどう》　僧、高僧。▽それぞれ異なる意味をもつが、僧、高僧の意味だとわかればよい。

諸行無常《しょぎょうむじょう》　すべてのものは常に移り変わり、変わらないものはないということ。

老少不定《ろうしょうふじょう》　人の死は年齢とは無関係で、人はいつ死ぬかわ

❷「外見を変える」という形のもの……俗世を捨てた印として、髪を切り袈裟《けさ》を着る。
様《さま》変《か》ふ《う》・頭《かしら》下《お》ろす・剃髪《ていはつ》す・もとどり切《き》る・形《かたち》(を)変《か》ふ《う》・やつす・御髪《みぐし》下《お》ろす　など

戒《かい》　仏道で守らなければならない掟《おきて》。不殺生戒《ふせっしょうかい》、不飲酒戒《ふおんじゅかい》、不邪淫戒《ふじゃいんかい》、など。

戒《かい》の師《し》　出家する人に戒を授ける僧。▽戒を受けることで、正式に出家したことになる。

行《おこな》ふ《う》・勤《つと》む　仏道修行をする。勤行《ごんぎょう》する。▽読経《どきょう》、礼拝《らいはい》などを行うこと。

苔《こけ》の衣《ころも》・墨《すみ》染《ぞ》めの衣《ころも》　僧侶の衣。僧衣。▽「墨染め」は、「喪服」の意もある。

からないということ。▽「少」は、年が若いこと。「おんりえど」とも読む。

厭離穢土《えんりえど》　穢れた現世を嫌って離れること。

欣求浄土《ごんぐじょうど》　極楽浄土に生まれ変わることを願うこと。

三世《さんぜ》　前世・現世・来世の総称。▽この世(＝現世)に対して、この世に生まれる前の世が前世、死後に生まれ変わる世が来世。三世が無限にくり返されるとされた。

宿縁《しゅくえん》・宿世《すくせ》　前世から決まっている宿命。因縁《いんねん》。運命。

極楽浄土《ごくらくじょうど》・西方浄土《さいほうじょうど》　阿弥陀如来《あみだにょらい》のいる、一切の苦しみがない安らかな世界。▽西方十万億土の彼方《かなた》にあると説かれた。「西《にし》」で象徴されることもある。

往生《おうじょう》　死んだ後、極楽に往《い》って生まれ変わること。極楽往生。

2 病と死

病気の原因もわからず、有効な治療法もなかった時代(治療として古文中に見えるものは、湯(＝煎じ薬)・塩湯(＝塩水をわかした風呂)・蒜《ひる》(＝ニンニクやノビルなど)くらいである)、病や死の捉え方は現代とは大きく異なった。病気の原因は死霊《しりょう》や生《い》き霊《りょう》だと考えて、法師や修験者《しゅげんじゃ》に祈禱《きとう》を頼んだ。死を恐れる気持ちは強く、死は穢《けが》れで、触れてはならないものだと捉えられた。

物《もの》の怪《け》　人にとり付いて苦しめる死霊や生き霊。▽病気もこれが原因だと考えられた。

加持《かじ》・祈禱《きとう》　災いを除くための祈り。

あり　存在する。生きている。

ながらふ《う》　生き長らえる。生き続ける。

息《いき》の下《した》　病気の苦しい息づかいでものを言うさま。

◎**「死ぬ」の婉曲《えんきょく》表現**　死を恐れる気持ちから、「死ぬ」という語を避けて死を表現することがある。▽文脈を確認して訳す。

失《う》す・隠《かく》る・消《き》ゆ・なくなる・過《す》ぐ・行《ゆ》く・身罷《みまか》る・いたづ《ず》らになる・はかなくなる・むなしくなる・あさましくなる・言《い》ふかひ《い》なくなる・ともかくもなる・いかにもなる　など

化野《あだしの》・鳥部《とりべ》(辺)山《やま》・鳥部《とりべ》(辺)野《の》・船岡《ふなおか》　都の火葬地・墓地があった所。▽庶民の死体は路傍や鴨川《かもがわ》の河原などに捨てられることも多かった。

煙《けぶり》　火葬の煙、死ぬことのたとえ。▽薪《まき》で遺体を焼くので、長く煙が立ち上《のぼ》る。火葬地の方角の煙は無常を感じさせた。飯を炊くかまどの煙の意から、暮らしの意もある。

黄泉路《よみじ》・死出《しで》の山路《やまじ》　死者の住む国への道。あの世へ行く道。

草葉《くさば》の陰《かげ》・苔《こけ》の下《した》　墓の下。あの世。

喪《も》・服《ぶく》　人の死後、親しい者が一定期間籠《こ》もって死者をいたむこと。▽死者との関係により、喪の長さ、喪服の色や着る日数が異なった。喪が明けると喪服を脱ぎ、河原で死の穢れを払った。

3 貴族の一生

古文の時代、命は、現代とは比べものにならないほど儚《はかな》かった。出産時に、母子のどちらか、または両方が死ぬことが珍しくなかった。恵まれていたはずの妃《きさき》でも、村上天皇妃安子《あんし》や一条天皇妃定子《ていし》などが出産で亡くなっている。子供が生まれると、無事に生き延びて成長することを祈って、くり返し祝宴が開かれた。

貴人の子には乳母《めのと》が付けられて、授乳や育児を行った。学校はないので、乳母や親が教育した。手習い(＝文字を書くのを習うこと)、音楽、和歌などが必須の教養とされ、男子は漢学の知識も必要であった。

成長して成人の儀式を行い、結婚し、男子は官職につくことを目指した。四十歳には、初老に達したとして祝宴を催し、以後、十年ごとに祝った。

老いると、死に備えて仏道修行に勤め、出家することもあった。こうした出家は仏教信仰を背景にした公的生活からの引退で、ひたすら極楽往生を願った。

産養ひ《うぶやしない》　子供が生まれて、初夜、三日目、五日目、七日目、九日目に行う祝宴。
五十日《いか》・百日《ももか》　生後五十日目と百日目に行うお祝い。
袴着《はかまぎ》　幼児から少年少女に成長したことを祝って、初めて袴をつける儀式。三歳から七歳頃。

裳着《もぎ》・髪上《かみあ》げ　女子の成人の儀式。十二、三歳頃。
元服《げんぶく》・初冠《ういこうぶり》　男子の成人の儀式。十二歳から十六歳頃。
四十《しじゅう》の賀《が》　四十歳になったことを祝い、長寿を祈る祝宴。

4 平安貴族の男女関係

現代の日本では、男女はまず相手を見て、知り合って、結ばれるのが一般的である。古文では、貴族の女性はほとんど外出しないため、男性は、相手をよく知っているわけではないが、うわさなどをたよりに、歌を贈り、口説いた。直接会うことはできないので、まず女性に仕える**女房**（→p.312付録（古文常識）⑧女房）などに手引きを頼んだ。女性の側も、やりとりの中で、よい相手かどうか判断し、結婚に至った。

男女は結ばれても同居せず、男が女のもとへ通うことが多く、また、男性は複数の女性と関係をもつのが普通であった。平安貴族の男女関係を特徴付けるのは、**一夫多妻**（一夫一妻多妾《たしょう》制などの説もある）と**通い婚**である。

このような男女のあり方は不安定で、女性は耐え忍ぶことが多かった。女性が経済的に自立することは難しかったので、その意味でも男性の庇護《ひご》を失う不安は大きかった。

正妻にあたる者を**北《きた》の方《かた》**というが、北の方と同居しても、夫がよそへ通うこともあった。北の方が、自分の地位を守るため、他の女性にいやがらせなどをすることもあった。この時代、**継子《ままこ》いじめ**の物語がたくさん書かれたが、背景には不均衡な男女の関係がある。女性の自立が難しい社会では、女同士が男性を巡って憎しみ合わざるを得なかった。子供は母親のもとで育つことが多く、母が違う兄弟姉妹は一緒に育っていない。家族の形も現代とは異なっていた。

※男女に関して使われる時に、通常と異なる意味になる語は特に注意する。

懸想《けそう》　想《おも》いを懸《か》けること。恋すること。

垣間見《かいまみ》　こっそりのぞくこと。▽姿を見せない女性を見ようとして行われた。

呼《よ》**ばふ**《う》**・言**《い》**ふ**《う》　言い寄る。求婚する。求愛する。▽「呼ばふ」は何度も呼ぶ意がもと。

見《み》**る・あふ**《う》**・語**《かた》**らふ**《う》**・もの言**《い》**ふ**《う》**・知**《し》**る・契**《ちぎ》**る**　結婚する。男女が深い仲になる。▽女性は身内以外の男性には顔を見せなかったので、これらの語は男女が親密な関係になる意も表した。

あは《わ》**す・見**《み》**す**　結婚させる。夫婦にする。

通《かよ》**ふ**《う》　男が、妻や恋人のもとに行く。

三日《みか》**(の夜**《よ》**)の餅**《もちい》　結婚三日目の夜、新郎新婦に出す祝いの餅。▽はじめの三日間続けて通うことで、正式な結婚が成立したとされた。

世《よ》**・世**《よ》**の中**《なか》　男女の仲。夫婦の関係。▽女性の生活圏は限定的で、時に夫婦関係がすべてであったため、「世(の中)」にこの意が生じた。

離《か》**る**　男女が疎遠になる。男の通いが途絶える。▽和歌では「枯《か》る」と掛詞《かけことば》にされることも多い。↓p.325付録(和歌)③掛詞

鳥《とり》　単に「とり」で鶏をいうことがある。鶏は早朝甲高い声で鳴くため、時計がない時代は朝を告げるものであった。▽通い婚では、男は日が暮れて女のもとを訪ね、早朝帰る。鶏は別れの時を告げる無情な鳥であった。

後朝《きぬぎぬ》　男女が夜をともにした翌朝、別れること。また、その朝。▽共寝した翌朝、男が女に届ける手紙を「後朝の文」といい、早く届けるほど、誠意があるとされた。

北《きた》**の方**《かた》　貴人の正妻。奥方。▽一夫多妻での本妻。他の女たちより安定した立場で、身分や子供の有無などで決まった。

太郎《たろう》**・次郎**《じろう》**(二郎**《じろう》**)・三郎**《さぶろう》**・四郎**《しろう》……長男・次男・三男・四男……。▽古文では固有名詞でないことが多い。

大君《おおいぎみ》**・中**《なか》**の君**《きみ》**・三**《さん》**の君**《きみ》**・四**《し》**の君**《きみ》……長女・次女・三女・四女……。▽貴族の娘の敬称。

はらから　兄弟姉妹。▽同じ母親の「腹」から生まれた者の意。

～腹《はら》　母親を示すことば。▽一夫多妻で、子供の母親が誰かをいう表現。「右大臣の女御《にょうご》の御腹」と言えば、母親が右大臣の女御である意。

5 天皇・皇族

天皇を巡る事情は時代により大きく異なる。現代は近年まで退位がなかったが、古代にはさまざまな理由による退位があった。かつては複数の后妃《こうひ》がいた。現代では即位の順番は法律で決まっているが、かつては妃《きさき》の身分、有力皇族の思惑など、さまざまな要因で決められ、皇位継承を巡る争いもあった。

平安中期には有力貴族が娘を妃とし、生まれた男子を天皇にして政治の実権を握る**外戚政治**が行われたので、上流貴族は娘が生まれると妃にすべく大切に育てた。妃たちは、一族の命運を背負い女としての誇りを賭けて帝《みかど》の寵愛《ちょうあい》を競い合った。

帝《みかど》・**内**《うち》・**内裏**《だいり》・**主上**《しゅしょう・しゅじょう》　天皇の敬称。▽「内」「内裏」は、皇居の意もある。

▽退位した天皇が**上皇**《じょうこう》、上皇が出家すると**法皇**《ほうおう》で、上皇・法皇は**院**《いん》とも呼ばれた。**女院**《にょいん・にょういん》は天皇の母、妃、娘などで院と同等の待遇を受ける者をいう。

皇后《こうごう》・**中宮**《ちゅうぐう》　ほぼ同じ意味で天皇の正妻にあたる。その下に**女御**《にょうご》、その下に**更衣**《こうい》が置かれた。

▽他に、**尚侍**《ないしのかみ》(＝内侍司《ないしのつかさ》という役所の長官)が天皇に寵愛されることもあり、**御息所**《みやすんどころ》も、天皇に寵愛される女性の意がある。

後宮《こうきゅう》　天皇の妃が住む御殿。▽天皇の日常の御殿の後方にあり、弘徽殿《こきでん》、淑景舎《しげいさ》など、七殿五舎と呼ばれる建物があった。

入内《じゅだい》　妃として、初めて内裏に入ること。妃になること。

親王《しんのう》　天皇の息子など。皇子。「**みこ**」ともいう。

内親王《ないしんのう》　天皇の娘など。皇女。姫宮。「**ひめみこ**」ともいう。

宮《みや》　皇族の敬称。天皇の妃、子供など。

東宮《とうぐう》・**春宮**《とうぐう》　皇太子。▽東は四季の春に相当するとの考えから「春宮」とも書く。

◎**「皇居」を意味する語**　幾重にも囲まれ守られ、簡単には入れない場所、高貴な人が集まる貴い場所、というところからいう。
内《うち》・**内裏**《だいり》・**大内**《おおうち》・**禁中**《きんちゅう》・**禁廷**《きんてい》・**禁裏**《きんり》・**九重**《ここのえ》・**御所**《ごしょ》・**雲**《くも》**の上**《うえ》・**雲居**《くもい》

6 身分・官職

平安時代の貴族の身分は、最上位の正一位《しょう》から、最下位の少《しょう》初《そ》位《い》下《げ》まで三十階の位階に分けられ、これを大きく**上達部**《かんだちめ》・**殿**《てん》**上人**《じょうびと》・**地下**《じげ》に分けたが、その三つの間の格差は非常に大きかった。収入は**位階**(＝等級)と官職(＝職務)で決まった。

貴族たちは身分によって、身に付ける物なども細かく決められて序列化されていたので(例えば、**袍**《ほう》(＝上着)は位階によって色や生地が決まっており、身分は一目瞭然であった)、任官や昇進への執着は現代人以上であった。

上流貴族は**蔭位**《おんい》**の制**《せい》(天皇の子や孫、五位以上の貴族の子や孫は、二十一歳以上になると位階を授けられた)によって優遇されていた。**大学寮**(略して**大学**)という官僚養成機関はあったが、ここで長期間学んで官僚登用試験に受かっても、その位階は蔭位よりも低かったので、大学寮は下流貴族だけが学ぶ場所となった。また、国司など、中・下流の者が任じられる地方官は、朝廷内での地位は低いが、任地で莫大《ばくだい》な財産を築く者も多かった。

◎貴族の身分

上達部《かんだちめ》(**公卿**《くぎょう》ともいう) 摂政、関白、太政《だいじょう》大臣、左大臣、右大臣、内大臣、大納言、中納言、参議及び三位以上の人。▽平安中期には十六人とされた。

殿上人《てんじょうびと》 清涼殿《せいりょうでん》の殿上《てんじょう》の間《ま》に昇ることを許された人。四《し》位《い》・五位の中で許可を得た人と六位の蔵人《くろうど》。▽平安中期には三十人とされたが、その後百人近くになった。殿上の間は、天皇の日常の御殿である清涼殿にあり、上流貴族の会議室や控室を兼ねた。

地下《じげ》 清涼殿の殿上の間に昇ることを許されない人。蔵人を除く六位以下の人。

蔵人《くろうど》 皇室の蔵を管理する役人だが、天皇のそば近く仕えて秘書のように多方面に奉仕した。

随身《ずいじん》 貴人の外出の時、朝廷の命令で付けられた近衛府《このえふ》の役人。▽摂政・関白には十人、大臣・大将には八人などと人数が定められており、剣や弓矢を持っていて人目を引くので、その人が高貴であることの目印になった。

先払《さきばらい》**ひ** 貴人が通行する時、前方にいる人々を追い払うこと。「**先追**《さきおい》**ひ**・**先**《さき》」ともいう。▽もとは天皇にのみ行われたが、次第に貴族たちにも広がった。作法が細かく決められており、これも高貴であることの印となった。

7 任官

望んだ官職につくには熾烈《しれつ》な競争があった。位階(＝等級)に相当する官職に任命する**官位相当**という制度はあったが、官職は常に不足していた。任官を望む者は**申文《もうしぶみ》**を書いて自薦したが、有力な上流貴族の口添えも不可欠であった。収入が多く、中下流貴族が切望した地方官は任期が四年で、求職活動をくり返さねばならなかったので、地方官は上流貴族に奉仕する元手を得るためにも強欲になった。(「受領《ずりょう》は倒るる所に土をつかめ(＝受領は失敗しても空手で帰るな)」は地方官の強欲さを象徴したことわざである。)過重な徴税も行われたので、庶民は疲弊した。

除目《じもく》　官職を任命する儀式。

司召《つかさめし》の除目《じもく》　都の官職を任命する儀式。

県召《あがためし》の除目《じもく》　地方官を任命する儀式。

四等官《しとうかん》　各官庁の幹部には、**「かみ」「すけ」「じょう」「さかん」**の四階級があった。▽役所によって当てる漢字が違い、音読することもあった。

①かみ(＝長官)……「守・督・頭」など
②すけ(＝次官)……「介・佐・助」など
③じょう(＝第三等官)……「判官・尉・丞・掾」など
④さかん(＝第四等官)……「主典・目・史」など

申文《もうしぶみ》　任官のために提出する文書。希望する官職、経歴を書き、自分がその官職にいかにふさわしいかを記して自薦する。

国司《こくし》　諸国を治める地方官。中央から派遣され、守《かみ》・介《すけ》・掾《じょう》・目《さかん》の四等官で構成された。▽長官である国守だけを指すこともある。国司の下には、現地の役人である**郡司《ぐんじ》**がおり、こちらは世襲で実務を担った。

受領《ずりょう》　実際に任国に赴任して政務を執る国守。(任国に行かず収入だけ得ていた者に対していう。)

8 女房

古文の「女房」は「妻」でなく、「個人用の居室(=房)を与えられて朝廷や貴族に仕える女性」をいう。多くは中流貴族出身で、主人の邸《やしき》で寝起きして、主人の身の回りの世話や話し相手、客との応対などをし、時々自宅に戻った。

女房は官職名ではないので、範囲が曖昧で、女官や侍女も含めていうこともあるが、古文の世界で重要なのは、妃《きさき》に仕えた女房である。藤原道隆《ふじわらのみちたか》の娘定子《ていし》に仕えた清少納言《せいしょうなごん》と、藤原道長《ふじわらのみちなが》の娘彰子《しょうし》に仕えた紫式部《むらさきしきぶ》などは、一人の帝《みかど》のもとで複数の妃が競い合った時代に、その才気で妃を盛り立て、支えた。才能ある者が選ばれたので、平安時代の女流文学者はほとんどが女房勤めの経験者でもある。また、女主人と女房は、精神的な絆《きずな》で結ばれていることも多かった。

貴族の女性は外出せず人に顔を見せないのがよいとされていたので、男性に顔をさらすこともある女房勤めはつらいことでもあった。清少納言でさえ、初出仕では恥ずかしさに涙がこぼれそうだったという。それでも、彼らが出仕する一番の理由は、身内の任官や昇進に便宜をはかってもらえる可能性があったからである。家にいては絶対わからない外の世界を見聞できる、ということも、大きな利点であった。

もちろん、女房は、特別な才能をもつ者ばかりではない。高貴な女性はおっとりして素直であることがよいとされた時代に、女房は、主人である姫君に、世渡りの知恵を授け、よいと思う方向へ導きもした。

局《つぼね》・曹司《ぞうし》 部屋。▽広い空間を屏風《びょうぶ》や几帳《きちょう》で仕切って作った、女房の私室をいうことが多い。

里《さと》 自宅。実家。▽宮仕えしている主人宅に対して、自分の家をいう。

大人《おとな》 年配で主だった女房。

童《わらわ》 子供の召使い。▽単に幼い子の意でないことが多い。女《め》の童、男《お》の童、小舎人童《こどねり》など、どれも雑用をした。

乳母《めのと》 貴人の子供を自分の乳で養い育て、成長後もその世話をする召使い。▽子供との絆は強く、影響力も大きかった。生涯その子供に仕えることも多い。**乳母子《めのとご》**は乳母の実子で、貴人の子供の最も忠実な召使いとなることが多い。

9 身分の低い者たち

古文作品に描かれているのは身分制の時代である。きわめてわずかな人数の貴族が富を独占し、その生活ぶりは庶民の生活とはまったく異なっていた。例えば、「あやし」という語が、「不思議だ・奇妙だ」の意から「身分が低い」の意も表すようになるのも、貴人にとって身分が低い者たちの様子は、理解を超えた奇妙なものに見えたからである。

古い時代、庶民は、文字を使うことも本を読むことも少なく、文字も書物も貴族のものであった。

賤《しづ》 身分が低いこと。身分が低い者。▽「賤の女《め》」「賤の男《お》」という表現もある。

山賤《やまがつ》 木こりや猟師などの、山で暮らす身分が低い者。▽「賤《しづ》山賤《やまがつ》」という表現もある。

海人《あま》**・海士**《あま》 漁業や製塩などを行って海辺で暮らす人。漁師。

▽現代では水に潜って貝などを採る女性を海女《あま》というが、もとは海辺で働く身分の低い人のことを、男女を問わず広く言った。

※これらはどれも、具体的にどういう仕事をする人かを表現するというより、身分の低い者を大まかに捉えた言葉である。

10 和歌

紀貫之《きのつらゆき》が『古今《こきん》和歌集』の仮名序《かなじょ》で、「やまとうたは、人の心を種として、万《よろづ》の言《こと》の葉《は》とぞなれりける。」と述べたように、和歌は、心の中の思いを詠み込むものであった。

愛情を訴え、つらい気持ちを歌い、神仏に救いを求め、当意即妙の歌を詠んで人々を感心させた。貴人に依頼されて祝いの歌を詠み、昇進を望んで歌で不遇を訴えることもあった。勅撰集《ちょくせんしゅう》が編集されるとなれば自作が選ばれることを切望した。三十一《みそひと》文字《もじ》に託した人々の思いは大きかった。

三十一文字《みそひともじ》 短歌の別称。▽「五七五七七」の短歌は仮名で書くと三十一文字。

本《もと》**／末**《すえ》 和歌の上《かみ》の句(五七五)と下《しも》の句(七七)。

勅撰和歌集《ちょくせんわかしゅう》 天皇・上皇の命令によって編集される和歌集。▽特別な権威があった。全部で二十一集編集され、始めの三つを三代集(古今《こきん》・後撰《ごせん》・拾遺《しゅうい》)、それを含む八つを八代集(古今・後撰・拾遺・後拾遺《ごしゅうい》・金葉《きんよう》・詞花《しか》・千載《せんざい》・新古今《しんこきん》)という。

古今《こきん》 最初の勅撰和歌集である『古今和歌集』の略称。▽「古今」は昔と今の意なら「ここん」と読む。

連歌《れんが》 和歌の上の句と下の句を二人で分けて詠んで一首とするもの。

歌合《うたあわ》**せ** 歌人を「左方《ひだりかた》」と「右方《みぎかた》」の二組に分け、同じ題で詠んだ歌を一首ずつ出させて勝敗を判定して競う遊び。▽貴人が催す大きな会では、歌人たちは出ること、勝つことに心を砕いた。

左方《ひだりかた》**・右方**《みぎかた》 歌人たちを分けたそれぞれの組。

(**方人**《かたうど》 参加者である歌人。)

講師《こうじ》 作られた歌をよみあげる人。

(**講**《こう》**ず** 歌をよみあげる。)

判者《はんじゃ》 歌の優劣を判定する人。

(**判**《はん》**ず** 判定する。／**判詞**《はんし》 判定の理由を説明した言葉。)

歌枕《うたまくら》 和歌にくり返し詠み込まれた特定の名所、旧跡。

11 陰陽道(おんようどう・おんみょうどう)

陰陽道は、中国から伝わった、陰陽五行《いんようごぎょう》説をもとに、万物の生成や変転の原理を説明しようとする思想の体系である。日本では、陰陽寮《おんようりょう》という役所が設けられて、陰陽師《おんようじ》の他、天文博士、暦《れき》博士などが置かれた。天文や暦《こよみ》の知識をもとに、吉凶を占い、福を招き災難を除く術として、人々の不安を掬《すく》い取り、また、日々の生活を支配した。安倍晴明《あべのせいめい》は、天文現象からさまざまなことを予知できるとして伝説化された陰陽師である。

人々は、物忌《ものい》みの時には行いを慎み、方塞《かたふた》がりの時には方違《かたたが》えをして、陰陽道の定めに従って行動した。同時に、方違えに来た人は必ずもてなすなど、外出や交流のきっかけにすることもあった。

一八七〇年(明治三年)、陰陽道は迷信として禁じられたが、結婚式や葬式の日取り(大安《たいあん》、友引《ともびき》、仏滅《ぶつめつ》など)、引っ越しや間取りの方位(恵方《えほう》、鬼門《きもん》など)に関する習慣はいまなお残っている。

物忌み《ものいみ》 陰陽師によって凶だとされた期間や、悪夢を見た時、死の穢《けが》れに触れた時などに、自宅に籠《こ》もって行いを慎み、災いを避けること。

方塞がり《かたふたがり》 外出したい方角に天一神《なかがみ》や金神《こんじん》がいて、災いがあるので、行くことができないこと。▽方向がふさがっている意。

方違へ《かたたがえ》 「方塞がり」の時、前夜に別の方角へ行って泊まり、方角を変えてから、目的地に行くこと。▽方角を変える意。

12 日本と中国

古代、文字がなかった日本に中国から**漢字**がもたらされた。漢字は日本語を表記する文字として用いられ（中国語の発音を取り入れた音読みと、日本語の意味を取り入れた訓読みで、漢字を使いこなした）、中国語を日本語として読み解く漢文訓読の方法も発達した。漢字を崩して平仮名が、漢字の一部から片仮名が作られた。七～九世紀には、**遣隋使**《けんずいし》・**遣唐使**《けんとうし》が派遣された。造船や航海の技術は拙く、旅は困難を極めたが、中国から多くの書物・経典《きょうてん》・技術・制度などがもたらされた。平安中期に遣唐使は廃止されたが、その後も中国の商人は来航して文物をもたらし、中国は長く先進大国と意識された。

江戸時代になって、中国から影響を受ける以前の、日本固有の文化を明らかにしようとする**国学**《こくがく》が起こった。国学は、歴史や古典の研究に成果をあげたが、日本の独自性を強調しようとする側面もあった。

唐《から》**・韓**《から》 中国および朝鮮。

唐土《もろこし》 中国。▽「唐」も「唐土」も唐《とう》王朝（六一八～九〇七年）の意ではなく中国を漠然と指す。

天竺《てんじく》 インド。

大和《やまと》 日本。

詩《し》**・唐歌**《からうた》 漢詩。

和歌《わか》**・大和歌**《やまとうた》 日本の歌。

真名《まな》 漢字。▽「正式な文字」の意。

仮名《かな》 平仮名、片仮名。▽「仮の文字」の意。おもに平仮名をいう。

男手《おとこで》**・男文字**《おとこもじ》 漢字。▽正式な文字である漢字は男が使うもので、女は使うべきではないと考えられていた。

女手《おんなで》**・女文字**《おんなもじ》 平仮名。

文《ふみ》・書《ふみ》 ①漢詩文。②漢籍。書物。③漢学。学問。④手紙。▽古代の日本では、漢詩文が書かれたものが書物であり、それを学ぶことが学問であった。

才《ざえ》 学問の知識。学識。▽特に漢学の知識をいう。

13 貴人を表す語

古文に限らず、日本では立場が上の人を名前では呼ばない。直接呼ぶのは失礼だとして、職名などで呼ぶ。（名前を言わないので、『源氏物語』に光源氏の名は書かれていない。姓は源だが、光源氏はあだ名のようなものである。）同じ考えから、場所を表す語で貴人も表す語がいくつもある。場所の意か人の意か、確認しながら読む必要がある。

院《いん》 「邸宅」の意。**上皇・法皇・女院**を表す。

宮《みや》 「宮殿」の意。**皇族**を表す。

帝《みかど》／御門《みかど》 「門」の敬称。**天皇**を表す。

殿《との》 「邸宅」の意。**貴人**を表す。

御前《おまえ》 「貴人の前」の意。**貴人**を表す。

所《ところ》 「場所」の意。**貴人を数える語**。▽「一所《ひとところ》」は「お一人」、「二所《ふたところ》」は「お二人」の意。

14 「泣く」の関連語彙

現代の日本では大人はあまり泣かないが、古文の中では、悲しい時だけでなく、心を動かされた時には、男も女もためらわずに泣いた。泣きながら愛を誓い、巧みな歌や音楽、説法に感動しても涙を流した。

現代では涙は紙やハンカチで拭うが、古文では袖や袂《たもと》で拭いた。そこから、袖や袂に関するさまざまな「泣く」意の表現が生まれた。

◎「泣く」を表す慣用表現　いろいろな表現があるので、**「袖・袂」＋水に関する言葉＝泣く・涙**の意だと考えるとよい。
袖《そで》を濡《ぬ》らす（＝泣く）／**袖《そで》を絞《しぼ》る・袂《たもと》を絞《しぼ》る・袖《そで》に余《あま》る**（＝ひどく泣く）／**袖《そで》の露《つゆ》・袖《そで》のしづ《ず》く**（＝涙）など

露《つゆ》　涙のしずく。▽もとは草木の葉などにつく水滴の意。「わずかなこと」や「はかないこと」の比喩としても用いられる。

しほ《お》たる　涙を流す。▽もとは海水で濡れる意。涙を海水にたとえていう。

15 軍記物語の語彙

現代では「侍《さむらい》」というと、帯刀して武勇を誇る者が思い浮かぶが、語源は「仕《つか》ふ」の謙譲語「さぶらふ」で、貴人のそばに伺候《しこう》する者の意である。平安時代を描いた作品には、身分が低く愚かな雑用係としてかかれることも多い。これが、武装して貴人のそばに仕える者、平安時代末期の動乱で力を伸ばした源氏や平氏の武士たちもいうようになった。

武士たちは風流事に憧れて貴族の仲間入りをこころざしもするが、もとは命がけで戦うことで勢力を伸ばした新興勢力である。武士とその戦いを描いた軍記作品では、他の分野の作品とは違う語彙が見られる。

弓矢《ゆみや》取《と》り・弓矢《ゆみや》取《と》る身《み》　弓矢を手に取って戦う身分。武士。
▽「**さぶらひ《い》・さむらひ《い》・武者《むしゃ》・つは《わ》もの・もののふ**」も武士の意。

家《いえ》の子《こ》・郎等《ろうどう》（郎党《ろうどう》）　武士の家来。

一人当千《いちにんとうぜん》・一騎当千《いっきとうぜん》　一人で千人に当たるほど強いこと。

先陣《せんじん》　戦場に一番乗りすること。▽非常に名誉なことで、ほうびの対象になった。

組《く》む　相手に組みついて戦う。▽仲間になる意ではない。

落《お》つ　戦いに負けて逃げる。

落人《おちゅうど》　負けて逃げていく武士。落ち武者。

首《くび》を掻《か》く　首を掻き切る。▽あとで、「**首実検《くびじっけん》**」をして、討ち取った敵が誰なのか確認した。

16 住居・調度

貴族は**寝殿造り**《しんでんづく》の建物に住んだ。**寝殿**と呼ばれる正殿を中心に、**渡殿**《わたどの》で結ばれた複数の**対の屋**《たいや》が付属し、庭には池が作られた。建物のまわりは**築地**《ついじ》で囲まれていた。邸《やしき》の広さは身分によるが、一町(=約一〇九メートル)四方にもおよび、庭の池で舟遊びをすることができる、広大なものであった。

屋内は板敷きで、中央が**母屋**《もや》、そのまわりが**廂**《ひさし》、さらにそのまわりに**簀の子**《すこ》が設けられた。壁の少ない広い空間を、普段は**屏風**《びょうぶ》や**几帳**《きちょう》で仕切って使い、儀式などの時には仕切りを取り払って広く使った。

寝殿《しんでん》　寝殿造りで、中央南面の建物。主人の居間や表座敷とした。

対・対の屋《たい・たいや》　寝殿の東西や北に作られた別棟の建物。▽北の対には正妻が住んだので「北の方《きたかた》(=正妻の意)」という言葉ができた。

渡殿《わたどの》　建物同士をつなぐ屋根のある渡り廊下。

築地《ついじ》　土で作った垣根。土塀。▽「つきじ」とは読まない。

遣り水《やみず》　川などから水を引いて庭に作った流れ。

前栽《せんざい》　庭の植え込み。▽「ぜんさい」とは読まない。

母屋《もや》　建物の中心の部分。

廂《ひさし》　建物の内部で、母屋の外側の部分。▽ここを女房の局《つぼね》にすることが多かった。

簀の子《すこ》　建物の外部で、廂の外にある濡《ぬ》れ縁《えん》の部分。▽身内以外の男性はここまでしか入れず、用件は女房などを通じて屋内に伝えた。大切な用件の時は、有能で信頼できる女房を取り次ぎに選ぶ必要があった。

妻戸《つまど》　外側へ開く両開きの戸。

遣り戸《やど》　左右に開く引き戸。

格子《こうし》　細い角材を縦・横に細かく組み合わせて作った建具《たてぐ》で、窓や出入り口に取り付けたもの。

簾《すだれ》　細く削った竹などを糸で編んだもの。日除けや仕切りとした。▽貴所で使うものを「**御簾**《みす》」という。

几帳《きちょう》　台の上に二本の柱を立て、横木を渡して**帷**《かたびら》という布をかけたもの。▽動かせるので、仕切りや隔てとして、幅広く用いられた。

屏風《びょうぶ》　長方形の枠を布や紙で包み、つなぎ合わせた、折りたたみの家具。▽風を防いだり、仕切りにしたりした。

※女性は、簾・屏風・几帳・扇・髪の毛などで顔を隠した。

◎寝殿造《しんでんづく》り

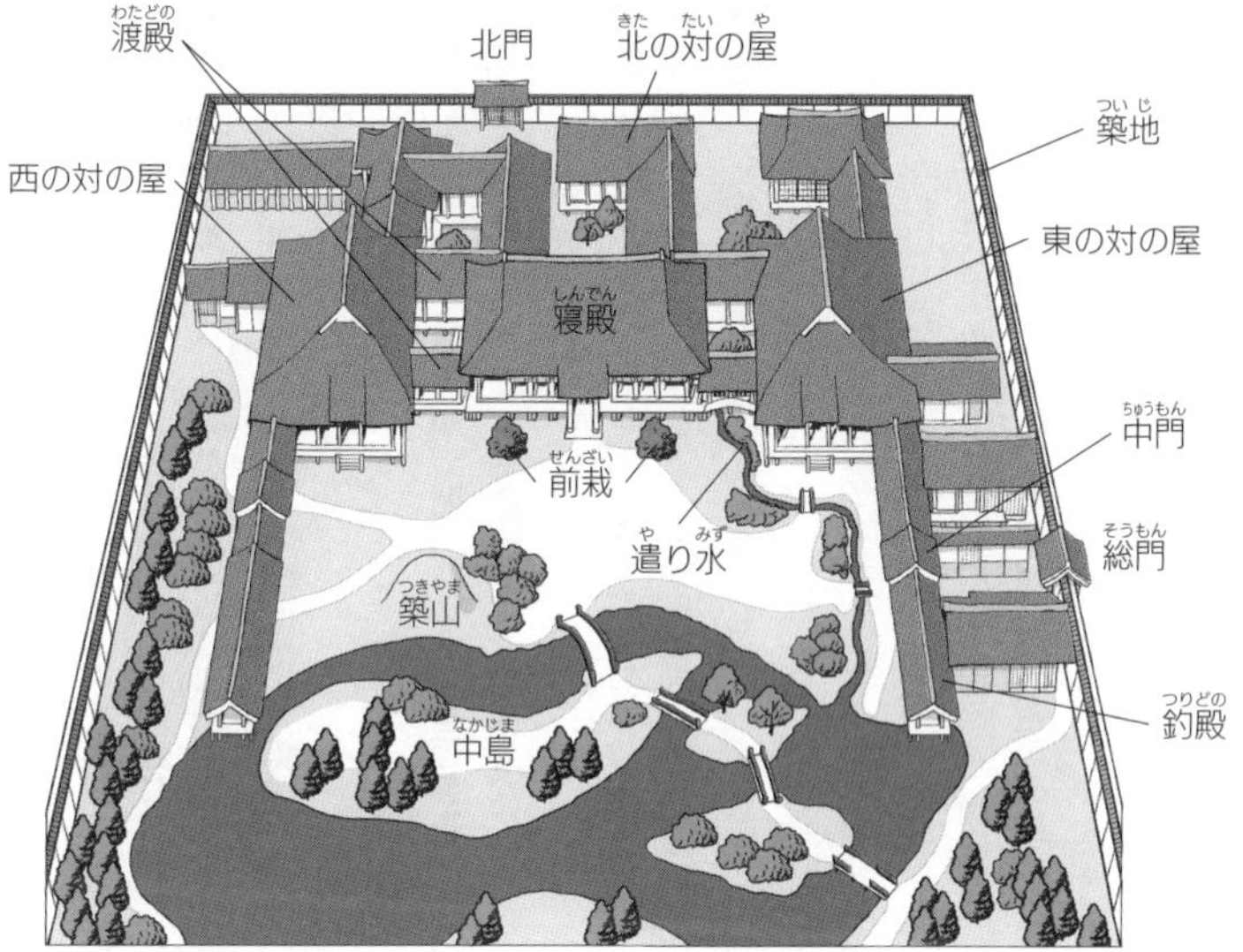
渡殿《わたどの》
北門
北《きた》の対《たい》の屋《や》
築地《ついじ》
西の対の屋
東の対の屋
寝殿《しんでん》
中門《ちゅうもん》
前栽《せんざい》
遣《や》り水《みず》
総門《そうもん》
築山《つきやま》
釣殿《つりどの》
中島《なかじま》

◎寝殿の内部

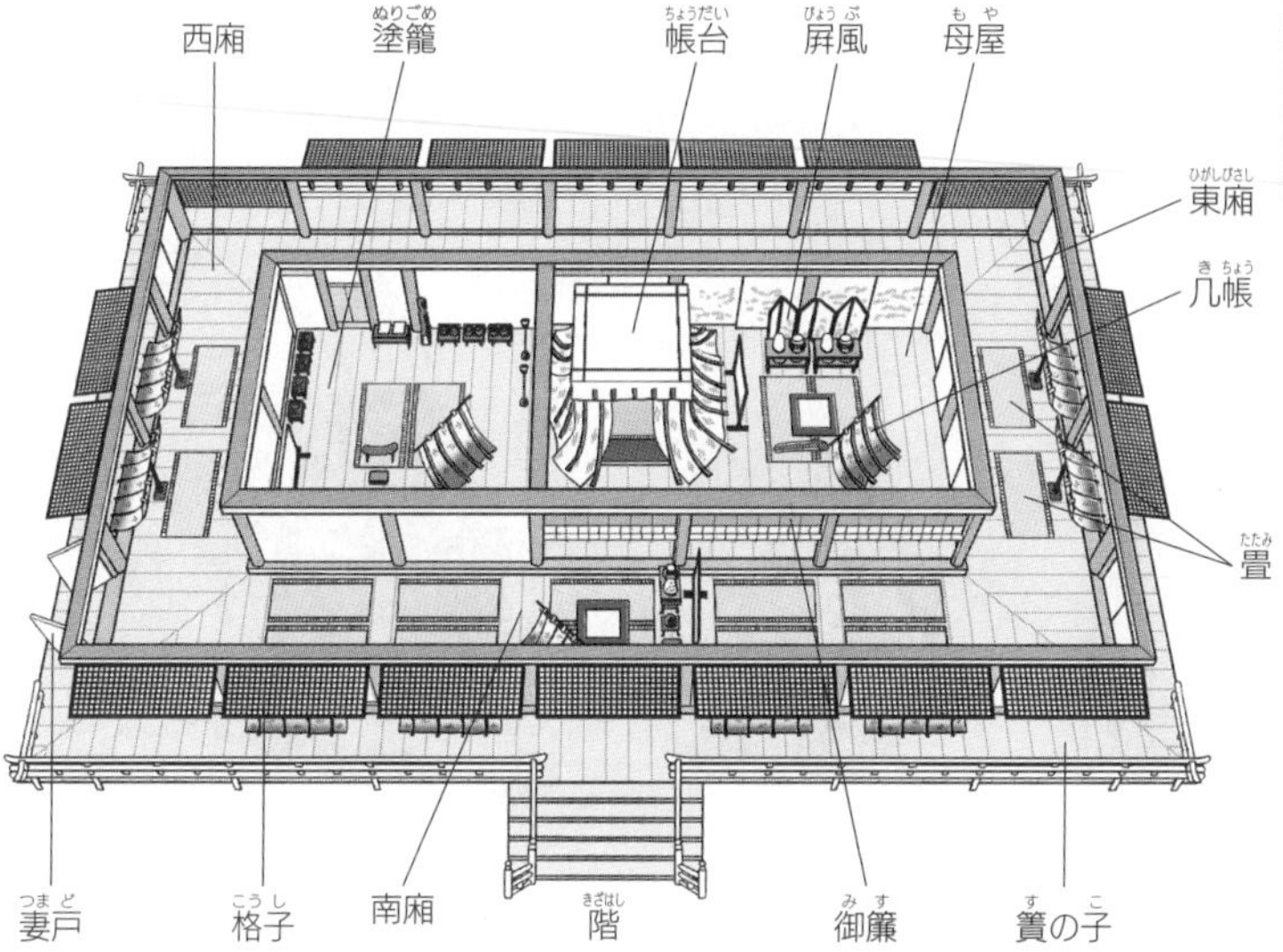
西廂
塗籠《ぬりごめ》
帳台《ちょうだい》
屏風《びょうぶ》
母屋《もや》
東廂《ひがしびさし》
几帳《きちょう》
畳《たたみ》
妻戸《つまど》
格子《こうし》
南廂
階《きざはし》
御簾《みす》
簀《す》の子《こ》

17 装束

宮中では、身分によって細かく決められた装束を身に付けた。臣下は威儀を正して正装するが、上位の者には略装が許されることもあった。女房の装束は時に二十～三十キロにもなったが、行事の折などには身動きできないほど着重ねて華美を競った。

束帯《そくたい》 男性貴族の正装。やや略装である「**宿直装束**《とのいそうぞく》」に対して、「**昼**《ひ》**の装束**《そうぞく》」ともいう。▽「**衣冠**《いかん》」は準正装。

直衣《のうし》 上流貴族の平常服。

狩衣《かりぎぬ》 貴族の平常服。▽もとは貴族が鷹狩《たかが》りで用いた。

指貫《さしぬき》 袴《はかま》の一種。▽直衣や狩衣を着たときに用いる。

烏帽子《えぼし》 元服《げんぷく》した男子が頭にかぶるもの。▽正装用の「冠」に対し、日常に用いられた。平安時代、男性は、常に烏帽子か冠をかぶった。髻《もとどり》(＝髪を頭の上で束ねたもの)を見られるのは恥ずかしいことであった。

十二単《じゅうにひとえ》 女房の正装である女房装束の俗称。裳唐衣《もからぎぬ》。

裳《も》 女性が正装する時、袴の上から、腰から下の部分にまとった衣。

唐衣《からぎぬ》 女性が正装する時、着重ねた装束の一番上に着たもの。▽衣服を重ねて着ることを「**襲**《かさね》」といい、その色の配合を「**襲**《かさね》**の色目**《いろめ》」といった。女性は立った時に床に着くほど髪

を伸ばしており、豊かで長くまっすぐな髪は美しい女性には不可欠だとされた。色鮮やかな重ね着と長い黒髪は平安の貴族女性を特徴付けるものである。

単《ひとえ》　裏地のない着物。装束の一番下に着た。

18 月の異名と季節

北半球の温帯地方の四季は、現代の気候学では太陽暦によって、春(三～五月)・夏(六～八月)・秋(九～十一月)・冬(十二～二月)とされるが、古文では陰暦によって、**春(一～三月)・夏(四～六月)・秋(七～九月)・冬(十～十二月)**である。現代人の季節感とは一、二か月ずれているので、特に、**正月は春、四月は初夏、七夕は初秋**の行事であることなどに注意したい。季節の移り変わりに敏感であることは、貴族的な繊細さとして重んじられたので、四季の区分だけでなく、それぞれの季節を一月ごとに、初春、中春(仲春)、晩春などとしたことも覚えておこう。

◎月の異名

春	一月	睦月(むつき)	初春
	二月	如月(きさらぎ)	中春(仲春)
	三月	弥生(やよい)	晩春
夏	四月	卯月(うづき)	初夏
	五月	皐月(さつき)	中夏(仲夏)
	六月	水無月(みなづき)	晩夏
秋	七月	文月(ふづき・ふみづき)	初秋
	八月	葉月(はつき・はづき)	中秋(仲秋)
	九月	長月(ながつき)	晩秋
冬	十月	神無月(かみなづき・かんなづき)	初冬
	十一月	霜月(しもつき)	中冬(仲冬)
	十二月	師走(しわす)	晩冬

19 月

一八七三年(明治六年)に太陽暦が採用される以前は、月の満ち欠けをもとに一月《ひとつき》を設定し太陽の運行も併せて考えた太陰太陽暦(陰暦・旧暦ともいう)が用いられていた。新月から次の新月までを一月とし、一か月が二十九・五日で、徐々に季節とずれていくので、時々閏月《うるうづき》を入れて修正した(その年は一年が十三か月になる)。

現代では三日月は細い月を漠然というが、もとは三日に出る月の意で、満月・十五夜も毎月十五日である。**弓張月**《ゆみはりづき》は弓に弦《つる》を張った形の月で、十五日よりも前は弦が上になる形なので**上弦**《じょうげん》**の月**、十六日以降は弦が下になる形なので**下弦**《かげん》**の月**という。十六日の月は**十六夜**《いざよい》**の月**、十七日ごろは月の出を立って待てるので**立ち待ちの月**、十八日は時間が遅くなり座って待つので**居**《い》**待**《ま》**ちの月**、十九日はさらに遅くなるので**寝待ちの月(臥**《ふ》**し待**《ま》**ちの月)**という。十六日以降は月が空にあるまま夜が明けるので**有**《あり》**明月**《あけづき》という。

ついたちは月立ちがもとで、新しい月が立つ意、**つごもり**は月籠《つきご》もりがもとで、月が籠もって見えなくなる意で、それぞれ月初、月末を意味する。(「ついたち」は各月の一日目のことだけではない。「つごもり」は各月の三十日のことだけではない。)

電灯のない時代、夜は暗い。月夜には、人は月を愛《め》で、歌を詠み、音楽を楽しんだ。

十五夜《じゅうごや》　陰暦で毎月十五日の夜。また、特に陰暦八月十五日の夜。一年で一番月が美しいとして、宴《うたげ》を催した。中秋の名月。

十三夜《じゅうさんや》　陰暦で毎月十三日の夜。また、特に陰暦九月十三日の夜。八月十五夜の月に次いで月が美しいとされ、「後《のち》の月」と呼んで宴を催した。

◎月齢と月の形

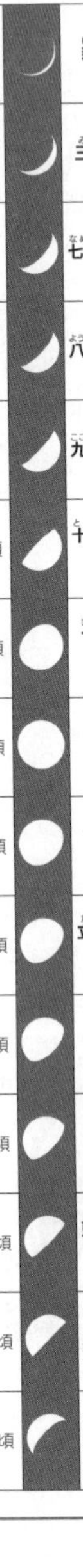

1日頃	新月《しんげつ》
3日頃	三日月《みかづき》
7日頃	七日《なぬか》の月
8日頃	八日《ようか》の月
9日頃	九日《ここぬか》の月
11日頃	十日余《とおかあま》りの月
13日頃	十三夜《じゅうさんや》の月
15日頃	望月《もちづき》
16日頃	十六夜《いざよい》の月
17日頃	立《た》ち待《ま》ちの月
18日頃	居《い》待《ま》ちの月
19日頃	寝《ね》待《ま》ちの月
20日頃	更《ふ》け待《ま》ちの月
22日頃	二十日《はつか》余《あま》りの月
23日頃	二十三夜《にじゅうさんや》の月

20 時刻と方位

十二支は、もとは中国の天文学で用いた言葉で、十二の動物に当てた。日本では、**子**《ね》（鼠《ねずみ》）・**丑**《うし》（牛）・**寅**《とら》（虎）・**卯**《う》（兎《うさぎ》）・**辰**《たつ》（竜）・**巳**《み》（蛇）・**午**《うま》（馬）・**未**《ひつじ》（羊）・**申**《さる》（猿）・**酉**《とり》（鶏）・**戌**《いぬ》（犬）・**亥**《い》（猪《いのしし》）といって、時刻や方角を表すのに用いた。

■**時刻**

十二支で二十四時間を表す。子《ね》は今の午前零時ごろ、及びその前後約二時間で、そこから二時間刻みに数える。（午《うま》は昼の十二時頃で、正午、午前、午後という言葉のもとである。）

■**方位**

十二支で東西南北三六〇度を表す。（子《ね》は北、午《うま》は南の意。子午線《しごせん》という語はこれによる。）

◎**時刻・方位**

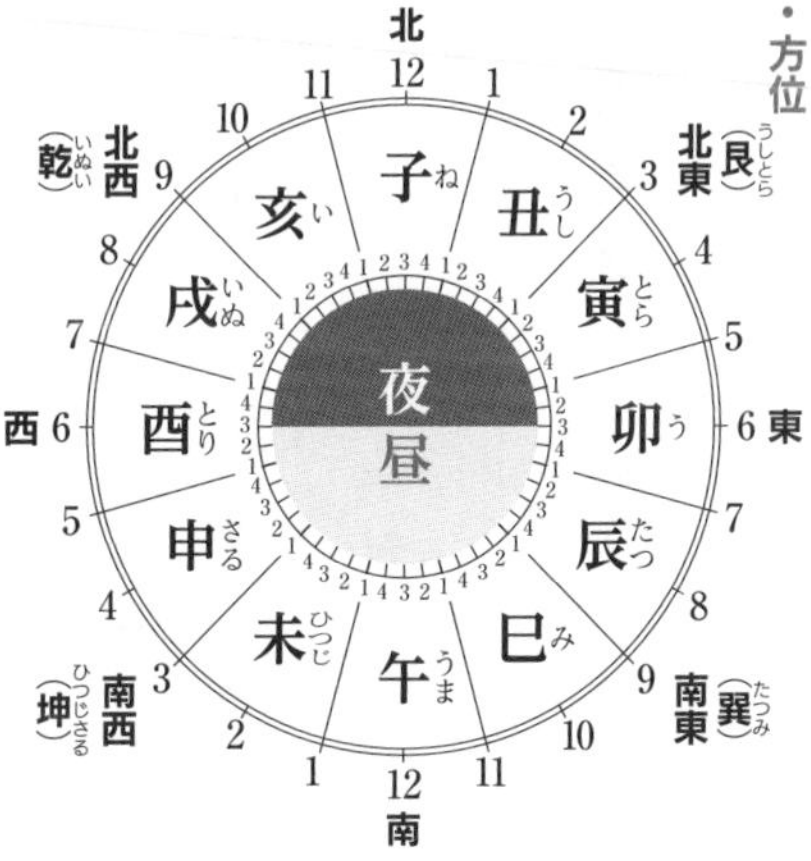

和歌の修辞法

① 句切れ

和歌は五／七／五／七／七の三十一音節からなり、それぞれを初句・二句・三句・四句・結句という。結句以外のところで意味が切れることを**句切れ**という。**初句切れ・二句切れ・三句切れ・四句切れ**がある。**句切れのない歌**もあり、また、**二箇所以上切れる歌**もある。歌を五／七／五／七／七で区切って、各句の末尾が文末に相当すれば、そこが句切れである。句切れは、①終止形、②命令形、③係り結び、④終助詞などによって見つけることができる。

例 **思ひつつ**／**寝《ぬ》ればや人の**／**見えつらむ。**／**夢と知りせば**／**覚めざらましを** 〈古今・恋二・小野小町〉

（五／七／五／七／七）

三句切れ　係助詞「や」の結びが「らむ」で、文末に相当する

訳 思い続けて寝るから、あの人が(夢に)見えたのだろうか。夢だとわかっていたら、目を覚まさなかっただろうに(夢だと知らなかったので覚めてしまい、あの人も消えてしまったよ)。

② 倒置

主語・述語などを通常の順序と逆に配置することで、感動・強調などを表現する技巧。句切れがある歌には、倒置になっているものがある。

例 **心あらむ**／**人に見せばや。**／**津の国の**／**難波《なには》わたりの**／**春の景色を** 〈後拾遺・春上・能因法師〉

（五／七／五／七／七）

二句切れ　「ばや」は終助詞で、文が終止している

倒置

▽「を」は目的語を導く助詞で、「(津の国の難波わたりの春の)景色」は「見せばや」の目的語(対象)だと考えられる。通常の語順なら、「津の国の難波わたりの春の景色を心あらむ人に見せばや」となるものが逆に置かれて、倒置になっている。

訳 風流を解する心があるような人に見せたいものだ。摂津《せっつ》の国の難波あたりの春の眺めを。

3 掛詞(かけことば)

同音異義語を利用して、一つの言葉に二重の意味をもたせる技巧。 同音異義語(＝音が同じで、意味は異なる語)が想定できる部分で、その二つの言葉がどちらも和歌中で意味をもっているもの(＝作者が意図的に意味を重ねたと思われるもの)を探す。掛けられた二つの言葉は、できるだけ両方訳出する。

例 **山里は冬ぞさびしさまさりける人目も草もかれぬと思へば** 〈百人一首〉〈古今・冬・源宗于〉

離れ 枯れ

▽「離《か》れ」と「枯れ」は同音異義語。「人目」が「離れ」、「草」が「枯れ」るということで、どちらも和歌の中で意味をもっており、掛詞になっている。

訳 山里は冬がさびしさが増すことだなあ。人の訪れが途絶え、草も枯れてしまうと思うと。

例 (一条天皇の死を追悼《ついとう》して、后《きさき》の上東門院《じょうとうもんいん》が詠んだ歌)

逢《あ》ふことも今はなきねの夢ならでいつかは君をまたは見るべき 〈新古今・哀傷・上東門院〉

無き 泣き寝

▽「無き」と「泣き(寝)」は同音異義語。「逢ふこと」は「無」く、「泣きながら寝」て見る「夢」ということで、どちらも和歌の中で意味をもっており、掛詞になっている。

訳 (あなたに)逢うことも今はもうないので、泣きながら寝る夢(の中)以外で、いつあなたをまた見ることができようか。

◎掛詞についての注意

・掛詞になっていることに気付かずに訳すと、意味が通らなくなることで、見つけられることがある。（例えば、325ページ二例目は、「逢うことも今は無きねの」と訳すと意味が通らなくなり、「なきね」に「無き」と「泣き寝」を想定せざるをえなくなる。）

・二つの言葉の品詞や語数は一致しなくてもよい。例「因幡《いなば》」（名詞・一語）と「往《い》なば」（動詞＋助詞・二語）／「岸」（名詞・一語）と「来《き》し」（動詞＋助動詞・二語）

・単語の一部分が掛詞になることがある。例「思**ひ**」と「日・火」／「涙」と「無み」

・清音と濁音は同音とみなす。例「流る」と「泣かる」／「嵐」と「あらじ」

・掛詞は二つの漢字で書き分けられることが多いが、できないものもある。例「憂《う》き」と「浮き」は漢字で書き分けられるが、地名「逢坂《あふさか》」と「逢《あ》ふ」はともに「逢」と書く。風が吹く音の「そよ」と応答の言葉の「そよ」はともに仮名書きになる。

・掛詞はできるだけ両方の意味を訳出する。

・地名は掛詞になりやすい。例「明石《あかし》」と「明かし」／「宇佐《うさ》」と「憂さ」／「近江《あふみ》」と「逢《あ》ふ身《み》」

・掛詞の設問では該当箇所は平仮名になっていることが多いが、漢字のこともある。

よく使われる掛詞は知っておくとよい。ただし、それを機械的に常に掛詞だと考えてはならない。どこが、どういう掛詞であるかは、二重の意味にとって歌の意味が通るかどうか、詠み手がその歌で何を伝えたいかによって決まる。

例 **秋の野に人まつ虫の声すなり我かと行《ゆ》きていざとぶらはむ** 〈古今・秋上・読人知らず〉

（まつ → 待つ／松）

▽「待つ」と「松」はよく使われる掛詞で、ここでも、人を「待つ」、「松」虫、ということで、どちらもが和歌中で意味をもっており、掛詞になっている。一方、「秋」と「飽き」もよく使われる掛詞だが、この歌では「飽き」の意を読み取ることはできず、これは掛詞ではない。

訳 秋の野に、人を待つという名前の松虫の鳴き声が聞こえてくる。私のことかと、行って、さあ、訪ねてみよう。

◎よく使われる掛詞の例

掛詞	意味	掛詞	意味
あま	天／尼／海人《あま》／雨～	たび	旅／度
あやめ	文目（＝模様・筋道）／菖蒲《あやめ》（＝植物の名）	つま	妻／端《つま》／褄《つま》（＝着物のすその端の部分）
うら（み）	裏（見）（＝裏側・内部）／浦（見）／恨み／心《うら》（＝内心の思い）	ながめ	眺め／長雨《ながめ》
えに	縁《えに》／江に	なぎさ	渚《なぎさ》／泣き／鳴き／無き
おき	起き／置き	なく	泣く／鳴く／無く
おもひ	思ひ／火／日	なみだ	涙／波・浪《なみ》／無み（＝ないので）
かひ	貝／甲斐《かひ》／卵《かひ》	ね	音／寝／根／子《ね》（＝十二支の一番目）
かり	仮・かりそめ／刈り／借り／狩り／雁《かり》（＝渡り鳥の名）	はる	春／張る
きく	菊／聞く	ふし	節／臥《ふ》し・伏し／伏見《ふしみ》
くる	来る／繰る	ふみ	文／踏み
こと	事／言／琴	ふる	降る／古《ふ》る・旧《ふ》る／経《ふ》る／振る／故郷《ふるさと》
こひ	恋／火	みるめ	見る目／海松布《みるめ》（＝海藻の名）
すむ	住む／澄む	もる	漏《も》る／守《も》る／盛る
するが	駿河《するが》／する（＝サ変動詞「す」の連体形）	よ	夜／節《よ》（＝竹や葦《あし》の節や、節と節の間の部分）／世・代

4 縁語

ある言葉に関係の深い言葉を、意図的に用いておもしろみを出す技巧。縁語は、掛詞《かけことば》とともに用いられることが多い。まず掛詞を探し、掛詞の一方が「歌が伝えようとしていること・**心情**など」、もう一方が「歌が伝えようとしていることに直接関係がないこと・**景物**など」を表している時、**後者が縁語になる**のが原則。

例（西行《さいぎょう》が二十三歳で出家して伊勢《いせ》へと旅立った時に詠んだ歌）

［山の名］と［「鈴」］の掛詞　［接頭語「ふり」］と［鈴を「振り」］の掛詞　［「成り」］と［「鳴り」］の掛詞

鈴鹿山　**憂《う》き世をよそにふりすてて**　**いかになりゆく我が身なるらん**　〈新古今・雑中・西行〉

▽［　］は歌が伝えようとすることに関わるが、［　］は関わらない。［「鈴」］［「ふり（振り）」］［「なり（鳴り）」］は縁語。

訳 鈴鹿山よ、つらいこの世を振り捨てて出家して、どうなってゆく我が身なのであろうか。

すべてを捨てて出家するという道を選んだものの、不安も拭《ぬぐ》えない、というのが歌が伝えたいことで、それと関わらない「鈴」「振り」「鳴り」という言葉は、「鈴」を「振」ると音が「鳴」るという連想でつながり、歌の裏側で、伝えたいことに関わらない飾りとして、歌の表現を豊かにしている。

※通常の描写で現れる関連性のある語群は縁語ではない。

［（雪が）「降る」］と［（この世に）「経《ふ》る」］は掛詞

例 **白雪の世にふるかひはなけれども思ひ消えなんことぞ悲しき**　〈住吉〉

▽報われない恋のつらさが歌が伝えたいことで、雪が降ることは伝えたいことではない。そこで「降る」を手がかりに考えると、「雪」は「降」り、「消え」ていくという連想でつながって、**「降る」「（白）雪」「消え」が縁語**だとわかる。これらは歌の主題の裏側にあって、歌の表現を豊かにしている。

訳 白雪は世に降るが、私がこの世に経《ふ》る（＝生きていく）かいはない。けれども（私が消えてしまえば）あなたへの思いが消えてしまうことが悲しい。

例 **君がため春の野に出《い》でて若菜つむ我が衣手《ころもで》に雪は降りつつ** 〈百人一首〉〈古今・春上・光孝天皇〉

▽「雪」と「降り」は、雪が降るという通常の描写で現れたもので、掛詞になっている部分もない。**「雪」と「降り」は縁語ではない。**

訳 あなたのために春の野に出て若菜を摘む私の袖に雪はしきりと降ってくる。

5 枕詞（まくらことば）

ある特定の語を導くために用いられる言葉。ほとんどが五音節で、多くは意味を失っており、訳せないことが多い。枕詞と、それが導く語との関係は固定しているので、枕詞はおもなものとそれが導く言葉を知っておけばよい。また、**初句か三句の、五音節で訳せない言葉**、と考えて見当をつけることができる。

例 **（小野千古《おののちふる》が東北地方に赴任する時に母親が詠んだ歌）**

初句・五音節

たらちねの親の守りと相添《あひそ》ふる心ばかりは関なとどめそ 〈古今・離別・小野千古の母〉

▽「たらちねの」は、母や親などを導く枕詞（この部分は訳すことができない）。

訳 （私は任地に付いていくことはできないので）親の守りとして添えてやる心だけは関所も止めてくれるな。

三句・五音節

例 わたのはら漕《こ》ぎ出《い》でてみれば**ひさかたの**雲ゐにまがふ沖つ白波 〈百人一首〉〈詞花・雑下・藤原忠通〉

▽「ひさかたの」は天に関係のある空・月・雨・雲などを導く枕詞（この部分は訳すことができない）。

訳 海原に船を漕ぎ出して眺めやると、雲と見間違うほどに沖の白波が立っているよ。

◎おもな枕詞の例

枕詞	導かれる語	枕詞	導かれる語
あかねさす	日・昼・照る	**くさまくら**	旅
あしひきの	山	**くれたけの**	よ・ふし
あづさゆみ	はる・ひく・いる	**ささがにの**	蜘蛛《くも》・雲
あまざかる	鄙《ひな》	**しろたへの**	衣・袖・袂《たもと》
あらたまの	年・月・日・春	**たまきはる**	命
あをによし	奈良	**ちはやぶる**	神
いそのかみ	降る・古《ふ》る	**とりがなく**	東《あづま》
うつせみの	世・人・命	**ぬばたまの**	黒・夜
からころも	着る・たつ	**ももしきの**	大宮

6 序詞（じょことば）

ある語句を導き出すために前置きとして置かれる言葉。言葉を導くという点では枕詞《まくらことば》と似るが、七音節（二句）以上で、導く言葉は固定していない。歌の趣旨をより効果的に伝えるため作者が独自に作るもので、訳出する。

歌が伝えようとすることの前に置かれた自然・景物の描写の部分が序詞であることが多い。初句と二句、または、初句から三句までが序詞であることが多いので、**五／七／五／七／七に区切って、歌が伝えたいことがどこから始まるか考える**と見つけることができる。

序詞の導き方は三つある。

①比喩で導く

例 **飛ぶ鳥の／声も聞こえぬ／奥山の／深き心を／人は知らなむ** 〈古今・恋一・読人知らず〉

▽歌の趣旨は「自分の愛情の深さをわかってほしい」ということだが、序詞によって、その深さが印象深く鮮明なものになっている。

訳 飛ぶ鳥の声も聞こえない静寂そのものの深い奥山**のように**深く秘めた私の愛情を、あの人は知ってほしい。

②同音の反復で導く

例 **浅茅生《あさぢふ》の／小野の篠原《しのはら》／しのぶれど／あまりてなどか／人の恋しき** 〈百人一首〉〈後撰・恋一・源等〉

▽歌の趣旨は、「隠してこらえてきたが、それ以上にどうしてあの人が恋しいのか」ということだが、篠竹が生い茂る野を詠み込んだ序詞によって、複雑に入り組んだ恋の思いが効果的に表現されている。

訳 浅茅が生え、篠竹が茂る野、その「しの」ではないが、人に隠して忍んでいるのに、それを超えてどうしてあなたが恋しいのだろうか。

③掛詞《かけことば》で導く

例 **秋風の／吹きうらかへす／葛《くず》の葉の／うらみてもなほ／恨めしきかな** 〈古今・恋五・平貞文〉

▽歌の趣旨は、「自分の愛情に報いてくれないあの人を恨んでもなお恨めしい」ということだが、飽きるに通じる秋風が、つる性で翻《ひるがえ》りやすく、白い裏が目立つ葛の葉を裏返して吹くさまを詠み、その「裏見」から掛詞の「恨み」を導き出す序詞によって、心を翻して裏切った相手を恨む気持ちを鮮明に表現している。

訳 秋風が吹いて裏返す葛の葉、その「裏見」ではないが、私に飽きて去ったあの人を恨んでも、なお恨めしいよ。（「うらみ」は「裏見」と「恨み」の掛詞。）

文学史表

▽文学史を、おおまかな年代順・ジャンル別で模式的に示した。
▽おもな作品名（作者名）を掲げ、重要な作品は赤色で示した。
（成立年代に諸説ある作品や複数のジャンルにわたる作品もある。）

奈良時代｜平安時代（800　900　1000）

物語・説話など

奈良時代
- 歴史書：古事記《こじき》、日本書紀《にほんしょき》
- 地誌：風土記《ふどき》

平安時代
- 作り物語：竹取《たけとり》物語 ― うつほ物語 ― 落窪《おちくぼ》物語 ― 源氏《げんじ》物語（紫式部《むらさきしきぶ》）
- 歌物語：伊勢《いせ》物語 ― 大和《やまと》物語 ― 平中《へいちゅう》物語（……源氏物語へ）
- 説話集：日本霊異記《にほんりょういき》（景戒《けいかい》）
- 仏教書：往生要集《おうじょうようしゅう》（源信《げんしん》）

日記

平安時代
- 日記：土佐《とさ》日記（紀貫之《きのつらゆき》） ― 蜻蛉《かげろう》日記（藤原道綱母《ふじわらのみちつなのはは》） ― 和泉式部《いずみしきぶ》日記 ― 紫式部《むらさきしきぶ》日記

詩歌など

奈良時代
- 和歌集：万葉集《まんようしゅう》
- 漢詩文集：懐風藻《かいふうそう》

平安時代
- 勅撰《ちょくせん》和歌集：古今《こきん》和歌集（紀貫之《きのつらゆき》ら撰） ― 後撰《ごせん》和歌集（清原元輔《きよはらのもとすけ》ら撰） ― 拾遺《しゅうい》和歌集
  - 三代集
  - 八代集
- 詩歌集：和漢朗詠集《わかんろうえいしゅう》（藤原公任《ふじわらのきんとう》撰）

随筆・評論など

平安時代
- 歌論：古今《こきん》和歌集 仮名序《かなじょ》（紀貫之《きのつらゆき》）
- 随筆：枕草子《まくらのそうし》（清少納言《せいしょうなごん》）

平安時代	鎌倉時代
1100	1200 / 1300

浜松中納言物語《はままつちゅうなごん》
夜の寝覚《よるねざめ》
狭衣物語《さごろも》
堤中納言物語《つつみちゅうなごん》
とりかへばや物語
住吉物語《すみよし》

歴史物語
栄花物語《えいが》
大鏡《おおかがみ》
今鏡《いまかがみ》
水鏡《みずかがみ》
愚管抄《ぐかんしょう》（慈円《じえん》）

軍記物語
保元物語《ほうげん》
平治物語《へいじ》
平家物語《へいけ》
源平盛衰記《げんぺいじょうすいき》

今昔物語集《こんじゃく》
古本説話集《こほん》
発心集《ほっしん》（鴨長明《かものちょうめい》）
宇治拾遺物語《うじしゅうい》
十訓抄《じっきんしょう》
古今著聞集《ここんちょもんじゅう》（橘成季《たちばなのなりすえ》）
沙石集《しゃせきしゅう》（無住《むじゅう》）

更級日記《さらしな》（菅原孝標女《すがわらのたかすえのむすめ》）
讃岐典侍日記《さぬきのすけ》
十六夜日記《いざよい》（阿仏尼《あぶつに》）
とはずがたり（後深草院二条《ごふかくさいんのにじょう》）

紀行文
海道記《かいどうき》
東関紀行《とうかんきこう》

後拾遺和歌集《ごしゅうい》
金葉和歌集《きんよう》
詞花和歌集《しか》
千載和歌集《せんざい》（藤原俊成撰《ふじわらのとしなり》）
新古今和歌集（藤原定家ら撰《ふじわらのさだいえ》）

私撰集
小倉百人一首《おぐら》（藤原定家撰）

歌謡集
梁塵秘抄《りょうじんひしょう》（後白河院撰《ごしらかわ》）

本朝文粋《ほんちょうもんずい》

私家集
山家集《さんかしゅう》（西行《さいぎょう》）
金槐和歌集《きんかい》（源実朝《みなもとのさねとも》）
建礼門院右京大夫集《けんれいもんいんうきょうのだいぶしゅう》

方丈記《ほうじょうき》（鴨長明《かものちょうめい》）
徒然草《つれづれぐさ》（兼好法師《けんこう》）

物語論
無名草子《むみょうぞうし》
無名抄《むみょうしょう》（鴨長明）
俊頼髄脳《としよりずいのう》（源俊頼《みなもとの》）

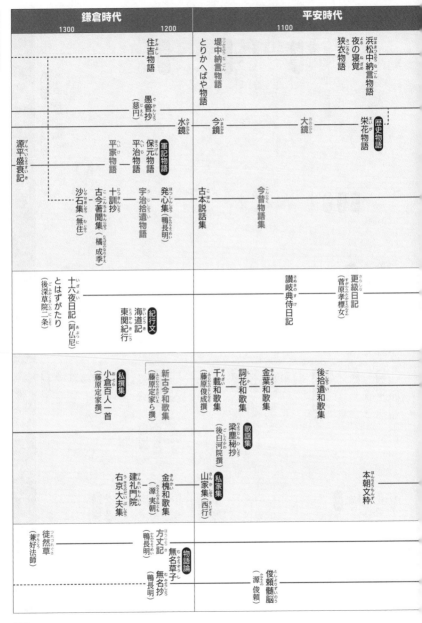

江戸時代	室町時代
1700	1600 1500 1400

物語・小説など

- 歴史書：神皇正統記《じんのうしょうとうき》（北畠親房《きたばたけちかふさ》）
- 歴史物語：増鏡《ますかがみ》
- 軍記物語：太平記《たいへいき》　曽我《そが》物語　義経記《ぎけいき》
- 御伽草子《おとぎぞうし》：「一寸法師《いっすんぼうし》」「鉢《はち》かづき」など
- 仮名草子《かなぞうし》：醒睡笑《せいすいしょう》（安楽庵策伝《あんらくあんさくでん》）　伽婢子《おとぎぼうこ》（浅井了意《あさいりょうい》）
- 浮世草子《うきよぞうし》：好色一代男《こうしょくいちだいおとこ》・好色五人女《こうしょくごにんおんな》　日本永代蔵《にっぽんえいたいぐら》・世間胸算用《せけんむねさんよう》（井原西鶴《いはらさいかく》）
- 赤本　黒本　青本

戯曲

- 能：（観阿弥《かんあみ》・世阿弥《ぜあみ》ら）
- 浄瑠璃《じょうるり》：曽根崎心中《そねざきしんじゅう》・冥途《めいど》の飛脚《ひきゃく》　国性爺合戦《こくせんやかっせん》・心中天網島《しんじゅうてんのあみじま》　女殺油地獄《おんなごろしあぶらのじごく》（近松門左衛門《ちかまつもんざえもん》）

詩歌など

- 連歌集：菟玖波集《つくばしゅう》（二条良基《にじょうよしもと》ら撰）　新撰菟玖波集《しんせんつくばしゅう》（宗祇《そうぎ》ら撰）
- 歌謡集：閑吟集《かんぎんしゅう》
- 俳諧集：犬筑波集《いぬつくばしゅう》（山崎宗鑑《やまざきそうかん》編）　《貞門《ていもん》》（松永貞徳《まつながていとく》）　《談林《だんりん》》（西山宗因《にしやまそういん》）　《蕉風《しょうふう》》（松尾芭蕉《まつおばしょう》）　猿蓑《さるみの》　炭俵《すみだわら》
- 俳諧紀行文：野ざらし紀行　おくのほそ道　笈《おい》の小文《こぶみ》（松尾芭蕉）
- 俳文集：風俗文選《ふうぞくもんぜん》（森川許六《もりかわきょりく》編）

随筆・評論など

- 連歌論：ささめごと（心敬《しんけい》）
- 能楽論：風姿花伝《ふうしかでん》　花鏡《かきょう》（世阿弥《ぜあみ》）
- 俳論：三冊子《さんぞうし》（服部土芳《はっとりとほう》）　去来抄《きょらいしょう》（向井去来《むかいきょらい》）
- 国学：万葉代匠記《まんようだいしょうき》（契沖《けいちゅう》）

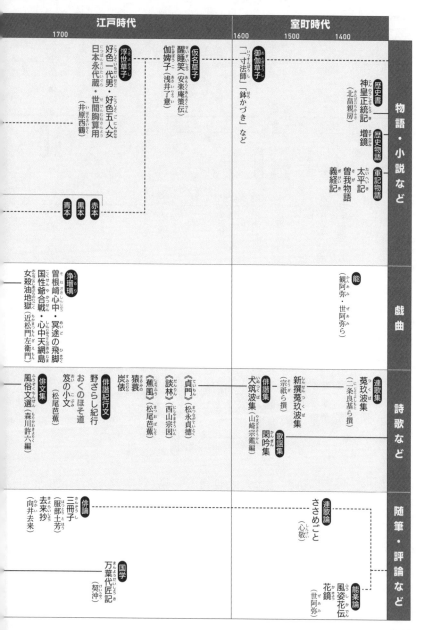

江戸時代

1800

前期読本《よみほん》
雨月物語《うげつものがたり》（上田秋成《うえだあきなり》）

後期読本
南総里見八犬伝《なんそうさとみはっけんでん》（曲亭馬琴《きょくていばきん》）

洒落本《しゃれぼん》
通言総籬《つうげんそうまがき》（山東京伝《さんとうきょうでん》）

滑稽本《こっけいぼん》
東海道中膝栗毛《とうかいどうちゅうひざくりげ》（十返舎一九《じっぺんしゃいっく》）
浮世風呂《うきよぶろ》・浮世床《うきよどこ》（式亭三馬《しきていさんば》）

人情本
春色梅児誉美《しゅんしょくうめごよみ》（為永春水《ためながしゅんすい》）

草双紙《くさぞうし》

黄表紙
金々先生栄花夢《きんきんせんせいえいがのゆめ》（恋川春町《こいかわはるまち》）
江戸生艶気樺焼《えどうまれうわきのかばやき》（山東京伝）

合巻《ごうかん》
偐紫田舎源氏《にせむらさきいなかげんじ》（柳亭種彦《りゅうていたねひこ》）

菅原伝授手習鑑《すがわらでんじゅてならいかがみ》
仮名手本忠臣蔵《かなでほんちゅうしんぐら》（竹田出雲《いずも》ら）

歌舞伎《かぶき》
東海道四谷怪談《とうかいどうよつやかいだん》（鶴屋南北《つるやなんぼく》）
三人吉三廓初買《さんにんきちさくるわのはつがい》（河竹黙阿弥《かわたけもくあみ》）

鶉衣《うずらごろも》（横井也有《よこいやゆう》）

俳諧句文集
新花摘《しんはなつみ》（与謝蕪村《よさぶそん》）
おらが春（小林一茶《こばやしいっさ》）

川柳集《せんりゅうしゅう》
誹風柳多留《はいふうやなぎだる》

随筆
折《おり》たく柴《しば》の記《き》（新井白石《あらいはくせき》）
玉勝間《たまかつま》（本居宣長《もとおりのりなが》）
蘭学事始《らんがくことはじめ》（杉田玄白《すぎたげんぱく》）
花月草紙《かげつそうし》（松平定信《まつだいらさだのぶ》）

万葉考《まんようこう》（賀茂真淵《かものまぶち》）
源氏物語玉《たま》の小櫛《おぐし》
古事記伝（本居宣長）

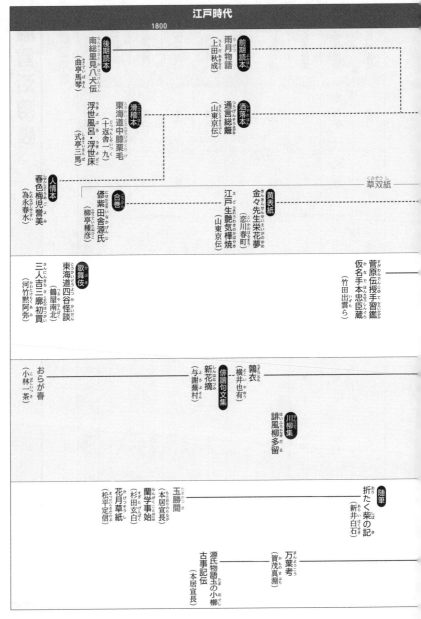

用言活用表

◎動詞活用表

▽活用表の赤字部分…ローマ字は段を、ひらがなはどの語でも変化しない音を示す。

種類	例語	語幹	未然形	連用形	終止形	連体形	已然形	命令形
四段活用	行く	行	a か	i き	u く	u く	e け	e け
上一段活用	見る	○	i み	i み	iる みる	iる みる	iれ みれ	iよ みよ
上二段活用	落つ	落	i ち	i ち	u つ	uる つる	uれ つれ	iよ ちよ
下一段活用	蹴る	○	け	け	ける	ける	けれ	けよ
下二段活用	伝ふ	伝	e へ	e へ	u ふ	uる ふる	uれ ふれ	eよ へよ
カ行変格活用	来《く》	○	こ	き	く	くる	くれ	こ こよ
サ行変格活用	す	○	せ	し	す	する	すれ	せよ
ナ行変格活用	死ぬ	死	な	に	ぬ	ぬる	ぬれ	ね
ラ行変格活用	あり	あ	ら	り	り	る	れ	れ

◎右表では、行によって活用の仕方が変わるものを赤字にしてある。ローマ字は五十音図の段を示しており、活用する行によって表す音を変えることができる。ひらがなはどの語でも変わらない。

例 ハ行四段活用

未然形	連用形	終止形	連体形	已然形	命令形
a	i	u	u	e	e
h	h	h	h	h	h
は	ひ	ふ	ふ	へ	へ

⇧四段活用の型
⇧ハ行

例 サ行下二段活用

e	e	u	uる	uれ	eよ
s	s	s	s	s	s
せ	せ	す	する	すれ	せよ

⇧下二段活用の型
⇧サ行

例 タ行下二段活用

e	e	u	uる	uれ	eよ
t	t	t	t	t	t
て	て	つ	つる	つれ	てよ

⇧下二段活用の型
⇧タ行

▽連体形が「る」、已然形が「れ」、命令形が「よ」で終わることは下二段活用の語に共通。

また、現代語の「ほめる」に当たる語なら、助動詞「ず」を付けると「ほ**め**ず」となるので、マ行下二段活用だとわかる。これは、「**め**」の前の「ほ」が活用しても変化しない**語幹**で、**活用語尾**が「め・め・む・むる・むれ・めよ」となるということである。この語の実際の形は、語幹「ほ」に活用語尾を付けて、次のようになる。

未然形	連用形	終止形	連体形	已然形	命令形
ほめ	ほめ	ほむ	ほむる	ほむれ	ほめよ

この手続きが正しくできれば、終止形がわかって、辞書を引くこともできるし、動詞を活用させて空欄に補充する設問にも対応できる。

◎右表で、赤字になっておらずすべてひらがな書きの下一段活用と変格活用は、行によって変化することはなく、すべての語が右表の通りに活用する。

◎形容詞活用表

種類	例語	語幹	未然形	連用形	終止形	連体形	已然形	命令形
ク活用	なし	な	○ から	く かり	し ○	き かる	けれ ○	○ かれ
シク活用	かなし	かな	○ しから	しく しかり	し ○	しき しかる	しけれ ○	○ しかれ

◎形容動詞活用表

種類	例語	語幹	未然形	連用形	終止形	連体形	已然形	命令形
ナリ活用	静かなり	静か	なら	なり に	なり	なる	なれ	なれ
タリ活用	堂々たり	堂々	たら	たり と	たり	たる	たれ	たれ

おもな助動詞活用表

接続	基本形	未然形	連用形	終止形	連体形	已然形	命令形	活用の型	おもな意味(訳)
未然形	る	れ	れ	る	るる	るれ	れよ	下二段型	①自発（自然と～される・思わず～してしまう） ②可能（～できる） ③受身（～される） ④尊敬（～なさる・お～になる）
	らる	られ	られ	らる	らるる	らるれ	られよ		
	す	せ	せ	す	する	すれ	せよ	下二段型	①使役（～させる） ②尊敬（～なさる・お～になる）
	さす	させ	させ	さす	さする	さすれ	させよ		
	しむ	しめ	しめ	しむ	しむる	しむれ	しめよ		
	む（ん）	○	○	む（ん）	む（ん）	め	○	四段型	①推量（～だろう） ②意志（～よう） ③適当・勧誘（～のがよい・～しないか） ④仮定・婉曲（～としたら・～ような）
	むず（んず）	○	○	むず（んず）	むずる（んずる）	むずれ（んずれ）	○	サ変型	
	じ	○	○	じ	じ	じ	○	無変化型	①打消推量（～ないだろう・～まい） ②打消意志（～ないつもりだ・～まい）
	ず	○ ざら	ず ざり	ず ○	ぬ ざる	ね ざれ	○ ざれ	特殊型	打消（～ない）
	まし	ましか （ませ）	○	まし	まし	ましか	○	特殊型	①反実仮想（もし～としたら…だろうに） ②ためらいの意志（～ようかしら）
	まほし	○ まほしから	まほしく まほしかり	まほし ○	まほしき まほしかる	まほしけれ ○	○ ○	形容詞型	希望（～たい）
連用形	き	（せ）	○	き	し	しか	○	特殊型	過去（～た） カ変・サ変には特殊な付き方をする。
	けり	（けら）	○	けり	ける	けれ	○	ラ変型	①過去（～た・～たそうだ） ②詠嘆（～たなあ）
	つ	て	て	つ	つる	つれ	てよ	下二段型	①完了（～た・～てしまった） ②強意（きっと～・必ず～）
	ぬ	な	に	ぬ	ぬる	ぬれ	ね	ナ変型	

連用形	たり	たら	たり	たり	たる	たれ	たれ	ラ変型	①存続（〜ている・〜てある）②完了（〜た・〜てしまった）
	たし	○／たから	たく／たかり	たし／○	たき／たかる	たけれ／○	○／○	形容詞型	希望（〜たい）
	けむ（けん）	○	○	けむ（けん）	けむ（けん）	けめ	○	四段型	①過去推量（〜ただろう）②過去の原因推量（〈どうして〉〜たのだろう）③過去の伝聞・婉曲（〜たとかいう・〜たような）
終止形 ラ変型活用語には連体形に付く。	らむ（らん）	○	○	らむ（らん）	らむ（らん）	らめ	○	四段型	①現在推量（今ごろ〜ているだろう）②現在の原因推量（〈どうして〉〜ているのだろう）③伝聞・婉曲（〜とかいう・〜ような）
	べし	○／べから	べく／べかり	べし／○	べき／べかる	べけれ／○	○／○	形容詞型	①推量（〜だろう）②意志（〜よう）③可能（〜できる）④当然（〜べきだ）⑤命令（〜せよ）⑥適当（〜のがよい）
	まじ	○／まじから	まじく／まじかり	まじ／○	まじき／まじかる	まじけれ／○	○／○	形容詞型	①打消推量（〜ないだろう・〜まい）②打消意志（〜ないつもりだ・〜まい）③不可能（〜できそうもない）④打消当然（〜べきでない）⑤禁止（〜してはいけない）⑥不適当（〜ないのがよい）
	なり	○	（なり）	なり	なる	なれ	○	ラ変型	①伝聞（〜そうだ・〜ということだ）②推定（〜が聞こえる・〜ようだ）
	めり	○	（めり）	めり	める	めれ	○	ラ変型	①推定（〜ようだ・〜に見える）②婉曲（〜ようだ）
	らし	○	○	らし	らし	らし	○	無変化型	推定（〜らしい）
体言・連体形	なり	なら	なり／に	なり	なる	なれ	なれ	形容動詞型	①断定（〜だ・〜である）②存在（〜にある・〜にいる）
体言	たり	たら	たり／と	たり	たる	たれ	たれ	形容動詞型	断定（〜だ・〜である）
特殊	ごとし	○	ごとく	ごとし	ごとき	○	○	形容詞型	①比況（〜のようだ）②例示（〜ような・〜など） 連体形、助詞「の・が」、体言に付く。
	り	ら	り	り	る	れ	れ	ラ変型	①存続（〜ている・〜てある）②完了（〜た・〜てしまった） サ変の未然形・四段の已然（命令）形に付く。

おもな助詞一覧

◎格助詞

語	おもな意味(訳)	接続
の	主格（～が） 連体修飾格（～の） 同格（～で） 準体格（～のもの） 連用修飾格（～のように）	体言 連体形
が	主格（～が） 連体修飾格（～の） 同格（～で） 準体格（～のもの）	
を	動作の対象・場所・時間（～を）	
に	時間・場所・結果・原因・目的・〈受身・使役・比較の〉対象（～に） 敬主格（～におかれては）	
へ	方向（～へ）	体言
と	共同・変化・比較・並列・引用（～と） 比喩（～のように）	体言 連体形
より	基準・起点（～から） 経由（～を通って） 手段・方法（～で） 比較（～よりも） 即時（～とすぐに）	
から	起点（～から）	
にて	時・場所・原因・手段・状態（～で）	
して	手段・方法（～で） 使役の対象（～に命じて） 動作の仲間（～と）	

◎接続助詞

語	おもな意味(訳)	接続
ば	順接仮定条件（もし～ならば・～たら）	未然形
	順接確定条件 原因・理由（～ので・～から） 偶然的条件（～と・～ところ） 恒常的条件（～といつも・～と必ず）	已然形
とも	逆接仮定条件（たとえ～ても）	動詞型の語の終止形 形容詞型の語の連用形
ど ども	逆接確定条件（～が・～けれども）	已然形
が	逆接確定条件（～が・～けれども） 単純接続（～と・～ところ）	連体形
に	単純接続（～と・～ところ） 順接確定条件（～ので・～から） 逆接確定条件（～が・～けれども）	
を		
て	単純接続（～て）	連用形
して	単純接続（～て）	
で	打消接続（～ないで…・～ずに…）	未然形
つつ	動作の反復・継続（～しては、～て） 動作の並行（～ながら）	連用形
ながら	逆接確定条件（～けれども） 動作の並行（～ながら） 状態（～のまま）	連用形 形容詞語幹 体言
ものの ものを ものから ものゆゑ	逆接確定条件（～のに・～けれども）	連体形

◎副助詞

語	おもな意味（訳）	接続
だに	類推（〜さえ） 限定（せめて〜だけでも）	種々の語
さへ	添加（〜までも）	
すら	類推（〜さえ）	
のみ	限定（〜だけ） 強意（特に〜）	
ばかり	程度・範囲（〜くらい・〜ほど） 限定（〜だけ）	
など	例示・婉曲（〜など） 引用（〜などと）	
まで	範囲・限度（〜まで） 程度（〜ほど）	
し しも	強意（訳さなくてよい）	

◎係助詞

語	おもな意味（訳）	接続
は	他と区別して取り立てる（〜は）	種々の語
も	添加（〜もまた） 並列・列挙（〜も） 強意・感動（〜もまあ）	
ぞ なむ（なん） こそ	強意（訳さなくてよい）	
や（やは） か（かは）	疑問（〜か） 反語（〜か、いや〜ない）	

◎終助詞

語	おもな意味（訳）	接続
ばや	自己の願望（〜たいなあ）	未然形
なむ（なん）	他者への願望（〜てほしい）	
てしがな にしがな しがな	自己の願望（〜たいなあ）	連用形
がな もがな	願望（〜があればなあ・〜であればなあ・〜がほしいなあ）	体言など
かし	念押し（〜よ・〜ね）	文末
な	禁止（〜するな）	終止形（ラ変型には連体形に付く）
そ	「な〜そ」の形で禁止（〜するな）	連用形（カ変・サ変には未然形に付く）
は か かな	詠嘆（〜なあ）	体言 連体形
な	詠嘆（〜なあ）	文末

◎間投助詞

語	おもな意味（訳）	接続
や よ	詠嘆（〜よ・〜なあ） 呼びかけ（〜よ）	種々の語
を	詠嘆（〜よ・〜なあ） 強意（訳さなくてよい） 「〜を…み」の形で（〜が…ので）	

著者紹介

山下幸穂

（やました　ゆきほ）

河合塾古文科講師。合理性と親切とを旨とする工夫を凝らした授業で、生徒からの厚い信頼を得ている。著書に『基礎からのジャンプアップノート　古文読解・演習ドリル』『高校　とってもやさしい古文』（ともに旺文社）などがある。『全国大学入試問題正解』（旺文社）解答者。早稲田大学第一文学部日本文学専修卒業。

編集協力　広瀬菜桜子
そらみつ企画
(株)ことば舎
横浜編集事務所
装丁デザイン　イイタカデザイン
本文デザイン　オガワデザイン(小川純)
本文イラスト　綿貫恵美
付録イラスト　作間達也